古代歷史文化研究輯刊

二九編

王 明 蓀 主編

第 7 冊

歷代茶事文化探論

湯 智 君 著

國家圖書館出版品預行編目資料

歷代茶事文化探論／湯智君 著 -- 初版 -- 新北市：花木蘭文
化事業有限公司，2023〔民 112〕
序 2+ 目 2+190 面；19×26 公分
（古代歷史文化研究輯刊 二九編；第 7 冊）
ISBN 978-626-344-151-4（精裝）
1.CST：茶藝 2.CST：文化研究 3.CST：中國
618   111021682

ISBN-978-626-344-151-4

9 786263 441514

古代歷史文化研究輯刊
二九編 第 七 冊   ISBN：978-626-344-151-4

歷代茶事文化探論

作 者 湯智君
主 編 王明蓀
總 編 輯 杜潔祥
副總編輯 楊嘉樂
編輯主任 許郁翎
編 輯 張雅淋、潘玟靜 美術編輯 陳逸婷
出 版 花木蘭文化事業有限公司
發 行 人 高小娟
聯絡地址 235 新北市中和區中安街七二號十三樓
          電話：02-2923-1455／傳真：02-2923-1452
網 址 http://www.huamulan.tw 信箱 service@huamulans.com
印 刷 普羅文化出版廣告事業
初 版 2023 年 3 月
定 價 二九編 23 冊（精裝）新台幣 70,000 元   版權所有·請勿翻印

歷代茶事文化探論

湯智君 著

作者簡介

湯智君，現任國立聯合大學華語文學系專任副教授，兼任華語文學系主任、華語文中心主任。著有《墨學之「義」之考察》（收錄於林慶彰主編《中國學術思想研究輯刊》第十編）、《先秦墨家學說研究》、《墨子、韓非子研究論集》等專書。另著有二十餘篇墨學與法家韓非子學相關論文於國內期刊或學報。2010 年起，於通識中心開課，講授「茶的藝術與文化」，迄今十餘年，本書乃課餘教學研究心得匯集而成。

提　　要

　　《歷代茶事文化探論》擷選六篇論文。第壹章：〈從法門寺地宮出土茶器管窺唐代宮廷茶道〉，探討法門寺地宮出土茶器品項與特色，並將法門寺出土茶器和陸羽《茶經》中的茶器相比較。第貳章：〈唐代煎茶道文化芻議〉，通過唐人茗飲的技藝，觀察唐人透過茗飲文化體會儒釋道三教的哲思至理，得到精神與心靈內涵昇華的境界。第參章：〈宋代鬥茶藝術文化初探〉，談宋代的鬥茶藝術文化，觀察宋人生活藝術化。第肆章：〈明代瀹飲茶事文化析論〉，探討明代之後廢團改散，開創了瀹飲沖泡的方法迄今。還有明代獨特的炒青方法與紫砂壺，明代茶人對於品德、品茗的環境與心境的重視。第伍章：〈潮汕式功夫茶道及其文化意涵研究〉與第陸章：〈清代世俗親民茶事文化〉，可說相互補充，清代茶館林立，茶更加親民，功夫茶理，更是中華茶道之精髓。

序　言

　　拙著《歷代茶事文化探論》有六個章節，分別擷選自六篇論文。第壹章：
〈從法門寺地宮出土茶器管窺唐代宮廷茶道〉、第貳章：〈唐代煎茶道文化芻
議〉、第參章：〈宋代鬥茶藝術文化初探〉、第肆章：〈明代瀹飲茶事文化析論〉、
第伍章：〈潮汕式功夫茶道及其文化意涵研究〉、第陸章：〈清代世俗親民茶事
文化〉。第壹章從法門寺地宮出土茶器談起，也將法門寺出土茶器和陸羽《茶
經》中的茶器相比較，透過這些僖宗供佛的茶器，除了可以觀察到宮廷茶道的
富麗和豪奢，也是唐代茶風大盛的證明。第貳章側重唐代煎茶道文化，除了茗
飲的技藝，也可以觀察到唐人透過茗飲文化，體會儒釋道三教的哲思至理，
得到精神與心靈內涵昇華的境界。第參章談宋代的鬥茶藝術文化，所謂唐煮
宋點，宋人在唐人的基礎之上益發採製精細品類繁多，透過宋代鬥茶點茶的
風尚，可觀察到宋人生活藝術化。第肆章探討明代之後廢團改散，也改變了飲
茶的方式，開創了瀹飲沖泡的方法迄今。明代獨特的炒青方法，明代盛行的茶
器紫砂壺，明代茶人對於品德、品茗的環境與心境的重視，是本文的重點。第
伍章寫成的時間較早，聚焦在功（工）夫茶道，放在清代茶事文化之前。第陸
章是第伍章的補充，雖然從宋代開始，柴米油鹽醬醋茶，茶已然在我們生活日
用之中，至清代茶館林立，茶更加親民，從仕紳到道庶，可說一日不可無茶。
此外，功（工）夫茶理所重視的天地人三者合一，與圓道運動所寓意的圓融處
世等人倫精神，更是中華茶道之精髓。這些論文，其中〈潮汕式功夫茶道及其
文化意涵研究〉、〈宋代鬥茶藝術文化初探〉兩文，曾刊載於聯合大學《聯大學
報》八卷一期和十卷一期（〈潮汕式功夫茶道及其文化意涵研究〉原名〈功夫
茶道及其文化意涵之研究——以潮汕式功夫茶為中心〉，〈宋代鬥茶藝術文化

初探〉被維基百科【宋茶】引用為參考資料），〈唐代煎茶道文化芻議〉一文則刊載於聯合大學《華語文學系十週年紀念論文集》。附錄幾篇小文，是筆者在通識中心開課「茶的藝術與文化」的部分講義內容，對本書收錄的幾篇論文有所補充。

　　本書所論，雖然各自分立有其探討子題，也可以看到中華茶文化發展的脈絡。除了各個時代的茶藝，茶道所蘊含的茗理，對吾人立身處世文化素養影響深刻，是深具價值的瑰寶。雖說茶飲於今充斥大街小巷，茶文化的人文底蘊卻未必人盡皆知。筆者盼能略獻爬梳之功，使傳統文化能發揚，其精微處能發為世用，有益於社會人生。這些論文在撰寫過程中，有三篇曾蒙校外學者專家審查提供卓見、華語文學系的同學們協助蒐集資料，於此付梓之際一併致謝。最後要感謝花木蘭出版社不計成本，由於他們對學術文化出版事業的耕耘，這本書才得以問世。本書係筆者課餘教學心得，囿於學力淺陋，或有許多疏漏，敬請學界先進予以指正。

湯智君　謹序於聯合大學

目

次

從法門寺地宮出土茶器
管窺唐代宮廷茶道

摘 要

　　公元一九八七年，中國陝西省扶風縣的法門寺佛塔地宮出土了大唐皇室供佛的茶器。這些茶器品項眾多功能各異，以用途來分類，可約略分為八類，分別為生火所需、煮茶所用、對茶葉烘烤碾羅與量測等處理、與水有關的器具、與佐料相關、飲茶用具、儲藏所需的器具、其他，件件各具特色。透過法門寺出土茶器，我們可以觀察瞭解到唐代社會、宗教和藝術的特色。以出土茶器和陸羽《茶經》文字記載比對，可以發現無論在外型、功能、材質、花紋等部分，地宮茶器均較精緻華麗豐富多彩，甚至地宮中的茶器還有陸羽《茶經》未羅列之品項。這些茶器，向人們展示了陸羽茶道發展到晚唐形式上的變化，也是唐代茶文化與宮廷茶道最好的歷史見證。

關鍵詞：唐代、法門寺、茶器、茶經、宮廷茶道

一、前言

　　古代先民發現茶樹的葉子無毒能食的時候，便開始採食茶葉，這純粹是為了充饑；當人們發現茶不僅能祛熱解渴，而且能振奮精神、療治疾病時，茶不僅是食物，更兼具了藥物的功能。從春秋戰國至兩漢，茶從藥物轉變為飲料。當時的飲用方法，如晉·郭璞在《爾雅》注中所說，茶葉「可煮作羹飲」〔註1〕，也就是說茶葉煮飲時還會加粟米及調味的作料煮成粥狀。到唐

〔註1〕 晉人郭璞注《爾雅·釋木》：「檟，苦茶。」云：「檟，……樹小似梔子，冬生，葉可煮作羹飲。今呼早采者為茶，晚取者為茗。一曰荈，蜀人名之苦茶。」見

代，此法仍然沿用。〔註2〕在煎飲法和羹飲法這兩個階段中，煮茶、飲茶的器具多與食具混用。

中國的茶器，從遠古到唐宋時期，是產生和完備的過程；從唐宋時期到現代，基本上是由繁複走向精簡，即從採茶、制茶、貯茶、烹茶、飲茶等器具皆備，發展為以飲茶器具為主。茶器的發展規律與數千年來飲茶方式的幾次演變，即煎茶法─點茶法─瀹茶法，密切相關。

公元一九八七年，中國陝西省扶風縣的法門寺佛塔地宮出土了大唐皇室供佛茶器。從茶羅子上細密的紗網，和出土時殘留的褐色粉狀物來看，茶道形式從煎茶向點茶發展，這種變化表現在從炙茶、碾茶到羅茶這一過程還保留了煎茶道的原來形式，而茶末在篩羅後，就有兩種不同的飲用方式，或在風爐中煎煮，或在茶盞中沖泡，而粉狀茶末更適合於點茶。出土的「鎏金伎樂紋銀調達子」十分適合做點茶器，其他如茶碾、茶羅、長柄銀勺、茶籠更像宋代所描述的茶器。因此，這批文物的另一重要意義，在於向人們昭示唐代茶道主流在晚唐形式上的變化。

根據唐·陸羽《茶經》記載：「茶者，南方之嘉木也。」〔註3〕中國南方許多重要的產茶區就成為宮廷貢茶的來源地，而且朝廷還在常州義興（今宜興）和湖州長興交界的顧渚山專門設置了「貢茶院」作為朝廷的貢茶基地，這也充分反映了貢茶對於宮廷乃日常生活之必需。法門寺地宮的考古發掘中有大量的宮廷御用茶器，其中有貯茶器、炙茶器、碾羅器、茶末容器、點茶器等，這些茶器對於茶藝工序的操作有著重要的作用，這些茶器的發現也反映了唐代宮廷飲茶之風的興盛以及宮廷茶文化的講究。

唐代茶文化發展，從天子至文人、僧侶、庶民都將茶融入生活當中。庶民飲茶生津解渴或有藥用之效；僧侶以茶待客，以茶靜心；文人飲茶吟詩，講道興藝；天子則將茶恩賜給貴族、功臣，甚至與中國週遭民族以茶進行文化交流。陸羽依當時聞見及歷史文獻傳說及典故，系統性的記述茶的產地、特色、

晉·郭璞注、宋邢昺疏：《欽定四庫全書重刻宋本爾雅注疏附校勘記》（臺北市：藝文印書館，1989 年），頁 160。

〔註2〕 唐·皮日休序《茶經》：「然季疵以前，稱茗飲者，必渾以烹之，與夫瀹蔬而啜者無異也。」足見陸羽之時，湯煮羹飲仍是一般常民的習慣。收入鄭培凱、朱自振主編：《中國歷代茶書匯編校注本》（香港：商務印書館，2007 年），頁 21。

〔註3〕 《茶經·一之源》。唐·陸羽：《茶經》，收入鄭培凱、朱自振主編：《中國歷代茶書匯編校注本》（香港：商務印書館，2007 年），頁 7。

採摘等等內容收錄於《茶經》，成為最早的一部茶葉專著。法門寺地宮出土的茶器，則是以金碧輝煌的實體文物體現唐代茶文化之興盛。以下分別從法門寺出土茶器的品項與特色、法門寺茶器與唐代社會宗教藝術、法門寺茶器與《茶經》上的茶器比較三個面向，透過比對出土文物與紙本記錄，或可觀察到唐代煎茶宮廷茶道文化之一斑。

二、法門寺地宮出土茶器品項與特色

如前言所述，法門寺地宮出土了一系列唐代宮廷茶器，這批茶器係唐僖宗李儇御用品，作為國寶重器奉獻於佛祖真身舍利，實現了煥麗的宮廷茶器向莊嚴的貢佛法器的華麗轉身，以示虔誠禮佛的心願。[註4] 這些茶器不僅材質華貴、做工精細而且品項完整實用。依據地宮出土的〈衣物帳〉碑記載，這批茶器具有「結條籠子一枚，重八兩三分。茶槽子、碾子、茶羅、匙子一副七事共重八十兩。」除了〈衣物帳〉記載之茶器，此組茶器還有其他品項未詳加細述，也有一些出土文物尚未確認是否為茶器，茲以陸羽所著之《茶經·四之器》為基準，來介紹對照這組地宮出土的茶器。

唐·陸羽《茶經》成書於公元七五八年前後，針對茶的起源、採收的工具、如何採製茶葉、煮茶需要的用具、烹煮方式、如何飲用以及有關的事件和人物等事作詳細的記錄，成為飲茶史上最早的系統性的茶葉專著。《茶經·四之器》乃茶器專章，將煮茶用具分成二十八件，包括風爐、灰成、筥、炭檛、火筴、鍑、交床、夾、紙囊、碾、拂末、羅合、則、水方、漉水囊、瓢、竹筴、鹺簋、揭、熟盂、碗、畚、札、滌方、滓方、巾、具列、都籃等，分件敘述，每一件器物的作用都不同，並且詳加分析各地方的差異以求最好。

陸羽將茶器分成二十八件，若以其用途來分類，又可分為八類。[註5] 由於陸羽在《茶經》裡收錄不同的煮飲方式，諸如煮茶法、點茶法、淹茶等，所使用之器具也都含括。但法門寺地宮出土之茶器，乃唐僖宗奉獻給佛祖的重

〔註4〕 見李新玲、任新來編著：《大唐宮廷茶具文化》（北京：中國農業出版社，2017年10月），頁20。

〔註5〕 一為生火用具，包括風爐及附屬器灰承、筥、炭檛、火筴；二為煮茶用具，含鍑、交床；三則是對茶葉烤、輾與量測所需用具，有夾、紙囊、碾、拂末、羅合、則等；四是水具，包含水方、漉水囊、瓢、竹筴、熟盂；五是鹽具，鹺簋、揭即是；六為飲茶用具，含碗、札；七為清潔用具，包括滌方、滓方和巾；八則為收藏陳列用具，包括畚、具列、都籃等。

器，藉此表達對佛祖的虔誠，所以非金銀琉璃之器具可能未放入地宮。下列所述乃以地宮的茶器文物為主角，以《茶經》分類來介紹地宮出土文物之品項與特色。陸羽《茶經》所記茶器第七類為清潔用具，此處省略不論，茲以其他七類分別敘述。

（一）生火用具

1. 繫鏈銀火箸

長約 27.6 公分，鏈長約 10.3 公分，重約 76.5 公克。分為兩截，上段較粗短，下段細而長，通體滑順且有光澤。頂端有寶珠形裝飾，而下方有凹槽，以銀絲鏈穿入鑲嵌在箸的環鼻套中，與另一相連。其用法是在烹煮茶葉的時候撥弄、夾取木炭的火筴。

（二）煮茶用具

1. 鎏金蔓草紋長柄銀勺

通長約 35.7 公分，勺面寬約 2.9 公分，勺面長約 4.5 公分，重約 84.5 克。匙面微凹，成卵圓形，匙面背部有「五哥」字樣。匙柄扁長，上寬而下窄，其中有三段蔓草的花紋，靠近頂端的蔓草紋路上由一片狀物體作為分隔，而第二、三段則分別以花苞向上的花蕾及花苞向下的花蕾作為裝飾，柄背中部豎鏨「重二兩」、「五哥」字樣，此茶具為攪拌、調製茶湯時所用。

2. 素面銀香匙

長度約 18.7 公分，匙面直徑約 4.1 公分。此茶器是為了讓茶末融在湯中有稀稠得宜的效果而擊拂湯面的器具。匙柄頂端有寶珠形狀，靠近寶珠的匙柄為圓形，漸漸呈扁形，而匙面是圓形。

（三）對茶葉烤、碾與量測用具

1. 鎏金飛鴻球路紋銀籠子

通高約 17.8 公分，直徑約 16.1 公分，足高約 2.4 公分，重約 654 克。整體充模成形，以鎏金為飾。外型有一穹窿型籠蓋，籠身為圓柱體，平底四足。以子母扣結合籠蓋及籠身。籠蓋的中心有一圓環，與尾端 S 形，有刺像尾巴的提樑以銀鍊相接，籠身外壁有數對兩隻相望的飛鴻，鏤空處則有球路紋。足以三枚花瓣相合，像倒過來的品字。為了使茶葉保持原有的色香味，唐代使用此茶器將團茶裝入，由於此茶器有吸熱方便、又易散發水氣的特點，吸去水分的茶葉儲藏保管就更為簡便。

2. 金銀絲結條籠子

通高約 15 公分，長約 14.5 公分，寬約 10.5 公分，重約 355 克。以金絲和銀絲編織而成。上有蓋，有提樑，下有體，有足。蓋部為橢圓形，至邊緣向內縮，而其蓋的中心有金絲邊蜷曲七層的錐狀物，而蓋口與籠口邊以鎏金鑲口，以子母扣相接合，提樑與蓋心的七層蜷狀物以鏈條相接。籠體因編結而有網眼，底部則是由木頭材質墊底，但出土時已腐朽。足有四個，每個足上面有獅頭獸面，下面開四叉，每叉向外呈螺旋狀。能烘焙茶葉，使茶葉乾燥易於儲藏。

3. 鎏金鴻雁流雲紋銀茶碾子

通高約 7.1 公分，長約 27.4 公分，蓋板長約 20.7 公分，通寬約 5.6 公分，槽深約 3.4 公分，重約 1168 克。為長方體，由輾槽、槽身、槽座及轄版所組成。碾槽呈半月弧形狀，口沿外折，與槽座相接，能讓軸滾動。轄口的轄版為長方形，兩端有如意祥雲的形狀，中間焊接一個珠寶形的小捏手，以便抽動開闔，捏手兩邊各有一隻鴻雁襯著流雲紋路。槽身截面為凹字型，碾槽則嵌至其中，跟現今的藥砧子相似。側面兩壁有三個鏤空的壺門，兩隻相對的飛馬，及流雲的紋路。槽座兩端雲頭狀，底有鏨文：「咸通十年文思院造銀金花茶碾子一枚並蓋共重廿九兩，匠臣邵元，審做官臣李師存，判官高品臣吳弘愨，使臣能順。」轄板等處有刻文「五哥」、「十六字號」等字樣。此茶具能碾碎茶餅。

4. 鎏金團花銀碢軸

軸輪徑約 8.9 公分，厚度約 2.2 公分，軸長約 21.6 公分，重約 524 克。握柄越靠近碢軸軸餅越粗，兩端的握柄上有蔓草紋路。碢軸軸餅中間有孔且較為厚實，而其碢軸軸餅中心有一團以多枚花瓣組合起來的花團，周圍有流雲圍繞，軸面鏨文「碢軸重一十三兩」、「十七字號」、「五哥」等字樣。碢軸軸餅邊緣較薄有粗糙的齒口。此茶具與茶碾子成對，用途同為碾碎茶餅。

5. 鎏金飛天仙鶴紋銀茶羅子

該茶羅呈長方形，通高約 9.5 公分，身長 13.4 公分，寬約 8.4 公分，重約 1472 克。座長約 14.9 公分，寬度約 9.9 公分，高約 2 公分；屜長約 12.7 公分，寬約 7.5 公分，高約 2 公分。由蓋、羅、屜、羅架和器座組成。鈑金成型，以鎏金裝飾。蓋頂長方，邊緣筆直，與羅架外框子母扣開合。蓋面鏨有兩飛天首尾相對，翱翔於流雲間。羅架框架為上下雙層，上層置羅（篩），端有方口置

屈（屜或合）。羅架兩側為仙人駕鶴，周遭有流雲圍繞，端面則有山、雲的花紋。羅、屈兩者均為匣形。羅分內外兩層，中夾細紗羅網。羅下的屈，實為屜，用來盛接羅下的茶末。底部鏨文：「咸通十年文思院造銀金花茶羅子一副，全共重三七兩，匠臣邵元，審做官臣李師存，判官高品臣吳弘愨，使臣能順。」另有刻文「五哥」、「十九字號」。羅子，唐代以前未出現過，代表人們對茶葉的細緻程度有近一步的要求。

6. 鎏金飛鴻紋銀則

長度約 19.2 公分，匙長約 4.5 公分，寬約 2.6 公分，重約 44.5 克。則面呈卵形，匙柄扁長，上寬下窄。銀則的握柄分三段，上下兩段有鎏金紋飾，上段有流雲飛鴻；下段為聯珠圖案，其間鏨十字花，均以弦紋和菱形紋為欄面，柄背素滑光淨，主要用途衡量茶葉多寡。

（四）與水有關的用具

1. 侈口青釉秘色〔註6〕瓷碗

口徑約 24.5 公分，底徑約 11 公分，腹深約 6.5 公分，高約 7.2 公分，重約 754 克。侈口，平折沿，圓唇，斜腹，平底，外底微凹。通體施青綠色釉，胎質細膩光潔。外壁有包裝物上仕女圖印痕，外底部有支燒痕迹。

2. 五瓣葵口圈足青釉秘色瓷碗

通高 9.4 公分，口徑 21.4 公分，腹深 7 公分，底徑 9.9 公分，足高 2.1 公分，重 617 克。侈口，圓唇，深腹，圈足微外侈。口沿五曲，曲口以下的腹壁有豎向直棱，內凸外凹。通體施青灰色釉，碗壁有五瓣，質地細密。這兩種秘色瓷碗的用途是盛裝沸水用的，表現唐代煎茶時，會將二沸的水撈出至三沸倒回的現象，當時的人認為這樣可以抑制沸騰，有育其華的效果。

〔註6〕秘色瓷之「秘色」，眾說紛紜。傅及光指出：「有謂此瓷專供奉皇室之物，一般臣庶不得使用。有謂秘色瓷其釉色配料及其工藝秘而不外傳，無人所知。亦有謂秘色瓷含有造型美、釉色美、專供供奉神明和祖先之用。」見氏著：《唐代茶文化》(臺北市：五南圖書出版股份有限公司，2021 年 9 月)，頁 135～136。另，李新玲認為：「梳理唐代文獻，『秘』字所指器物，皆與皇帝或宮廷相關，且『秘』『珍』『奇』三字涵義相通，於器物名稱前，往往用『秘』字，如『秘籍』『秘玩』『東園秘器』等。至於『色』字，唐代作『等級』『品級』之分類用法，如『上色沉香』『上色香』『上色甚好紙』『中色白米』『頭色瓶』等。由此，『秘色瓷』於唐人語義之中，意指『珍稀極品之瓷器』，與釉色、產地無涉。」見李新玲、任新來著：《大唐宮廷茶具文化》，頁 50。

3. 銀稜鋬漆平脫黃釉秘色瓷碗

口徑約 23.7 公分，腹深約 7.1 公分，通高約 8.2 公分，重約 596 克。侈口，圈足，五曲斜腹。內壁施黃釉，外壁鋬黑漆。每曲對應裝飾銀薄片制成的平脫雀鳥圖案花紋一朵，紋飾鎏金，碗口及底均包有銀稜扣邊，也是煎茶時暫存沸水的茶器。

（五）與佐料有關用具

1. 鎏金蕾紐摩羯紋三足架銀鹽臺

通高約 27.9 公分，架高約 15.8 公分，盤面直徑約 16.1 公分，重約 564 公克。鈑金成型，紋飾平塹，模沖鎏金。分蓋、臺盤、三足架三個部分。蓋為覆荷葉狀，蓋面塹飾葉脈。邊緣稍微蜷起，有四隻魔羯魚作裝飾。蓋心有團花一朵，而其上有蓮蕾透過銀柱與蓋相接。蓮蕾內部中空，可利用絞鍊開合。盤寬大而淺腹，上有圈形紋路。支架由一根銀絲與盤相焊接，至下方延伸成三根銀絲，向外延展而後微縮，似鳥爪抓地。銀絲中間還與兩隻魔羯魚跟兩顆寶珠相接。支架上塹刻：「咸通九年文思院造銀金塗鹽臺一隻，並蓋共重一十二兩四錢，判官吳弘愨，使臣能順。」另有「小菜焊」、「四字號」等字樣。此茶具能擺放鹽和其他佐料。

2. 鎏金盤絲座葵口小銀鹽臺

口徑約 8.7 公分，座高約 4.8 公分，通高約 6.2 公分，重約 75 克，共 3 件。上體為素面圓盤狀，邊緣為五曲葵口，淺腹，與底座焊接，底座呈螺旋形依上而下由小至大。盤絲座葵口銀鹽臺為銀質素面，沒有紋飾，也無大小之分，是唐僖宗供奉的御用之器，代表晚唐時期的宮廷茶具。唐末國力日漸衰落，雖尚存盛世餘暉，但畢竟與盛唐不可同日而語。唐人飲茶，要在其中加入調味品如橘皮、鹽花、胡椒、薑等，這一套銀鹽臺，當是飲茶時用來置放各種調料。

（六）飲茶用具

1. 素面淡黃色琉璃茶盞

口徑約 12.6 公分，底徑約 3.6 公分，腹深約 4 公分，高約 4.9 公分，重約 117 克。琉璃材質，也就是現今的玻璃，通體晶瑩光滑。有大口，由上至下慢慢縮小。

2. 素面淡黃色琉璃茶托

外徑約 13.7 公分，足徑約 4.4 公分，高約 3.6 公分，重約 136 克。同樣為

琉璃材質，頂端為圓盤狀，中有一凹陷圓形，下方有一小圓柱支撐。茶托是唐德宗建中年間（780～783 年）蜀相崔寧之女發明的。〔註7〕陸羽《茶經》於780 年付梓，故未收藏。茶盞是茶托發明之後，改制茶碗而成，《茶經》亦未收錄。〔註8〕

3. 菱形雙環紋深直筒琉璃杯

口徑約 8.2 公分，腹深約 8.1 公分，高約 8.5 公分，重約 130 克。淺黃色透明，腹壁外鼓、直口、深腹、尖唇、底微內凹、壁面裝飾五組花紋，每組中間為一菱紋，菱紋內飾雙環紋，菱紋處上下各飾三組雙環紋，每組之間以兩豎行連珠紋相隔。

4. 素面淡黃色直筒琉璃杯

口徑約 9.3 公分，高約 4.8 公分，重約 70 克。琉璃材質，直壁，平底，口大底小，素面無紋飾。

5. 鎏金伎樂紋銀調達子

其一口徑約 5.75 公分，通高約 10.2 公分，重約 158.5 克；其二口徑約 5.4 公分，通高約 11.6 公分，重約 149.5 克。深腹、圓平底，有蓋子。鈑金成型，紋飾鎏金。蓋子邊沿以蔓草紋路裝飾，蓋子的平面部分有水波紋跟蓮瓣紋，集結的中心以寶珠形狀裝飾，寶珠下方有著蓮瓣。座的四周有飛禽及鴛鴦。腹壁中部刻有吹樂、舞蹈的伎樂。圈足有花紋，像喇叭形。調達子是用來調茶（點茶）和飲茶的器具。

（七）收藏陳列用具

1. 鎏金銀龜盒

通高約 13 公分，長約 28.3 公分，寬約 15 公分，重約 820.5 克。整體形狀為一烏龜形，烏龜的頭部往上看天，四肢內縮，尾部同樣內縮。龜甲為蓋，有紋路。蓋與龜的腹部以子母扣相連接，與尾部亦如是。此茶具的功用為儲藏碾碎的茶末，能從龜的頭部傾倒取用，也可拿走蓋子取用，易於取用。

2. 鎏金人物畫銀壇子

通高約 24.7 公分，蓋高約 0.71 公分，筒口徑約 12.3 公分，筒深約 11.2 公

〔註7〕見李新玲、任新來著：《大唐宮廷茶具文化》，頁 30～31。

〔註8〕《茶經》的初稿，大概完成於上元二年（761），這以後的修訂工作持續了將近二十年，直到建中元年（780）付梓。見鄭培凱、朱自振主編：《中國歷代茶書匯編校注本》，頁 5。

分，重約901.5克。鈑金成型，紋飾鎏金。直口，深腹，平底，圈足，有蓋。蓋面分成四份，像花瓣，每瓣一隻飛獅。腹壁有四個門，分別鏨有仙人對弈、伯牙捧琴、蕭史對簫、金蛇吐珠，將中國畫技巧與金銀鈑金工藝融為一體。銀壇子的用途是貯放烘烤冷卻後的餅茶，以防受潮。但也有學者認為，銀壇子也可貯存「鹽花」之用。〔註9〕

3. 鎏金雙獅紋菱弧形圈足銀盒

通高約11.2公分，長約17.3公分，寬約16.8公分，足高約2.4公分，重約799克。盒體作四出菱弧形，直口，直壁，淺腹，平底，喇叭形圈足。鈑金成型，紋飾鎏金。盒蓋、盒身，上下對稱，以子母口扣合。蓋面隆起，鏨有奔獅、西番蓮和蔓草。盒蓋、盒身各鏨一圈二方蓮葉蔓草，並以魚子紋為地。盒底緣鏨一圈蓮瓣紋。銀盒的用途，可作為貯存餅茶的用器。

三、由法門寺地宮茶器管窺唐代社會

在中國飲茶史上，唐代的飲茶方法，與過往相比，更加講究、精緻，飲茶已由粗放進入到精工階段，煮茶注重技藝，飲茶重視情趣。當時有許多愛茶文人的詩文中都記載了賓客相聚、品茶論理時的幽雅情景。像是唐代白居易〈夜聞賈常州、崔湖州茶山境會想羨歡宴因寄此詩〉就說道：「遙聞境會茶山夜，珠翠歌鐘俱繞身。盤下中分兩州界，燈前合作一家春。青娥遞舞應爭妙，紫筍齊嘗各鬥新。自嘆花時北窗下，蒲黃酒對病眠人。」〔註10〕可見大唐宮廷茶道，其規格之高、場面之盛、茶器之美、茶藝之精。法門寺地宮出土的大唐系列宮廷茶器，不但為後人提供了唐代飲茶之風大興的佐證，而且還為人們提供了復原大唐宮廷茶道的依據。

（一）法門寺茶器與唐代社會

唐代，北方由於氣候和地理條件的關係，不適合茶的生長，因此茶皆由江淮運送北上。至盛唐玄宗開元時期，全國不分道俗，把飲茶視為日常生活的一部分。而陸羽《茶經》的問世，更將喫茶一事推向藝術層面。〔註11〕從金銀茶

〔註9〕 傳及光：「因法門寺為皇家茶具，則以銀製之，銀壇子也是茶具中的貯存『鹽花』用的。但也有可能是存放茶果、酥油之類的容器。」所以，銀壇子可做鹽具，或做貯茶用具。見氏著：《唐代茶文化》，頁129。

〔註10〕 見《全唐詩》卷447，中國哲學書電子化計劃：https://ctext.org/text.pl?node=195055&if=gb（2022年8月10日上網）。

〔註11〕 參見廖寶秀撰述、歐蘭英翻譯：《也可以清心——茶器・茶事・茶畫》（臺北

具的考證探索，飲茶器具，民間多以陶瓷茶碗為主，而皇室貴族家庭多用金屬茶具和當時稀有的秘色瓷及琉璃茶具。這也就說明唐代存在著兩種茶文化現象：一種是以文人、僧侶為主體的民間茶文化，一種是以皇室為主體的宮廷茶文化。〔註12〕

以文人、僧侶為主體的民間茶文化，相傳長安青龍寺主持惠果大師將代宗賜與他的茶葉換成顏料，繪製曼茶羅畫像；陸羽的師父智積禪師也被召入宮中，為皇帝煮茶。顏真卿、李德裕、劉禹錫等朝廷大臣，他們既是文人，也是茶道中人。在文人、僧侶飲茶風氣的帶動下，宮廷茶道也盛行起來。此外，唐代茶文化的形成，和貢茶的興起絕對密切相關。〔註13〕唐代宗大曆五年，朝廷設置了「貢茶院」，專門進奉宮廷御用茶葉。當時役工數萬人，工匠千餘人，製茶工場三十間，烘焙竈百餘所，生產貢茶萬串（每串一斤）。「顧渚紫筍」新茶出來後，要趕快到山裡採摘，必須在十日之內，快馬加鞭，晝夜兼程，於清明節前貢到。因為「清明茶宴」是宮廷清明節舉行的最大的宴請活動，參加人員不僅有王公大臣、皇親貴戚，還有外邦使者等。每年宮廷舉辦規模盛大的清明茶宴，主要是顯示朝廷附近懷遠、和諧萬邦的政治氣度。〔註14〕

飲茶習慣在唐代宮廷生活中是不可或缺的一環，甚至是皇室和後宮嬪妃時髦重要的休閒活動。皇帝每每和臣子們文會時，令宮女隨時以茶湯伺候，君臣在吟詩作對、切磋學問之餘，茶用來解渴潤喉、明目益思，君臣一同品茶，使得文會更加盡興。另外，皇帝親自主持殿試時，會賜茶湯給及第的文人飲用，同時貢茶有時也會賞賜給臣下，也唯有在這種特別的時候，非皇室貴族身份的人才有機緣品賞到高檔的貢茶。茶兼具物質和非物質的雙重作用，既能止渴食療強健體魄，又能益意思得到精神上的愉悅，可謂康樂身心。唐〈宮樂圖〉上仕女們所持茶碗亦為越窯青瓷系茶碗，此畫為罕見的唐代宮中仕女雅

市：故宮博物院，2002 年），頁 7。

〔註12〕 安西強：〈從法門寺地宮出土茶具反窺唐朝茶文化〉，《黑河學院學報》（2010 年 12 月，第 1 卷第 4 期），頁 101。

〔註13〕 王玲認為：「封建皇帝終日生活在花柳粉黛和肥脆甘濃的環境中，難免患昏沉積食之症。為提神、為治病，每日飲茶，因而向民間廣為搜求名茶，各地要定時、定量、定質向朝廷納貢，稱為『貢茶』。如陽羨茶、顧渚茶，都是有名的貢茶。王室飲茶與一般僧侶、士人又不同，不僅要名茶、名水，還要金玉其器，茶具藝術必然得到發展。」見氏著：《君不可一日無茶——中國茶文化史》（臺北市：崧燁文化，2020 年 9 月），頁 46～47。

〔註14〕 安西強：〈從法門寺地宮出土茶具反窺唐朝茶文化〉，頁 102。

集，茶酒與音樂結合，相同場景也經常出現在歷代文會雅集上。〔註15〕

　　法門寺地宮出土的這套茶具，讓我們親見唐代皇宮煮茶的整套器具，了解煮茶的整個程序，加深了對《茶經‧五之煮》有關煮茶過程的理解。它顯示了皇權至尊的氣派、君臨天下威震臣民的莊嚴，揭示了唐代宮廷茶文化的歷史面貌及其價值追求。〔註16〕金銀茶具選料名貴，匠心獨運，造價高昂，象徵著唐代文化的輝煌成就，但從另一側面反映了晚唐朝廷奢糜虛華。〔註17〕

　　無論如何，隨著茶道的形成，唐人飲茶進入了新的境界。除了茶宴、茶會，茶室、茶肆應運而生。茶室又叫茶寮，一般指個人專屬的煎茶、品茶、讀書的精室。這種個人茶室也是在唐代出現的，擁有茶室者多為品位較高且熟闇茶道的文人雅士。茶肆，又稱茶坊、茶屋、茶攤、茶鋪、茶館等。唐代茶肆，美稱為「茗鋪」，無論城鄉，煎茶飲茶成俗。〔註18〕從中晚唐的唐詩觀察，有許多描寫煎茶的唐詩。如劉禹錫的〈西山蘭若試茶歌〉有：「驟雨松聲入鼎來，白雲滿碗花徘徊。」〔註19〕、白居易的〈睡後茶興憶楊同州〉：「白瓷甌甚潔，紅爐炭方熾。沫下麴塵香，花浮魚眼沸。」〔註20〕等等，說明茶文化對唐代宮廷、文人、制度、社會影響甚深。種植販運茶葉是當時南方經濟的一大收入，飲茶的習俗，從南方傳到北方，逐漸普及。南方的茶葉，通過大運河和陸路大批運往北方各地，至吐蕃渤海，甚至遠及波斯大食。〔註21〕

（二）法門寺茶器與唐代宗教

　　茶樹是多年生灌木或喬木常綠作物，性喜溫暖、濕潤，不耐寒，最適宜種

〔註15〕廖寶秀：《歷代茶器與茶事》（北京：故宮出版社，2017年12月），頁14。

〔註16〕陳文華：〈中國古代民間和宮廷的茶具〉，《中國農業》（2006年4月），頁11。

〔註17〕呂維新：〈陝西法門寺唐代宮廷茶具綜述〉，《中國茶葉加工》（1994年第3期），頁46。

〔註18〕唐‧封演《封氏聞見記》：「人自懷挾，到處舉飲。從此轉相仿效，遂成風俗。自鄒、齊、滄、棣，漸至京邑城市，多開店鋪，煎茶賣之。不問道俗，投錢取飲。」〔電子資源〕，國立臺灣師範大學出版中心，2012年10月初版，第六卷，頁28。

〔註19〕見《全唐詩》卷356。中國哲學書電子化計劃：https://ctext.org/text.pl?node=176492&if=gb（2022年8月10日上網）。

〔註20〕見《全唐詩》卷453。中國哲學書電子化計劃：https://ctext.org/text.pl?node=196820&if=gb（2022年8月10日上網）。

〔註21〕根據《新唐書‧陸羽傳》：「其後，尚茶成風，時回紇入朝，始驅馬入市。」可見茶向北方和西北少數民族的傳播。新漢籍全文：https://hanchi.ihp.sinica.edu.tw/ihpc/hanjiquery?@38^1745912504^803^60202017000401210020（2022年8月4日上網）。

植在季風型亞熱帶氣候區。陸羽率先總結出茶樹生長適應的生態環境，他認為在向陽山崖上陽林中的茶品質好，而生長在陰山坡谷的差。〔註22〕後來，宋代趙汝礪、宋子安等，更進一步闡明茶樹適宜於多霧露、氣候冷涼山區，並提出茶樹畏日、畏寒，不宜太陽直射。〔註23〕意思是說茶樹怕暴曬、怕霜凍，要求漫射光線，要有一定的遮蔭條件。而佛教禪寺多在高山叢林，雲霧繚繞，得天獨厚，極宜茶樹生長。唐代禪林一直保持農禪並重的優良傳統，禪僧務農，大都植樹造林，種地栽茶。製茶飲茶，相沿成習。

法門寺是唐朝歷代帝王推崇扶持的佛寺，每三十年舉行一次隆重的迎奉佛骨的佛事活動，為自己的健康以及社稷安危而祈禱佛祖，成為唐代政治與文化生活中的一件大事。佛骨從法門寺迎到京城長安，京城百里道路間車馬晝夜不絕，皇帝及其他皇室成員競相賜施。為體現佛法無邊和皇權獨尊，精選出千餘件珍寶送往法門寺，隨身供養。

唐懿宗咸通十五年佛骨舍利歸安於法門寺地宮，僖宗在小葉紫檀懿宗供奉法器、供養器、舍利容具的基礎上，又供奉了僖宗的御用茶具。這就是我們今日在法門寺地宮中發現唐代宮廷御用的珍貴茶器數十件，包括焙炙用的「金銀絲結條籠子、鎏金飛鴻球路紋銀籠子」、碾茶用的「鎏金鴻雁紋銀茶碾子和銀碾軸」、羅茶用的「鎏金飛天仙鶴紋銀茶羅子」、取茶量茶用的「鎏金飛鴻紋銀則」、貯茶用的「鎏金銀龜盒」、置鹽用的「鎏金蕾紐摩羯紋三足架銀鹽臺」和「鎏金盤絲座葵口小銀鹽臺」、點茶用的「素面淡黃色琉璃茶盞」、煮茶湯用的「鎏金蔓草紋長柄銀勺」等。

唐僖宗將這些茶器供佛，足見皇室貴戚對飲茶文化有一定的喜好及講究。佛門也崇尚飲茶文化，有別於文人飲茶，權貴與僧侶飲茶多以茶粥茶羹為主，也就是在茶中加入蔥、薑、橘子、果子等物。僧侶飲茶不僅僅是為了充

〔註22〕 《茶經·一之源》：「其地，上者生爛石，中者生礫壤，下者生黃土。凡藝而不實，植而罕茂，法如種瓜，三歲可採。野者上，園者次。陽崖陰林，紫者上，綠者次；筍者上，牙者次；葉卷上，葉舒次。陰山坡谷者，不堪採掇，性凝滯，結瘕疾。」唐·陸羽：《茶經》，見前揭書，頁8。

〔註23〕 宋·趙汝礪《北苑別錄》：「採茶之法，須是侵晨，不可見日。侵晨則夜露未晞，茶芽肥潤，見日則為陽氣所薄，使芽之膏腴內耗，至受水而不鮮明。」收入鄭培凱、朱自振主編：《中國歷代茶書匯編校注本》（香港：商務印書館，2007年），頁135。宋·宋子安《東溪試茶錄》：「今北院焙，風氣亦殊。先春朝隮常雨，霽則霧露昏蒸，晝午猶寒，故茶宜之。茶宜高山之陰，而喜日陽之早。」收入鄭培凱、朱自振主編：《中國歷代茶書匯編校注本》（香港：商務印書館，2007年），頁83。

餓，另一方面是為了提神。唐代佛教興盛，茶與佛門之間的關係非常密切。禪宗重視「坐禪修行」，「坐禪」必須要排除所有的雜念，專注於一境，以達到身心一致。所以要求參禪的僧人「跏趺而坐」、「過午不食」。而茶則有提神養心之用，既能促進思考，又能減輕饑餓感，所以茶成為飲料之首選，於是寺院飲茶之風大盛，並直接影響到社會的各個層面和全國各地。

當時寺院十分講究飲茶之道，寺院內設有「茶堂」，是專供禪僧辯論佛理、招待施主、品嘗香茶的地方。法堂內的「茶鼓」是召集眾僧飲茶所擊的鼓，另外寺院還專設「茶頭」，專管燒水煮茶，獻茶待客，並在寺門前派「施茶僧」，為香客施惠茶水。寺院中的茶葉，稱作「寺院茶」，一般用途有三：供佛、待客、自奉。僧人待客以中等茶，自奉以下等茶，供佛則用上等茶。「寺院茶」按照佛教規矩有不少名目，如每日在佛前、堂前、靈前供奉茶湯，稱作「奠茶」；按照受戒年限的先後飲用的茶，稱作「戒臘茶」；化緣乞食得來的茶，稱作「化茶」等等。

有唐一代，中國傳統的儒教、道教得到了長足的發展，而外來的佛教，經過皇室的扶持，此時也發展到了極致。儒教是傳統的國教，道家老子李耳被李唐王朝尊為先祖，佛教通過與中國傳統文化的交融，更加符合政治管理的要求。在唐代三教不免相互競爭，卻也相互交會、融通，從而達到你中有我、我中有你的局面。儒家以茶修德，以茶交友，以茶做客，以茶雅志，以茶養廉，提倡中庸、和諧，目的是要修身、齊家、治國。道家以茶修心，追求寧靜、淡泊，目的是昇仙成道。佛家以茶修性，追求清靜寂滅，目的是明心見性，達到佛的覺悟。他們飲茶的目的雖不相同，但追求的精神卻是一致的，茶文化成為彼此認同、融合的契合點，成為溝通儒、釋、道的媒介。

法門寺地宮出土的大唐皇家茶器，從其紋飾和其所反映的文化內涵，證實了當時三教合一理念在品茗風尚中的客觀存在。在「鎏金鴻雁紋銀茶碾子」，其上兩軀相向飛騰的天馬，並間有山岳流雲紋等，這是道家常見的圖像。在「鎏金飛天仙鶴紋銀茶羅子」上，佛教、道教兩種文化的圖案同時出現。頂蓋兩個佛教中最常見的首尾相對的飛天，身側襯以流雲，羅架兩側卻飾道教常見的頭束髻、著褒衣、執幡駕鶴的仙人，前後兩側相對飛翔的仙鶴及雲岳紋。這是佛、道兩種文化相互交匯融合的體現。

而「鎏金人物畫銀壇子」，其蓋上的飛獅、天馬、奔鹿等道教瑞獸，腹部有四幅畫面，第一幅一人吹笙跪坐於蒲團上，前有鳳鳥起舞。第二幅為一蛇

口含寶珠，一人伸手做接珠狀，第三幅為一人雙手撫琴跪坐於蒲團上，前有雙鵝展翅而立，第四幅為兩人相對跪坐於蒲團上，一人吹簫，一人捧缽。喇叭形圈足底上有鳳凰、鴻雁、鴛鴦、鸚鵡等圖樣，這些基本上都是道家思想的反映。另外一銀壇子的腹部鏨刻了二十四孝圖，又是儒家思想的表現。「鎏金蕾紐摩羯紋三足架銀鹽臺」，蓋子為一倒置的荷葉，臺盤猶如一朵盛開的蓮花，蓮蓬蓮子活靈活現，三足架上有摩羯魚和智慧珠，這又充滿了濃郁的佛教色彩。

法門寺出土的大唐皇家茶器具，是大唐茶文化的體現，證實了陸羽所倡導的茶道文化的真實存在，反映了儒、釋、道三教在唐代茶文化中融合交流的時代要求和歷史趨勢。

（三）法門寺茶器與唐代藝術

法門寺地宮出土茶器以金銀器為主、秘色瓷器為輔，表現神佛高貴氣質或對神明的尊敬。出土文物證明，唐代的碗敞口瘦底，碗身斜直。《茶經・四之器》對各地所產的碗做了評比：「越州上，鼎州次，婺州次；岳州次，壽州、洪州次。」〔註 24〕以越州所產茶器最佳。有人認為邢瓷比越瓷好，陸羽卻認為：「若邢瓷類銀，越瓷類玉，邢不如越一也；若邢瓷類雪，則越瓷類冰，邢不如越二也；邢瓷白而茶色丹，越瓷青而茶色綠，邢不如越三也。」〔註 25〕因為當時餅茶的湯色多為淡紅色，陸羽認為：「越州瓷、岳瓷皆青，青則益茶，茶作白紅之色。邢州瓷白，茶色紅；壽州瓷黃，茶色紫；洪州瓷褐，茶色黑；悉不宜茶。」〔註 26〕是否宜茶要看色澤，在青瓷的輝映下，「合座半甌輕泛綠，開緘數片淺含黃」〔註 27〕使人愛不釋手。

臺北故宮博物院對越窯與秘色瓷解釋道：「越窯為著名的青瓷窯場，……。及至晚唐、五代時最上品千峰翠色的越窯作品，如山巒般翠綠的青瓷專門作為宮廷貢品，更有『秘色』美稱。……1987 年陝西扶風法門寺地宮出土一批青瓷，其中 13 件作品在隨葬的供物帳上，記載成『瓷秘色』，透過供物帳冊及出

〔註 24〕《茶經・四之器》。見前揭書，頁 11。

〔註 25〕《茶經・四之器》。見前揭書，頁 12。

〔註 26〕《茶經・四之器》。見前揭書，頁 12。

〔註 27〕唐・鄭谷〈峽中嘗茶〉：「簇簇新英摘露光，小江園裡火煎嘗。吳僧漫說鴉山好，蜀叟休誇鳥嘴香。合座半甌輕泛綠，開緘數片淺含黃。鹿門病客不歸去，酒渴更知春味長。」見《全唐詩》卷 676，中國哲學書電子化計劃：https://ctext.org/text.pl?node=240744&if=gb（2022 年 8 月 10 日上網）。

土瓷器的對照，所謂秘色瓷的樣貌方始為人熟知。五代錢氏王國曾將越窯秘色瓷當作貢品上貢唐宋；從五代貴族墓葬的隨葬青瓷，也可約略窺見當時官方用瓷的面貌。」〔註28〕秘色瓷，即為官用青瓷，茶色與瓷色搭配後，茶色呈青綠色看起來最好。同時也表現出飲茶的審美情趣，蘊藏著飲茶者渴望回復自然的一種文化心態。

金銀器部分，以其形式美而言，表現於色彩、造型、紋飾等方面。〈衣物帳〉所謂的「銀金花」係指銀鎏金，在紋飾的部分以銀為底，鎏以金彩，製造銀與金的色彩對比，此為視覺上的「色彩美」，這種色彩美是茶槽子、碾子、茶羅、銀則、三足鹽臺使用的色彩技巧。〔註29〕茶器上的花紋精細美觀代表皇室的浮華貴氣，不同於一般民間或風流雅士的飲茶器具之簡樸，例如：「鎏金銀龜盒」的龜甲上有紋路、「鎏金蕾紐摩羯紋三足架銀鹽臺」上有類似葉脈的紋路等等。造型上，以「鎏金蕾紐摩羯紋三足架銀鹽臺」最為精彩，特別是上段，「為視覺的焦點，盤面有如盛開蓮花，盤緣為一圈端莊規整的蓮瓣，蓋面則為立體隆起的荷葉，手捉為一立體豐滿的蓮花蕾，此花蕾可開合，內可置物，整體造型立體、生動且精巧，乃藝術設計極富巧思的作品。」〔註30〕

據地宮出土的〈衣物帳〉記載，唐僖宗將這批茶器作為國寶重器奉獻於佛祖，一是表示虔誠禮佛的心願，二是代表佛教的茶供養。這批茶器，展示了從烘焙、研磨、過篩、貯藏到烹煮、飲用等制茶工序及飲茶的全過程，且配套完整，自成體系，為世界上目前發現時代最早、等級最高的金銀茶具，反映了唐代茶文化所達到的最高境界，證實了唐代宮廷茶道和茶文化的存在。它既是唐代宮廷飲茶風尚極其奢華的歷史印證，同時又是一件件完美的藝術精品。

這套茶器使我們知道茶道在唐朝不只是成熟的文化現象，具有深邃的思想內涵，還是精美的藝術形式，成為生活的完美實踐。宮廷，在封建時代是社會的最高層，既是時尚與文明的典範，又是文化思想傳播的中心。當皇帝講究飲茶之道，御用茶器金碧輝煌、華美富麗到了極致，流風所及，社會飲茶的風靡也就可想而知了。

〔註28〕見余佩瑾、黃蘭英、張敬昕編撰：《摶泥幻化：院藏歷代陶瓷》（臺北市：故宮博物院，2014年8月），頁34。

〔註29〕康才媛：〈法門寺金銀茶器之探討——兼論茶器之美感與藝術〉，國立臺北藝術大學《藝術評論》（2013年第24期），頁104。

〔註30〕康才媛：〈法門寺金銀茶器之探討——兼論茶器之美感與藝術〉，頁104。

四、法門寺茶器與《茶經》中的茶器比較

　　法門寺地宮出土了大量生活用器，包括食器、酒器等飲器，但它們與飲茶器是相互通用的，如調達子、銀龜盒、銀壇子、鎏金銀盒等就是如此，這說明了飲茶文化與日常生活是息息相關密不可分的。法門寺茶器是唐僖宗將茶器置入法門寺地宮的文物，當時正值唐代中晚期，除了陸羽撰《茶經》外，其他如張又新撰《煎茶水記》、蘇廙撰《十六湯品》、王敷撰《茶酒論》、斐汶撰《茶述》、溫廷筠撰《採茶錄》、毛文錫撰《茶譜》，釋皎然、盧仝作茶歌，推波助瀾，使中國煎茶道日益成熟盛行。這些文物除了本身特色可探悉唐代煎茶文化發展，與煎茶道的基石──《茶經》裡的茶具對比，也有相似及非相似之處，以下分從外型、功能、材質、花紋、品項完整度等面向觀察。

（一）外型：法門寺的茶器較《茶經》中的茶器外型細緻

　　火筴，《茶經·四之器》明確記載火莢叫「筋」〔註31〕，圓而直，頂端扁平無裝飾；而法門寺出土的「繫鏈銀火箸」不僅火箸頂端有珠形裝飾，還有銀繫鍊連接兩根火箸。

　　鎏金鴻雁紋銀茶碾子，在《茶經》裡是叫「碾」〔註32〕的茶器。《茶經》中的「碾」內圓外方，裡面放入一個「墮」的簡單外型，外型上《茶經》的「碾」較為樸實。而法門寺中「鎏金鴻雁紋銀茶碾子」外型上槽座兩端不僅有雲頭的形狀，槽座兩側還有各三個壺門，比《茶經》中的碾細緻許多。「墮」的形狀形如車輪，不輻而軸焉。長九寸，闊一寸七分。《茶經》中的「墮」和法門寺地宮中的「鎏金團花銀碢軸」外型上相似，只是《茶經》中的「墮」中間是正方形的，握柄是圓的，而「鎏金團花銀碢軸」握柄是類似圓柱狀，從軸餅至握把是由粗到細。

　　則，《茶經》中的「則」〔註33〕跟法門寺出土的「鎏金飛鴻紋銀則」功能

〔註31〕《茶經·四之器》：「一名筋，若常用者，圓直一尺三寸，頂平截，無蔥臺勾鏁之屬。以鐵或熟銅製之。」見前揭書，頁10。

〔註32〕《茶經·四之器》：「以橘木為之，次以梨、桑、桐、柘為之。內圓而外方。內圓備於運行也，外方制其傾危也。內容墮而外無餘。木墮，形如車輪，不輻而軸焉。長九寸，闊一寸七分。墮徑三寸八分，中厚一寸，邊厚半寸，軸中方而執圓。其拂末以鳥羽製之。」見前揭書，頁11。

〔註33〕《茶經·四之器》：「則，以海貝、蠣蛤之屬，或以銅、鐵、竹匕策之類。則者，量也，准也，度也。凡煮水一升，用末方寸匕。若好薄者，減之，嗜濃者，增之，故云則也。」見前揭書，頁11。

相同，有舀茶末、衡量茶末的功能，但是《茶經》中的「則」以海貝、蠣、蛤、銅、鐵、竹製成，取材於自然，顯得簡樸；「鎏金飛鴻紋銀則」乃銀器鎏金做成，外型較為細緻華麗。

鹺簋，以瓷為之，圓徑四寸，若合形。或瓶、或缶。貯鹽花也。其揭，竹制，長四寸一分，闊九分。揭，策也。《茶經》中有個叫「鹺簋」〔註34〕的器具，與法門寺出土的「鎏金蕾紐摩羯紋三足架銀鹽臺」及「鎏金盤絲座葵口小銀鹽臺」一樣，都有盛放鹽的功能，但是外型上法門寺出土的盛鹽器比起《茶經》裡的「鹺簋」更為雅緻。《茶經》中記錄的「鹺簋」，有的是盒子的形狀，有的是瓶形或壺形。法門寺出土的盛鹽器有盤，以支架支撐，甚至有蓋，外形像蓮花，足以稱得上是雅緻。

素面淡黃色琉璃茶盞加茶托，跟《茶經》中的「碗」〔註35〕一樣，有盛裝茶水的功能，但是外型稍有差異。《茶經・四之器》所謂：「口唇不卷，底卷而淺。」說明茶碗口唇側不外捲，底部呈淺弧形。法門寺出土的「素面淡黃色琉璃茶盞」為琉璃材質，也就是現今的玻璃，通體晶瑩光滑。有大口，由上至下慢慢縮小。還附設茶托，造型優雅。

鎏金人物畫銀壇子及鎏金雙獅紋菱弧形圈足銀盒，同樣具有《茶經》中「紙囊」〔註36〕的功能，能儲藏炙烤過後的茶餅。但是外型上，差異極大。《茶經・四之器》紙囊是用剡藤紙雙層縫製的，以貯所炙茶，使不泄其香也。「鎏金人物畫銀壇子」的外型則為直口，深腹，平底，圈足，有蓋子。而「鎏金雙獅紋菱弧形圈足銀盒」的盒體作四出菱弧形，為直口，直壁，淺腹，平底，喇叭形圈足。其餘的材質、花紋方面，比起茶經中的紙囊，相對奢華精緻。

法門寺茶器，由於是皇帝所用、宮廷所作，為彰顯大唐的富庶繁華，因而外型更為細緻精美，表現了僖宗對佛教的虔誠，也表現了佛教跟宮廷對煎茶道的重視。

〔註34〕《茶經・四之器》：「鹺簋，以瓷為之。圓徑四寸，若合形，或瓶、或罍，貯鹽花也。其揭，竹制，長四寸一分，闊九分。揭，策也。」見前揭書，頁11。

〔註35〕《茶經・四之器》：「碗，越州上，鼎州次，婺州次；岳州次，壽州、洪州次。或者以邢州處越州上，殊為不然。若邢瓷類銀，越瓷類玉，邢不如越一也；若邢瓷類雪，則越瓷類冰，邢不如越二也；邢瓷白而茶色丹，越瓷青而茶色綠，邢不如越三也。晉杜毓《荈賦》所謂：『器擇陶揀，出自東甌。』甌，越也。甌，越州上，口唇不卷，底卷而淺，受半升已下。」見前揭書，頁11～12。

〔註36〕《茶經・四之器》：「紙囊：紙囊，以剡藤紙白厚者夾縫之。以貯所炙茶，使不泄其香也。」見前揭書，頁10。

（二）功能：與《茶經》裡的茶器有相似的功能，甚至功能細分化

在陸羽《茶經》裡，跟法門寺地宮出土的文物——「鎏金蔓草紋長柄銀勺」外型相似的是一叫做「則」的器具，但是功能卻完全不相同。

則，《茶經·四之器》：「則者，量也，准也，度也。」說明在《茶經》中這個叫「則」的茶具，是作為衡量茶葉分量多寡的器具而使用。但是法門寺出土的「鎏金蔓草紋長柄銀勺」從名字跟外型上，若是衡量茶葉份量的用具，長柄這個特色似乎會阻礙到使用的效能，所以此茶勺的功能可能不僅只是量測之用，而為攪拌、調製茶湯時所用。「素面銀香匙」則是為了使茶末適當融於茶湯所產生的擊拂器，有點類似「鎏金蔓草紋長柄銀勺」的功能。這樣不同的功能，代表「則」跟「匙（或勺）」是不一樣的，銀匙當是一種新的茶器。

「鎏金飛鴻球路紋銀籠子」及「金銀絲結條籠子」為「籠子」，具有儲藏茶葉、烘焙茶葉，使茶葉乾燥的功用。在《茶經》裡有個稱「紙囊」的用具，能儲藏炙熱過後的茶餅。《茶經·四之器》：「紙囊，以剡藤紙白厚者夾縫之，以貯所炙茶，使不泄其香也。」跟上述「鎏金飛鴻球路紋銀籠子」及「金銀絲結條籠子」兩項茶器，功能部份相似，卻無法烘焙，這兩種茶器可以為新的茶器。

「鎏金飛天仙鶴紋銀茶羅子」具有篩選茶葉，使茶末更為細緻的功能。《茶經》中的「羅」和「合」〔註37〕也同樣具備這種功能。《茶經·四之器》中的「羅」是負責篩茶葉的器具，而「合」是裝篩選過後的茶末，為兩個茶器。而「鎏金飛天仙鶴紋銀茶羅子」則是一個茶器具有上述兩者的功能。「鎏金銀龜盒」有上述「合」的功能，能儲藏茶末，但是比起《茶經》中的「合」，只能打開盒子取用，銀龜盒中的茶末可由烏龜頭傾倒出來，較為便利。

「鎏金伎樂紋銀調達子」功能上不僅能作為飲用器，也能為調製茶湯的容器。從法門寺地宮出土的茶器來觀察，異於陸羽《茶經·四之器》中記載功能的茶器，如：鎏金蔓草紋長柄銀勺、鎏金飛鴻球路紋銀籠子及金銀絲結條籠子。以及擁有同樣功能，卻力求使用更方便的茶器，如：鎏金銀龜盒、鎏金伎樂紋銀調達子。這代表著當代宮廷對茶的重視，想要在煎茶過程中，運用更好、更方便的器具讓煎茶程序更為流暢，顯現人們能用好用的茶器煎出好茶的

〔註37〕《茶經·四之器》：「羅合：羅末以合蓋貯之，以則置合中，用巨竹剖而屈之，以紗絹衣之。其合以竹節為之，或屈杉以漆之。高三寸，蓋一寸，底二寸，口徑四寸。」見前揭書，頁11。

需求更甚，才會更講究茶器的功能。

（三）材質：《茶經》中的茶器材質多是竹、木、鐵、瓷、貝類，法門寺茶器則多是琉璃或銀器鎏金紋飾凸顯高貴

法門寺茶器中的「繫鏈銀火箸、鎏金蔓草紋長柄銀勺、鎏金飛鴻球路紋銀籠子、金銀絲結條籠子、鎏金鴻雁紋銀茶碾子、鎏金團花銀碢軸、鎏金飛天仙鶴紋銀茶羅子、鎏金蕾紐摩羯紋三足架銀鹽臺、鎏金盤絲座葵口小銀鹽臺、鎏金銀龜盒」都是銀器，有些銀質茶器則會鎏金紋飾。而「素面淡黃色琉璃茶盞、素面淡黃色琉璃茶托、菱形雙環紋深直筒琉璃杯、素面淡黃色直筒琉璃杯」則是琉璃，也是現今所稱的玻璃製成；「侈口青釉秘色瓷碗、五瓣葵口圈足青釉秘色瓷碗、銀棱髹漆平脫黃釉秘色瓷碗」三種茶器在功能上相近於《茶經》中的「熟盂」﹝註38﹞，但是卻是使用五代皇宮貴族專用的秘色瓷當材料。

在《茶經》裡，記錄「火箸」的材質多以青竹、精鐵、熟銅製作；功能與籠子相似的「紙囊」則是由今浙江嵊縣所產的剡藤紙製作；「碾」是用橘木、梨木、桑木、桐木、柘木做成；「羅」的材料是竹；功能與銀鹽臺相同的「鹺簋」是瓷製，與「鎏金銀龜盒」功能相同的「合」材料為竹節或杉木，「碗」則是瓷質品。《茶經》中紀錄的製作茶器材料大都採取天然的木、竹，或瓷、銅。相對的，法門寺出土的茶器是銀質或琉璃，在當時則是較高貴的材質。

法門寺茶器呈現宮廷茶器的精美華貴，雖然在煎茶的過程中，金銀茶器未必能讓煎好的茶有最佳的味道，但是用當時價值不斐的金、銀還有琉璃作的茶器，不僅能凸顯身分地位的不凡，也代表著唐僖宗對佛教的虔誠。而陸羽在《茶經》紀錄的材質，是將當代的所見所聞及自身見解所總結而成，所以兩者在材質方面有所差異，卻同樣表現了當代煎茶文化的興盛。

（四）花紋：法門寺的文物多有花紋表現出華貴之感，而《茶經》則沒有紀錄茶器上的紋飾

法門寺茶器中的「鎏金蔓草紋長柄銀勺」有著蔓草紋路和花苞、花蕾做為裝飾；「鎏金飛鴻球路紋銀籠子」有飛鴻和球路紋；「金銀絲結條籠子」上面有獅頭獸面；「鎏金鴻雁紋銀茶碾子」上有如意流雲、飛馬；「鎏金團花銀碢軸」

﹝註38﹞《茶經・四之器》：「熟盂：熟盂，以貯熟水，或瓷，或沙，受二升。」見前揭書，頁11。

有蔓草、花團作裝飾;「鎏金飛天仙鶴紋銀茶羅子」上面有仙人駕鶴,翱翔於流雲間;「鎏金蕾紐摩羯紋三足架銀鹽臺」則有蓮蕾與魔羯魚紋,以上的法門寺茶器有精緻的花紋,陸羽《茶經》中則沒有相關的記載。

在陸羽《茶經》裡,可以觀察陸羽在《茶經‧四之器》中對茶器的描述著重在外型及功能,就如同《茶經》的書名,是以茶為中心,注重如何讓人更清楚了解茶,所以茶器上的紋飾反倒沒什麼記錄。而法門寺的茶器是宮廷所製,本為帝王所用,為供奉神佛用美麗細緻的花紋來裝飾,除了顯現使用者的地位與權勢,也代表那時茶文化在宮廷中不可或缺的地位,所以製作精美。

（五）品項完整度：法門寺茶器的品項變多,出現了《茶經》裡沒有的茶器

如前所述,唐代煎茶文化被佛教和宮廷所重視,在唐‧張又新所著《煎茶水記》記載了一則有關「陸羽辨水」的故事。唐代宗時期,湖州刺史李季卿久聞陸羽的名號,有一天就邀陸羽到府衙裡品茶,品茶時,李季卿就問陸羽對飲茶用水的觀感。陸羽覺得山泉水泡茶是最佳的,而且要是揚子江上的南零水。李季卿為了驗證陸羽的話,於是就命令兩名士兵去取南零水。兩名士兵去取水的途中因為船身晃動,桶內的水溢出泰半,於是就近用其他江水加滿,便回去交差。當陸羽用木杓舀水時,說:「這不是南零水。」兩名士兵起先不肯認錯,當水倒掉一半時,陸羽才說:「這才是南零水。」兩名士兵見陸羽辨水如神,震懾不已,於是趕緊俯首認罪,說明唐代煎茶文化受到重視的現象。〔註39〕水為茶之母,足見唐人煎茶取水之深究。

〔註39〕唐‧張又新《煎茶水記》:「元和九年春,予初成名,與同年生期於薦福寺。余與李德垂先至,憩西廂玄鑒室,會適有楚僧至,置囊有數編書。余偶抽一通覽焉,文細密,皆雜記。卷末又一題云《煮茶記》,云代宗朝李季卿刺湖州,至維揚,逢陸處士鴻漸。李素熟陸名,有傾蓋之懽,因之赴郡。抵揚子驛,將食,李曰:「陸君善於茶,蓋天下聞名矣。況揚子南零水又殊絕。今日二妙千載一遇,何曠之乎!」命軍士謹信者,挈瓶操舟,深詣南零,陸利器以俟之。俄水至,陸以杓揚其水曰:「江則江矣。非南零者,似臨岸之水。」使曰:「某櫂舟深入,見者累百,敢虛給乎?」陸不言,既而傾諸盆,至半,陸遽止之,又以杓揚之曰:「自此南零者矣。」使蹶然大駭,馳下曰:「某自南零齎至岸,舟蕩覆半,懼其鮮,挹岸水增之。處士之鑒,神鑒也,其敢隱焉!」李與賓從數十人皆大駭愕。李因問陸:「既如是,所經歷處之水,優劣精可判矣。」陸曰:「楚水第一,晉水最下。」李因命筆,口授而次第之:……。」收入鄭培凱、朱自振主編:《中國歷代茶書匯編校注本》(香港:商務印書館,2007年),頁35。

器為茶之父，擇器方面，《茶經・四之器》中描述了二十多項茶器，分項細述，簡潔而明瞭，品項可謂繁多講究，但還是未及埋藏於法門寺地宮中的茶器品項完整。從功能上來看，鎏金蔓草紋長柄銀勺、素面銀香匙、鎏金飛鴻球路紋銀籠子、金銀絲結條籠子、鎏金銀龜盒、琉璃器等，是陸羽《茶經》中沒有記載的茶器。這些茶器可能是後人在煎茶文化精益求精後的產物，所以才會注重前人在製造茶器上沒有注意過的細節，並加以改進成為新的茶器，也代表原來整套茶具可能比陸羽時期的茶器系列更完整、多樣化，這樣的成果，也對唐代煎茶文化之後的茶文化發展產生一個承先啟後的作用。

五、結語

在煮茶環節中，茶藝顯得尤為重要。《茶經・五之煮》中記載關於煮茶的技巧：「其沸如魚目，微有聲，為一沸。緣邊如湧泉連珠，為二沸。騰波鼓浪，為三沸。已上水老，不可食也。」這是一個非常嚴謹的烹茶過程，這個過程的重要特點就是精微，需要煮茶者仔細觀察水的變化，及時準確地掌握水的火候，將每個步驟和環節發揮到恰到好處，茶人在此環節中必須技術高超，並且全神貫注。所以說這個煮茶環節已經不是為了滿足人們的口腹之慾，而是一種集技術與欣賞於一身的審美享受，正所謂「沖淡簡潔，韻高致靜」。在飲茶這個環節中，飲茶者需本著一種平和的心態，細細品味茶葉本身所帶來的恬淡悠長，感受其韻味高雅，體味茶葉的文化底蘊和人文情懷。煎茶文化從魏晉六朝的粗放加工，像羹飲方式的煮茶法，到陸羽作《茶經》以前人的飲茶經驗為基礎，結合自身對飲茶的所見所聞的末茶煮飲法，也就是煎茶法，飲茶漸漸不再以飲用或藥用為中心，對人們來說飲茶包含了藝術，包含修身養性，漸漸成為與人們密不可分的文化，陸羽煎茶法在茶文化的歷史中，佔有非常重要的地位。

宮廷茶器不僅具有重要的使用和觀賞價值，而且為茶文化的發展和繁榮增色不少。法門寺地宮出土的茶器從外觀上來看，其材質、紋路、外型的奢華精美反映了飲茶文化在當代宮廷裡已蔚為風尚，所以才有了貢茶院的產生及茶成為賞賜用品。除了可用、外觀華貴以外，更重要的是，這些實體茶器將陸羽《茶經》文字具象化，而且象徵著唐代煎茶文化從陸羽作《茶經》到晚唐邁向宋代點茶文化的一個過渡標誌。從陸羽《茶經》中記載的煎茶程序，就能觀察到當時的人對飲茶的重視，不只是為了飲用，甚至已漸漸邁向精神領域，從

佛教用茶來修身養性就可看出，茶在功能上更為擴充講究，從這些面向可以理解到，茶文化為什麼源遠流長甚至影響其他國家，及茶為什麼在現今生活中仍然和人們密不可分。這些出土茶器是實證，除了訴說著大唐曾有的璀璨繁華盛世流光，更是唐代煎茶道與宮廷茶道文化最佳的歷史見證。

參考文獻

（一）傳統文獻

1. 晉・郭璞注、宋邢昺疏：《欽定四庫全書重刻宋本爾雅注疏附校勘記》，臺北市：藝文印書館，1989 年。

2. 唐・皮日休序：《茶經》，收入鄭培凱、朱自振主編：《中國歷代茶書匯編校注本》，香港：商務印書館，2007 年。

3. 唐・陸羽：《茶經》，收入鄭培凱、朱自振主編：《中國歷代茶書匯編校注本》，香港：商務印書館，2007 年。

4. 唐・張又新：《煎茶水記》，收入鄭培凱、朱自振主編：《中國歷代茶書匯編校注本》，香港：商務印書館，2007 年。

5. 宋・趙汝礪：《北苑別錄》，收入鄭培凱、朱自振主編：《中國歷代茶書匯編校注本》，香港：商務印書館，2007 年。

6. 宋・宋子安：《東溪試茶錄》，收入鄭培凱、朱自振主編：《中國歷代茶書匯編校注本》，香港：商務印書館，2007 年。

（二）近人論著

1. 鄭培凱、朱自振主編：《中國歷代茶書匯編校注本》，香港：商務印書館，2007 年。

2. 李新玲、任新來：《大唐宮廷茶具文化》，北京：中國農業出版社，2017 年。

3. 傅及光：《唐代茶文化》，臺北市：五南圖書出版股份有限公司，2021 年。

4. 廖寶秀撰述、歐蘭英翻譯：《也可以清心——茶器・茶事・茶畫》，臺北市：故宮博物院，2002 年。

5. 王玲：《君不可一日無茶——中國茶文化史》，臺北市：崧燁文化，2020 年。

6. 廖寶秀：《歷代茶器與茶事》，北京：故宮出版社，2017 年。

7. 余佩瑾、黃蘭英、張敬昕編撰:《摶泥幻化:院藏歷代陶瓷》,臺北市:故宮博物院,2014 年。

8. 安西強:〈從法門寺地宮出土茶具反窺唐朝茶文化〉,《黑河學院學報》第 1 卷第 4 期,2010 年,頁 100～103。

9. 陳文華:〈中國古代民間和宮廷的茶具〉,《中國農業》,2006 年,頁 3～11。

10. 呂維新:〈陝西法門寺唐代宮廷茶具綜述〉,《中國茶葉加工》第 3 期,1994 年,頁 44～46。

11. 康才媛:〈法門寺金銀茶器之探討——兼論茶器之美感與藝術〉,國立臺北藝術大學《藝術評論》第 24 期,2013 年,頁 77～109。

(三) 電子資源

1. 中國哲學書電子化計劃:https://ctext.org/text.pl?node=195055&if=gb

2. 唐・封演:《封氏聞見記》〔電子資源〕,國立臺灣師範大學出版中心,2012 年。

3. 中央研究院漢籍電子文獻資料庫:https://hanchi.ihp.sinica.edu.tw/ihpc/hanjiquery?@38^1745912504^803^60202017000401210020

4. (圖片) 法門寺博物館:http://www.fmsbwg.com/dczp/

5. (圖片) 新紀元:https://www.epochweekly.com/b5/224/9410.htm

6. (圖片) 網易新聞:https://c.m.163.com/news/a/HD54E2880533D495.html

7. (圖片) 每日頭條:https://kknews.cc/other/b88lz9o.html

素面淡黃色琉璃茶盞加茶托　　　　鎏金盤絲座葵口小銀鹽臺

圖片來自:新紀元　　　　　　　　圖片來自:每日頭條

侈口青釉秘色瓷碗

圖片來自：網易新聞

鎏金飛鴻紋銀則

圖片來自：每日頭條

鎏金飛鴻球路紋銀籠子

圖片來自：法門寺博物館

鎏金飛天仙鶴紋銀茶羅子

圖片來自：法門寺博物館

銀棱髹漆平脫黃釉秘色瓷碗

圖片來自：網易新聞

鎏金蔓草紋長柄銀勺

圖片來自：每日頭條

鎏金鴻雁紋銀茶碾子加碢軸

圖片來自：法門寺博物館

鎏金蕾紐摩羯紋三足架銀鹽臺

圖片來自：法門寺博物館

鎏金伎樂紋銀調達子

鎏金銀龜盒

圖片來自：法門寺博物館

圖片來自：法門寺博物館

唐代煎茶道文化芻議

摘　要

　　唐代政治社會穩定之後，由於朝廷倡導、文人學士崇尚、佛教的推動，飲茶蔚為風尚。唐代茶事活動包括宮廷茶道、文人茶道、寺院茶道，由於文人、僧侶以煎茶名之，遂稱之為煎茶道。彼時國際交流頻繁，為彰顯國恩，不僅舉辦茶宴，也以茶當作饋禮。此外，隨著文成公主入藏，發展出茶應用於婚禮的文化禮俗，茶禮文化於是傳播至西北地區和鄰近日、韓等國。茶境，是指茶事活動的場所、環境；廣義而言，也包括寧靜悠然的心靈之境。唐人茶藝，無論在備器、選水、取火、候湯、習茶各方面，均有所講究。至於飲茶文化的思想內涵與傳承，儒家茶人以茶修德，追求友好包容和諧處世；佛家茶人透過飲茶清心斂性，由此達觀開悟；道家茶人以茶修心入靜得到安穩之樂，並且輕身換骨延年益壽。唐代煎茶道文化，不僅僅對煎茶茗飲的技藝講究，更可貴的是透過茗飲文化體會出儒、釋、道三教的哲思至理，得到精神與心靈內涵的昇華，這些是唐代茶文化留給後人的文化瑰寶。

關鍵詞：唐代、陸羽、茶經、茶道、茶文化

一、前言

　　中國人飲茶的歷史久遠，飲茶是華人生活中普遍的一項活動。根據《茶經‧六之飲》記載：「茶之為飲，發乎神農氏，聞於魯周公。」〔註1〕飲茶最早

〔註1〕　《茶經‧六之飲》。唐‧陸羽：《茶經》，收入鄭培凱、朱自振主編：《中國歷代茶書匯編校注本》（香港：商務印書館，2007年），頁13。

的歷史可追溯至炎帝神農氏時代，可見茶在中國很早就被認識和利用。古代
先民透過採摘、狩獵等方式獲取食物，先民們在採摘的過程中，意外地發現
某些樹木的葉子可以咀嚼食用，也能加入至食物中同煮而食。隨著文明的進
步，茶葉被作為祭品以及藥用，擴大了茶葉的利用，並漸漸地發展出有關茶
葉的乾燥與加工之法。秦朝統一中國後，茶葉開始從四川向全國傳播。西漢
時，茶葉大抵作為宮廷飲品，或是貴族官宦作為待客之物或高雅的消遣。晉
人郭璞注《爾雅》：「檟，苦荼。」云：「檟，……樹小似梔子，冬生，葉可煮
作羹飲。今呼早采者為荼，晚取者為茗。一曰荈，蜀人名之苦荼。」〔註2〕提
到煮葉（檟）羹飲，檟是苦荼。《爾雅》一書，非一人一時所作，成書於西漢，
可以確定以茶代菜不會晚於西漢。同時，西漢宣帝時蜀人王褒所著之〈僮
約〉，內有「烹茶盡具」和「武都買茶」等句，〔註3〕說明了中國飲茶的信史始
於漢代。

　　到了兩晉、南北朝，飲茶風氣興起，民間店肆也能看到茶水販售。茶在社
會各階層廣泛普及品飲，大致還是在唐代以後。唐代結束了自漢末以來四百
年的混亂割據，社會有了較安定的局面，不但朝廷倡導，文人學士崇尚，隨著
佛教的推動，飲茶蔚為風尚，促使茶的生產、消費和貿易長足的發展。唐代之
前，茶的稱謂異名甚多，《茶經·一之源》曰：「茶者，南方之嘉木也。……其
名，一曰茶，二曰檟，三曰蔎，四曰茗，五曰荈。」〔註4〕檟、蔎、茗、荈等
字，都是指茶。先秦的文獻裡「荼」字頻頻出現，〔註5〕「荼」也是茶，直到
陸羽撰著《茶經》，一律將「荼」字減去一畫，寫成「茶」字，從此茶的形、
音、義才確定下來。《茶經》是世界第一部茶書，陸羽將茶的起源、特徵、品
種、加工過程、器具、水質、茶的烹煮等茶事詳細的記載，奠定了茶道的基

〔註2〕　《爾雅·釋木》。晉·郭璞注、宋邢昺疏：《欽定四庫全書重刻宋本爾雅注疏附
　　　　校勘記》（臺北：藝文印書館，1989年），頁160。
〔註3〕　漢·王褒：「神爵三年正月十五日，資中男子王子淵，從成都安志里女子楊惠，
　　　　買夫時戶下髯奴便了。……晨起灑掃……烹茶盡具……武都買茶，……。」見
　　　　氏著：〈僮約〉，收於《古文苑》（臺北：臺灣商務印書館，1968年），卷17，
　　　　頁382～387。
〔註4〕　《茶經·一之源》。見前揭書，頁7～8。
〔註5〕　以《詩經》為例，《詩經·大雅·綿》：「周原膴膴，堇荼如飴。」、《詩經·邶
　　　　風·谷風》：「誰謂荼苦，其甘如薺。」、《詩經·豳風·七月》：「採荼薪樗，食
　　　　我農夫。」、《詩經·豳風·鴟鴞》：「予手拮据，予所捋荼。」、《詩經·鄭風·
　　　　出其東門》：「出其闉闍，有女如荼。雖則如荼，匪我思且。」等篇章俱用「荼」
　　　　字。

礎，使得茶受到高度的重視。《茶經·六之飲》曰：「滂時浸俗，盛於國朝，兩都並荊渝間，以為比屋之飲。」〔註6〕記錄了當時家家戶戶飲茶的盛況。人們對茶和水的選擇、烹煮方式以及飲茶環境和茶的品質越來越講究，爾後在文人、僧道所做的茶書與茶詩的推波助瀾下，以煎茶稱之，逐漸形成了煎茶道文化。

　　唐代茶風蔚然，茶文化的組成核心是茶藝與茶道。茶藝注重的是物質與技術的層面；茶道在茶藝之上，注重精神層面。今人徐曉村指出：「茶道是以修行得道為宗旨的飲茶藝術，包含茶禮、禮法、環境、修行四大要素。茶藝是茶道的基礎，是茶道的必要條件，茶藝可以獨立於茶道而存在。」〔註7〕茶禮，是指茶事活動中的禮儀、法則；茶境，是指茶事活動的場所、環境；茶藝是指備器、選水、取火、候湯、習茶的一套技藝；修道，是指通過茶事活動來怡情修性、悟道體道。茶事活動中約定俗成的舉止，表現品茶時的禮儀及美德，不同場合有著不同的飲茶習俗，不僅營造出和諧溫馨的氣氛，自律互敬等行為更反映出人物的思想與情感。本文將探討唐代社會的茶事活動、茶禮與茶境，其次就茶藝的各個環節來瞭解唐代煎茶道文化藝術，與茶藝實踐過程中所體現的茶道哲理，來觀察以上種種融合交會出的茶文化內涵。

二、唐代茶事活動、茶禮與茶境

（一）茶事活動

1. 宮廷茶道

　　公元一九八七年四月，中國陝西省扶風縣法門寺地宮出土了一系列精美的唐代宮廷茶器——銀質鎏金烹茶用具一套十二件，包括茶碾、茶羅子、金銀絲結籠子、龜形茶盒、銀茶則、鹽臺以及琉璃盞連盞托等，另有秘色瓷碗七口，堪稱「國寶」。這些精美的茶器是供養唐密曼荼羅壇場之用，雖然是供養品，但仍有著相當高的實用價值。這些供養的茶器上記有墨書「五」字樣的款識，「五哥」為僖宗在宮中小名，這些茶器為唐僖宗日常飲茶用品無疑。這些出土的茶器，彰顯了唐代宮廷茶道的發達，與皇室對茶的重視與推崇。

　　茶文化在唐代的形成與興盛，有著來自茶本身特性、宗教、政治、士族社

〔註6〕《茶經·六之飲》。見前揭書，頁13。
〔註7〕徐曉村：《茶文化學》（北京：首都經濟貿易大學出版社，2009年），頁201～202。

會變遷、文化導向、經濟發展等六方面的主要原因。〔註8〕茶既是藥品，也是食品、祭品，這些特質為茶文化的盛行奠定基礎。唐代國力強盛、社會安定，皇室崇茶為茶文化提供制度保障；經濟的復甦，文化空前的發展，則為茶文化提供了社會基礎。彼時茶業發展從四川往北移，全國茶區眾多。〔註9〕隋唐時代開鑿的運河、發達的交通，有效地改善南北貨物運輸，使茶葉等各種物資流通方便，飲茶之俗遂逐漸在北方普及盛行。其次，實行貢茶制度、茶葉專管、設立茶稅，實施禁酒令，抑酒揚茶的制度，種種社會條件激發了民間對茶葉的消費，促使飲茶成為全民活動。

由於皇室崇茶並設立貢茶制度，各地方州縣就必須每年向皇室上貢特產，因著貢茶制度的建立，貢茶品評也就成為官員重要職責之一。飲茶習慣在唐代宮廷生活是不可或缺的一環，在喜慶節日，宮廷還會舉辦茶宴，君臣共聚一堂，排場宏大，彰顯出豪氣貴重的皇家權勢。清明時節，長安一帶流行以茶果祭祀天地、祖先的習俗，除平民百姓外，宮廷也很重視，在每年清明時節舉辦盛大的——「清明宴」。根據宋·胡仔《苕溪漁隱叢話》記載：「唐茶惟湖州紫筍入貢，每歲以清明日貢到，先薦宗廟，然後分賜近臣。」〔註10〕當時在浙江湖州的顧渚山設有貢茶院，專門製作貢茶供皇宮飲用，規定清明節前一定要送至長安，以顧渚貢茶宴請群臣。「清明宴」規模宏大，氣氛嚴肅，由朝廷禮官主持，並有樂舞娛樂賓客，宴席上除茶外，也佐以各式點心，如粽子、餛飩、柿子、百花糕等。當時，嬪妃宮女也有飲茶習慣，以美容養生為目的。她們飲茶十分講究，不光注重茶葉的品質、茶器的精美，也注重樂趣與心境，現存於臺北故宮博物院的畫作〈宮樂圖〉恰可佐證說明。〔註11〕

〔註8〕 賈躍千、寶貢敏、朱建清：〈再論唐代茶文化興盛的表象與成因〉，《茶葉科學》（2009 年，第 29 卷第 1 期），頁 75。

〔註9〕 《茶經·八之出》以「山南、淮南、浙西、劍南、浙東、黔中、江南、嶺南」分類茶區，又說：「其恩、播、費、夷、鄂、袁、吉、福、建、韶、象十一州未詳，往往得之，其味極佳。」由此看來，唐代茶葉產區已遍及今四川、陝西、湖北、雲南、廣西、貴州、湖南、廣東、福建、江西、浙江、江蘇、安徽、河南等十四個省區，達到了與近代茶區相似的局面。見前揭書，頁 17～18。

〔註10〕 宋·胡仔：《苕溪漁隱叢話》（臺北：臺灣中華書局，1971 年），卷 11，頁 5。

〔註11〕 〈宮樂圖〉（618～907）：「圖描寫後宮嬪妃十人，圍坐於一張巨型的方桌四周，有的品茗，也有的在行酒令。中央四人，則負責吹樂助興。所持用的樂器，自右而左，分別為篳篥、琵琶、古箏與笙。旁立的二名侍女中，還有一人輕敲牙板，為她們打著節拍。從每個人臉上陶醉的表情來推想，席間的樂聲理應十分優美，因為連蹲在桌底下的小狗，都未被驚擾到！」見故宮博物院典藏精選

　　唐代的高級貢茶不僅是上好的飲品，也是皇室賞賜的必備之物。宮廷皇室將茶葉作為祭祀、禮佛、賞賜之物，以茶事展現唐代盛世、威震天下的氣象，足以證明皇室對茶的重視。這不僅是提倡了茶葉的消費，更推動了民間茶業的發展，深化了茶葉的文化意蘊。宮廷的茶宴對唐代茶會的風氣具有興盛引導的作用，清明時節的祭祀茶宴，從唐朝開始至清末延續不斷。

2. 文人茶道

　　貴族皇室揚茶讓茶文化得以推廣，文人墨客品茶譽茶則讓茶文化的內涵進一步提升。唐代科舉考試以詩為上品，文人賦詩吟詠成風。為了構思佳作，詩人流連於自然山水之間，而茶生長於高山大川，於是以茶相伴成為文人的雅趣。飲茶不僅「其飲醒酒，令人不眠」〔註12〕，更可以「益意思」〔註13〕，激發靈感，促神思，助詩興。茗飲、高山、名泉，進一步促使了茶事活動的藝術化，茶事則成為文人、僧道競相吟詠的題材。

　　唐代愛茶文人眾多，如陸羽、釋皎然、顏真卿、盧仝、韋應物、劉禹錫、白居易、溫庭筠、皮日休、陸龜蒙等人。以白居易為例，一生與詩、酒、琴、茶為友。唐憲宗元和十二年，白居易被貶江州，收到好友忠州刺史李宣寄來的新茶。在仕途蹭蹬時得到好友的關心，白居易欣喜非常，他不顧自己正在病中，寫下這首詩：

> 故情周匝向交親，新茗分張及病身。紅紙一封書後信，綠芽十片火前春。湯添勺水煎魚眼，末下刀圭攪麴塵。不寄他人先寄我，應緣我是別茶人。〔註14〕

這首詩除表達對好友贈新茶的感激之情，「不寄他人先寄我，應緣我是別茶人」，也道出他們非同一般的關係，更說明了白居易在品茶、辨茶方面具有獨到的造詣。白居易茶藝精湛，鑑茗、品水、看火、擇器皆有高人一等的見解，晚年作〈首夏病間〉：「移榻樹陰下，竟日何所為。或飲一甌茗，或吟兩

---

https://theme.npm.edu.tw/selection/Article.aspx?sNo=04000957#inline_content_intro（2018 年 8 月 25 日上網）。

〔註12〕《茶經·七之事》：「《廣雅》云：『荊、巴間採葉作餅，葉老者，餅成，以米膏出之。欲煮茗飲，先炙令赤色，搗末置瓷器中，以湯澆覆之，用蔥、薑、橘子芼之。其飲醒酒，令人不眠。』」見前揭書，頁 14。

〔註13〕《茶經·七之事》：「《華佗食論》：『苦茶久食，益意思。』」見前揭書，頁 15。

〔註14〕唐·白居易：〈謝李六郎中寄新蜀茶〉，見《全唐詩》（北京：中華書局，1996 年 1 月第 6 次印刷），卷 439，頁 4893。

句詩。」〔註15〕流露出平淡閒逸的生活情趣，可見嗜茶之甚。

而盧仝的〈走筆謝孟諫議寄新茶〉詩，習稱〈七碗茶詩〉尤為膾炙人口：

> 日高丈五睡正濃，軍將打門驚周公。口雲諫議送書信，白絹斜封三道印。開緘宛見諫議面，手閱月團三百片。聞道新年入山裡，蟄蟲驚動春風起。天子須嘗陽羨茶，百草不敢先開花。仁風暗結珠琲瓃，先春抽出黃金芽。摘鮮焙芳旋封裹，至精至好且不奢。至尊之餘合王公，何事便到山人家。柴門反關無俗客，紗帽籠頭自煎吃。碧雲引風吹不斷，白花浮光凝碗面。一碗喉吻潤，兩碗破孤悶。三碗搜枯腸，唯有文字五千卷。四碗發輕汗，平生不平事，盡向毛孔散。五碗肌骨清，六碗通仙靈。七碗吃不得也，唯覺兩腋習習清風生。蓬萊山，在何處。玉川子，乘此清風欲歸去。山上群仙司下土，地位清高隔風雨。安得知百萬億蒼生命，墮在巔崖受辛苦。便為諫議問蒼生，到頭還得蘇息否。〔註16〕

除了感謝孟諫議寄來新茶，和對採製茶葉的辛勤人民表達深厚同情，其餘寫的是個人煮茶和飲茶的體會。盧仝飲茶，連喝七碗，從第一碗滋潤乾枯的喉嚨；第二碗破除孤悶；第三碗搜索枯腸，五千卷文字方可抒發心情；第四碗微微發汗；第五碗肌骨清盈；第六碗通仙靈；到第七碗兩腋生清風，有飛天成仙之感。仔細品味出每一碗茶的不同感受，對每一碗茶也都點出文人品評意境，對提倡飲茶產生深遠的影響。

唐代詩人元稹則作過一首著名的寶塔詩，乃茶詩中寶塔詩之典範。此種寶塔詩形式正式名為「一七體」。若將寶塔詩每行文字靠邊排列乃成階梯狀，故又名「階梯詩」，題名〈一字至七字詩‧茶〉：

> 茶。
>
> 香葉，嫩芽。
>
> 慕詩客，愛僧家。
>
> 碾雕白玉，羅織紅紗。

〔註15〕唐‧白居易〈首夏病間〉：「我生來幾時？萬有四千日。自省於其間，非憂即有疾。老去慮漸息，年來病初愈。忽喜身與心，泰然兩無苦。況茲孟夏月，清和好時節。微風吹袷衣，不寒複不熱。移榻樹陰下，竟日何所為。或飲一甌茗，或吟兩句詩。內無憂患迫，外無職役羈。此日不自適，何時是適時？」見《全唐詩》卷429，頁4728。

〔註16〕唐‧盧仝：〈走筆謝孟諫議寄新茶〉，見《全唐詩》卷388，頁4379。

銚煎黃蕊色，椀轉麴塵花。

夜後邀陪明月，晨前命對朝霞。

洗盡古今人不倦，將知醉後豈堪誇。〔註17〕

據《唐詩紀事》卷三十九，此詩是元稹與王起等人歡送白居易以太子賓客分司的名義去洛陽，在興化亭送別時，元稹的即席詩。〔註18〕白居易以「詩」為題，寫了一首，元稹以「茶」為題，寫了這首。當時白居易的思想有些消沉，臨別之際，元稹詠詩勸慰。元稹這首寶塔詩，一開頭詩人詠茶，起句「茶」點題，以後每二句為一組，對仗工整。第二句「香葉，嫩芽」寫茶的本性，即味香和形美，暗喻好友白居易品質優秀。第三句「慕詩客，愛僧家」顯然是倒裝句，寫茶受詩客與僧家的愛慕，茶與詩總是相得益彰，實言好友深受廣大詩人與僧人的愛慕。第四、五兩句「碾雕白玉，羅織紅紗。銚煎黃蕊色，椀轉麴塵花」先寫烹茶。將茶用白玉雕成的碾碾碎，再用紅紗製成的茶羅篩茶。接下去寫烹茶要先在銚中煎成「黃蕊色」，爾後盛在碗中浮泡沫。「夜後邀陪明月，晨前命對朝霞」兩句，寫詩人與茶相陪，不但夜晚要喝，早上也要喝，情誼深厚。「洗盡古今人不倦，將知醉後豈堪誇」寫茶的功效。詩人巧妙地說飲茶會精神飽滿，喝茶可以醒酒。用「夜後邀陪明月，晨前命對朝霞」、「洗盡古今人不倦，將知醉後豈堪誇」來勸慰白居易，表達了兩人之間真摯的感情。

而陸羽《茶經》的問世，則是唐代茶文化興盛的標誌。有唐一代，除陸羽著《茶經》，還有裴汶《茶述》、張又新《煎茶水記》、溫庭筠《採茶錄》、蘇廙（一作虞）《十六湯品》、王敷《茶酒論》、毛文錫《茶譜》等茶書。《茶經》等茶書記錄茶葉的栽培與採摘、茶器的製作與選用、烹茶時水源的選擇、烹茶酌茶時的動作，不僅傳播了茶葉的科學知識，更闡發了飲茶的養生功效。唐代文人茶道是社會交往的時尚，更是清雅之舉。陸羽等人從事茶文化的研究，融入琴、棋、書、畫，注重文化氛圍和情趣，提倡人文精神，追求節儉、淡泊、寧靜的人生，將飲茶的方法程序化，更將飲茶提升到美的境界、藝術的層次。唐代煎茶道文化在中國茶史上占重要地位，此為主因。

3. 寺院茶道

茶葉在周代開始被當作祭品、菜食、醫藥，到西漢時期茶葉已成為主要商品之一。從漢末三國到南北朝三百多年，特別是南北朝時期，佛教盛行。佛家

〔註17〕唐・元稹：〈一字至七字詩・茶〉，見《全唐詩》卷423，頁4652。

〔註18〕宋・計有功：《唐詩紀事》（臺北：木鐸出版社，1982年），頁589。

寺院往往位於名山，於是在寺院廟旁山谷間普遍種茶，利用茶飲來解除坐禪瞌睡。飲茶推廣了佛教，而佛教又促進了茶灶的發展，「茶佛（禪）一味」，即源於此。

　　唐代寺院多數有大量寺產與園林，佛教禪僧多於山林間修行，所謂「好茶配好水」，飲茶是他們待客、論道的重要方式。「茶」具有提神醒腦、消除疲勞、減輕頭痛等功能，有助於修練悟道。唐代寺院功能眾多，囿於戒律不能品酒，接待外賓文人則需要茶果供應，為了方便交誼，所以多數以較為正規的茶會形式取代，因此以茶代酒可以做為以寺院交流中心型態的文人聚會的重要方式。其中寺院茶會最關鍵性的代表就是皎然。〔註19〕釋皎然是江東地區大寺院住持，陸羽的關鍵性茶友。陸羽幼年被竟陵智積禪師所收養，〔註20〕成長於寺院，習得煮茶的各種技巧，和釋皎然等文人、僧道唱和交誼，在茗飲中得到共鳴與昇華，將飲茶視為一種風雅的生活藝術，這也有助於茶藝的成熟和茶文化的盛行。

　　佛教與茶文化關係密切，唐中葉飲茶在寺院普及之後，飲茶即成為寺院僧徒生活中十分重要的內容，後來又成為禪寺制度之一。根據《景德傳燈錄》卷二十六記載：

> 洗手面；盥漱了，喫茶；喫茶了，佛前禮拜，歸下去。打睡了，起來
> 洗手面；盥漱了，喫茶；喫茶了，東事西事，上堂。吃飯了，盥漱；
> 盥漱了，喫茶；喫茶了，東事西事。〔註21〕

禪寺一天幾乎就是在喫茶中度過的。當時，寺院中設有「茶堂」，專供僧眾辯佛說理、招待施主佛友品飲清茶。法堂左上角設茶鼓，按時敲擊召集僧眾飲茶。在寺院一年一度的掛單時，要按照戒臘年限的先後飲茶，稱「戒臘茶」。平時，

〔註19〕張憲生：〈中唐茶道轉型原因試析〉，《慈濟通識教育學刊》（2010 年第 6 期），頁 56。

〔註20〕《文苑英華》卷十《陸文學自傳》有謂：「陸子，名羽，字鴻漸，不知何許人也。或云字羽，名鴻漸，未知孰是？……始三歲，惸露育於竟陵太師積公之禪。」、《新唐書》卷一九六《陸羽傳》記載：「陸羽，字鴻漸，一名疾，字季疵，復州竟陵人。不知所生，或名有僧得諸水濱，畜之。」、《唐才子傳》卷三《陸羽》云：「羽，字鴻漸，不知所生。初，竟陵禪師智積得嬰兒於水濱，育為弟子。」、《唐國史補·陸羽得姓氏》曰：「竟陵僧有于水濱得嬰兒者，育為子弟，稍長，自筮得蹇之漸，由曰：『鴻漸于陸，其羽可用為儀』。乃今姓陸名羽，字鴻漸。」見於《茶經》附錄一：陸羽傳記。見前揭書，頁 18～21。

〔註21〕宋·釋道原：《景德傳燈錄》卷 26，佛光大藏經編修委員會主編：《佛光大藏經（禪藏）景德傳燈錄》，1994 年。

住持請僧眾喫茶，稱「普茶」。遇佛教節日或朝廷賜杖、賜衣時，往往舉行盛大的茶儀。寺院還常常舉辦大型茶宴，先由主持僧親自調茶，然後獻給賓客，稱「獻茶」。此外，不少名茶亦是僧人所種，精於茶事的和尚更不乏其人。賓客接茶後，觀色、聞香、嚐味、評茶，隨後頌佛論經、談事敘宜。〔註22〕

（二）茶禮與茶境

1. 茶禮習俗

如前所言，所謂茶禮，是指茶事活動中的禮儀、法則。《茶經・六之飲》有云：

> 夫珍鮮馥烈者，其碗數三。次之者，碗數五。若坐客數至五，行三碗；至七，行五碗；若六人已下，不約碗數，但闕一人而已，其雋永補所闕人。〔註23〕

意指坐客有五人時，只煮三碗鮮香的茶湯；七人時，則以五碗均分；六人以內，不計碗數，按照缺一人計算，將原先留下最好的茶湯來補所缺的人即可。從上述記載可得知，陸羽在待客之道上，為了使客人能品嘗珍貴馨香的茶湯，對於人數多寡與茶碗數相當考究。

而這套茶禮也運用在民間的禮俗中，形成特殊形式及特殊意義，有其較深的文化意蘊。在中國，茶被視為一種高尚的禮品，是純潔、吉祥的象徵。早在魏晉南北朝時期，茶已應用於喪俗。〔註24〕至於茶應用於婚俗，傳統婚姻有所謂「六禮」，即納采、問名、納吉、納徵、請期、親迎六道程序。〔註25〕茶與婚禮的關係，簡單來說，就是在婚禮中應用茶作為禮儀的一部分。它起於何時？根據《舊唐書・吐蕃傳》記載，唐太宗貞觀十五年，文成公主入藏。〔註26〕按本民族的禮節帶去茶開始，迄今已有一千三百多年了，並由此開創

〔註22〕 叢書編委會：《中國茶文化》（北京：外文出版社，2010年），頁125。

〔註23〕 《茶經・六之飲》。見前揭書，頁14。

〔註24〕 《茶經・七之事》：「南齊世祖武皇帝遺詔：我靈座上慎勿以牲為祭，但設餅果、茶飲、乾飯、酒脯而已。」見前揭書，頁16。

〔註25〕 《禮記・昏義》：「昏禮者。將合二姓之好。上以事宗廟。而下以繼後世也。故君子重之。是以昏禮。納采。問名。納吉。納徵。請期。皆主人筵几於廟而拜迎於門外。入揖讓而升。聽命於廟。所以敬慎重正昏禮也。」漢・鄭元注、唐・孔穎達疏：《欽定四庫全書總目禮記正義》（臺北：藝文印書館，1989年），頁999。

〔註26〕 《舊唐書・吐蕃傳》：「貞觀十五年，太宗以文成公主妻之，令禮部尚書、江夏郡王道宗主婚，持節送公主於吐蕃。弄讚率其部兵次柏海，親迎於河源。見道

了西藏飲茶之風。這代表了唐代飲茶風氣盛行，茶已在漢人日常生活中佔有特殊的地位；另一方面，唐太宗以茶作嫁妝，作為婚姻美滿的象徵。

在婚嫁習俗形成過程中，中國南方地區形成了特殊的「三茶六禮」禮俗，也就是定婚時要「下茶」、結婚時要「定茶」、同房時要「合茶」。「三茶六禮」成了明媒正娶的代名詞，如今許多農村仍把定婚、結婚稱為「受茶」、「吃茶」，把定婚的定金稱為「茶金」，把彩禮稱為「茶禮」，此習俗一直延續迄今。在婚禮中用茶為禮的風俗，也普遍流行於各民族。蒙古族定婚、說親都要帶茶葉表示愛情珍貴。回族、滿族、哈薩克族定婚時，男方給女方的禮品都是茶葉。回族稱定婚為「定茶」、「吃喜茶」，滿族稱「下大茶」。至於迎親或結婚儀式中用茶，有作禮物時，主要用於新郎、新娘的「交杯茶」、「和合茶」，或向父母尊長敬獻的「謝恩茶」、「認親茶」等儀式。總之，從古到今，我國的許多地方，在婚喪喜慶的每一個過程中，往往都離不開以茶來表達禮儀。

唐代國際交流頻繁，首都長安是當時世界最大的都市，也是東亞世界的核心。長安有一個特色就是國際色彩濃厚，充滿著來自亞洲各地的人，尤其以來自西域（主要指中亞和西亞）的胡人最為活躍。[註27] 長安在當時與鄰邦積極文化交流，前已述及唐代皇室往往以茶作為賞賜之物，茶與禮俗又關係密切，飲茶習俗遂傳播至鄰近國家，影響最大的是日本和韓國。唐代茶文化對日本傳播，以下文字或可略窺一二：

> 曾經亦步亦趨跟隨中國文明腳步的日本，對於中國茶史的三個階段皆能有所認識。記載上，早在公元 729 年，就有武聖天皇於奈良皇宮賜茶與百人僧眾的事迹。當時的茶葉很可能是遣唐使自唐朝天子處拜領的，因此多半也製成當時所流行的茶餅狀。公元 801 年時，最澄禪師把一些從中國帶回來的茶樹種子種植於叡山。之後的數百年間，慢慢出現不少茶園茶莊，貴族與僧侶階級的喝茶風氣也開始形成。[註28]

茶傳入日本與入唐學習的僧人關係密切，最澄禪師結束旅唐生涯後，攜回佛

宗，執子婿之禮甚恭。」中央研究院漢籍電子文獻資料庫：http://hanchi.ihp.sinica.edu.tw/ihpc/hanjiquery?@45^1792311205^802^5020201600030153@@1241037895（2018 年 7 月 25 日上網）。

[註27] 請參杜正勝主編：《中國文化史》（臺北：三民書局，2008 年），頁 130～132。

[註28] （日）岡倉天心（Kakuzo Okakura）著，谷意譯：《茶之書》（濟南：山東畫報出版社，2010 年），頁 36～37。

經與茶籽,種於日吉神社的池上茶園,並獻茶給嵯峨天皇,對嵯峨天皇在位期間「弘仁茶風」的形成有著積極的推動作用。最澄與空海回到日本分別創立天台宗和真言宗,兩位高僧憑藉他們的影響力,將飲茶活動引入了日本寺院和上流社會。〔註29〕至於對韓國的傳播與影響,今人林瑞萱指出:

> 有關中國傳入之說,記載於《三國史記‧新羅本記》「興德王三年」條:「冬十二月,遣使入唐朝貢,文宗召對於麟德殿,宴賜有差,入唐回史大廉持茶種子來,王使植地理山,茶自善德王時有之,至於此盛焉。〔註30〕

並且認為在善德王的時代(632~647)已經有喝茶的習慣,至於喝的是不是土產茶不能確定,但是相信有相當數量的茶自唐朝輸入。興德王三年(828)已經確定從中國傳入茶種,而且種茶、盛行飲茶。善德王時代至興德王三年約兩百年的時間,中韓兩國在地緣、政治、軍事、經濟、社會各種文化層面關係都很密切,相信有許多愛茶人士會帶茶種回去,足見唐代茶風影響廣泛。〔註31〕

2. 茶肆與茶境

唐朝初年,茶葉的種植已經非常普遍,茶稅也成為國家一項重要的稅收,但文人飲茶的風氣尚未十分盛行,《茶經》一書問世之後,始「益知飲茶」。《新唐書‧陸羽傳》載:

> 羽嗜茶,著經三篇,言茶之原、之法、之具尤備,天下益知飲茶矣。時鬻茶者,至陶羽形置煬突間,祀為茶神。有常伯熊者,因羽論復廣著茶之功。御史大夫李季卿宣慰江南,次臨淮,知伯熊善煮茶,召之,伯熊執器前,季卿為再舉杯。至江南,又有薦羽者,召之,羽衣野服,挈具而入,季卿不為禮,羽愧之,更著《毀茶論》。其後尚茶成風,時回紇入朝,始驅馬市茶。〔註32〕

陸羽在當代已被「祀為茶神」,爾後「尚茶成風」,於是產生以喝茶為主的群聚

〔註29〕 張美娣等編著:《茶道茗理》(上海:上海人民出版社,2010年3月),頁18~19。

〔註30〕 林瑞萱著:《中日韓英四國茶道》韓國茶道第一章韓國茶道簡史(北京:中華書局,2008年),頁119。

〔註31〕 林瑞萱著:《中日韓英四國茶道》韓國茶道第一章韓國茶道簡史,頁119。

〔註32〕 《新唐書‧陸羽傳》。中央研究院漢籍電子文獻資料庫庫:http://hanchi.ihp.sinica.edu.tw/ihpc/hanjiquery?@140^1634589804^802^70202017000401210 00010020@@@1476511352(2018年6月7日上網)。

活動場所。唐、宋時稱茶館為茶肆、茶坊、茶樓、茶邸，根據唐・封演《封氏聞見記》記載：

> 開元中，泰山靈岩寺有降魔師，大興禪教。學禪務於不寐，又不夕
> 食，皆許其飲茶。人自懷挾，到處舉飲。從此轉相仿效，遂成風俗。
> 自鄒、齊、滄、棣，漸至京邑城市，多開店鋪，煎茶賣之。不問道
> 俗，投錢取飲。〔註33〕

喝茶的人多了，自然就出現了許多出售茶湯的茶肆，這應該是關於茶肆最早的記載。飲茶之風盛行於中晚唐，除《茶經》問世這項因素，究其原因，由於安史之亂後唐朝由盛轉衰，政治鬥爭激烈，許多知識分子因政治失意，又受佛教禪宗的影響，轉而崇尚幽靜，追求淡泊的人生，因此助長了飲茶之風的盛行，而茶館也處於萌芽時期，隨著宋代茶文化的發展，茶館文化也日趨興盛。〔註34〕

除了茶肆，茶事活動也可能在室外自然之中，《茶經・九之略》記載：

> 其煮器，若松間石上可坐，則具列廢。用槁薪、鼎䥶之屬，則風爐、
> 灰承、炭檛、火筴、交床等廢。若瞰泉臨澗，則水方、滌方、漉水囊
> 廢。若五人已下，茶可末而精者，則羅廢。若援藟躋巖，引絙入洞，
> 於山口灸而末之，或紙包合貯，則碾、拂末等廢。〔註35〕

「若松間石上可坐」、「若瞰泉臨澗」、「若援藟躋巖，引絙入洞」等句，意指茶事活動可在松間石上、泉邊澗側，甚至山洞中等戶外場景。不同的環境，茶器的搭配也有所不同。當然，在茶肆等室內環境煮飲自然是較方便的，各項用具也較為齊整，甚至可參看茶經內容，使得茗飲過程更為完備。《茶經・十之圖》載：「以絹素或四幅或六幅，分布寫之，陳諸座隅，則茶之源、之具、之造、之器、之煮、之飲、之事、之出、之略目擊而存，於是《茶經》之始終備焉。」〔註36〕陸羽建議在室內飲茶時，可將《茶經》內容分別寫在四幅或六幅白絹上，做成卷軸掛至座旁，那麼茶的起源、製作工具、製作方法、炊煮器具、煮茶方法、飲用方法、歷史、產地和省略法等內容，即可一覽而備，開後世懸掛書畫卷軸的先河。

〔註33〕唐・封演：《封氏聞見記》〔電子資源〕，國立臺灣師範大學出版中心，2012年
　　　　10月初版，第六卷，頁28。
〔註34〕叢書編委會：《中國茶文化》。見前揭書，頁224～225。
〔註35〕《茶經・九之略》。見前揭書，頁18。
〔註36〕《茶經・十之圖》。見前揭書，頁18。

　　茶境，指茶事活動的場所、環境。廣義而言，茶境不僅是品茗時清新雅致的活動場所和樸實秀美的風景，也意指寧靜悠然的心靈之境。自然與心境在個人的品茗之中合而為一，直達物我兩忘，便構成了完美的品茶境界，讓人擁有獨特而高雅的精神享受。如前所言，早在魏晉時期，茶便成為僧道修行普遍的飲品。盛唐禪宗發展後，呈現「廟廟種茶、無僧不茶」的嗜茶風尚。中唐時期，高僧釋皎然〈飲茶歌誚崔石使君〉詩中寫出心靈之境：

> 越人遺我剡溪茗，采得金牙爨金鼎。素瓷雪色縹沫香，何似諸仙瓊蕊漿。一飲滌昏寐，情來朗爽滿天地。再飲清我神，忽如飛雨灑輕塵。三飲便得道，何須苦心破煩惱。此物清高世莫知，世人飲酒多自欺。愁看畢卓甕間夜，笑向陶潛籬下時。崔侯啜之意不已，狂歌一曲驚人耳。孰知茶道全爾真，唯有丹丘得如此。〔註37〕

「一飲滌昏寐，情來朗爽滿天地」、「再飲清我神，忽如飛雨灑輕塵」、「三飲便得道，何須苦心破煩惱」，清神得道之妙法就是飲茶，「三飲」神韻相連，將飲茶的精神享受作了最完美動人的歌頌。學者指出：「皎然可以說是現存文獻中，最早提出茶禪理論者，他將茶道比附為禪經，說明飲茶之聽泉、觀沫、聞香、辨色中的禪境，呈現禪者滌心靜慮的精神意義。」〔註38〕禪宗清靜修行的旨歸，結合了茶葉醒神定心的功用，在佛門清淨地得以品茗凝神，具有自然樸素、見性修心的濃濃禪味，品茗既是精神享受，也是修身養性的途徑，因此講究環境、人境、意境、心境，四境俱佳。唐·靈一〈與元居士青山潭飲茶〉詩謂：「野泉煙火白雲間，坐飲香茶愛此山。岩下維舟不忍去，青溪流水暮潺潺。」〔註39〕在山林掩映中，寂靜的佛堂廟觀裡，細細品茗，以達到遠離塵囂、超然灑脫、駕鶴飛仙的心靈之感，是環境與心境合一，完美呈現茶境的最佳範例。

三、唐代茶人煎茶茶藝

　　茶聖陸羽以其對茶的經驗而寫下茶文化的著名經典──《茶經》，更重要的是陸羽創造煎茶之法，改變歷來茶食同煮並飲傳統的茗飲方式。陸羽將兩者分開，也就是用水煮茶，不加入薑、蔥、棗、橘皮、薄荷等物，並強調煎茶時的技巧，包含器具、燒火材質、水質、煮茶的狀況等。茶藝指的是與茶有關

〔註37〕唐·釋皎然：〈飲茶歌誚崔石使君〉，見《全唐詩》卷821，頁9260。
〔註38〕蕭麗華：〈唐代詩僧皎然飲茶詩的茶禪原理〉，《佛學與科學》（2007年），頁65。
〔註39〕唐·靈一：〈與元居士青山潭飲茶〉，見《全唐詩》卷809，頁9130。

的技藝，一杯茶的基本條件，需有茶、水、火和器具，以下探討唐代茶人煎茶時備器、選水、取火、候湯、習茶等各項茶藝：

（一）備器

「器為茶之父」，在煮茶、喝茶的工序中，器具的使用是影響好茶的要素之一。好的器具有助於提升茶的色、香、味，更昇華成一種視覺的藝術欣賞。唐代以前，並沒有專用的茶具，而是一器多用，直到陸羽提出了完整配套的二十八種茶器，它們分別運用在生火、煮茶、烤碾量茶、盛水、鹽具、飲茶、清潔、收藏等各方面，在《茶經‧四之器》中可見詳細的介紹。以下將二十八種茶器的功用類別以及茶器名稱表列之〔註40〕：

功用類別	茶器名稱
生火用具	風爐、灰承、筥、炭檛、火筴
煮茶用具	鍑、交床
烤、碾、量茶用具	夾、紙囊、碾、拂末、羅合、則
水具	水方、漉水囊、瓢、竹筴、熟盂
鹽具	鹺簋、揭
飲茶用具	碗、札
清潔用具	滌方、滓方、巾
收藏陳列用具	畚、具列、都籃

從上表可以看出，茶器的使用十分考究，每一種茶器有其專門的功用。然而，除了陸羽所歸類的茶器之外，其實唐代茶人的茶器，也有不同質地的類別，有金銀茶器、瓷器、琉璃等，在民間大多以陶瓷為主，皇宮貴族就多用金銀、琉璃等質地茶器。

唐代，茶道大行，上至達官貴人，下至文人百姓，不乏追求飲茶的藝術欣賞。出土文物證明，唐代的碗敞口瘦底，碗身斜直。《茶經‧四之器》對各地所產的碗做了評比：「越州上，鼎州次，婺州次；岳州次，壽州、洪州次。」〔註41〕以越州所產茶器最佳。但有人卻認為邢瓷比越瓷好，陸羽認為邢瓷有三點不如越瓷：

> 若邢瓷類銀，越瓷類玉，邢不如越一也；若邢瓷類雪，則越瓷類

〔註40〕《茶經‧四之器》。見前揭書，頁9～12。

〔註41〕《茶經‧四之器》。見前揭書，頁11。

冰，邢不如越二也；邢瓷白而茶色丹，越瓷青而茶色綠，邢不如越
三也。〔註42〕

因為當時餅茶的湯色多為淡紅色，陸羽認為：「越州瓷、岳瓷皆青，青則益
茶。茶作白紅之色。邢州瓷白，茶色紅；壽州瓷黃，茶色紫；洪州瓷褐，茶色
黑；悉不宜茶。」〔註43〕是否宜茶要看色澤，在青瓷的輝映下，「半甌輕泛綠」
〔註44〕使人愛不釋手。陸羽推崇茶色與瓷色搭配後，茶色呈青綠色看起來最
好，可以看出陸羽注重的是瓷器如何與茶色搭配，而非在意瓷器的質地。據今
人廖寶秀考證，臺北故宮博物院藏品亦可見此二類型（越窯、邢窯）茶碗，〈宮
樂圖〉中仕女們所持茶碗為越窯青瓷系茶碗。〔註45〕這表現出當時飲茶的審美
情趣，蘊藏著飲茶者渴望回復自然的一種文化心態。

（二）選水

水是生命之源，古人對水有不同層面的看法，或視之為道德修養，或視之
為精神象徵。對於品茶之人，茶葉的品質固然重要，但水質的優劣也是他們所
重視的目標。如何評估水質，在古代可能依靠的是視覺、嗅覺與味覺等感官，
或是簡單的工具，甚至是人們的經驗。

唐人注重用水，張又新《煎茶水記》與陸羽《茶經》多有著墨。張又新的
《煎茶水記》記載了品水排等第的表現：

故刑部侍郎劉公諱伯芻，於又新丈人行也。為學精博，頗有風鑒，
稱較水之與茶宜者，凡七等：揚子江南零水第一；無錫惠山寺石水
第二；蘇州虎丘寺石水第三；丹陽縣觀音寺水第四；揚州大明寺水
第五；吳松江水第六；淮水最下，第七。斯七水，余嘗俱瓶於舟中，
親揖而比之，誠如其說也。〔註46〕

而陸羽的《茶經》亦有關於鑑別水的記載：

其水，用山水上，江水中，井水下。（《荈賦》所謂：「水則岷方之注，

〔註42〕《茶經‧四之器》。見前揭書，頁12。

〔註43〕《茶經‧四之器》。見前揭書，頁12。

〔註44〕唐‧鄭谷〈峽中嘗茶〉：「蔟蔟新英摘露光，小江園裡火煎嘗。吳僧漫說鴉山好，
蜀叟休誇鳥嘴香。合座半甌輕泛綠，開緘數片淺含黃。鹿門病客不歸去，酒渴
更知春味長。」見《全唐詩》卷676，頁7742。

〔註45〕廖寶秀撰述、歐蘭英翻譯：《也可以清心——茶器‧茶事‧茶畫》（臺北：故宮
博物院，2002年），頁9。

〔註46〕唐‧張又新：《煎茶水記》，收入鄭培凱、朱自振主編：《中國歷代茶書匯編校
注本》（香港：商務印書館，2007年），頁34～35。

挹彼清流。」）其山水，揀乳泉、石池慢流者上；其瀑湧湍漱，勿食之，久食令人有頸疾。又多別流於山谷者，澄浸不泄，自火天至霜降以前，或潛龍蓄毒於其間，飲者可決之，以流其惡，使新泉涓涓然，酌之。其江水取去人遠者，井取汲多者。〔註47〕

陸羽從水源辨優次，強調茶葉與水質的影響關係，提出「山水上，江水中，井水下」的排列順序。陸羽認為山水之所以最佳，因泉水會經過沙石過濾，又處於流動的狀態，水質較穩定；但過於湍急的水卻是不好的，人喝久易引起頸部疾病。次之為江水，比山水來說較不流動，因此含有一定的泥沙，比較混濁，也可能藏有一些蛇蠍的積毒，因此取用時要注意。最好是到江水有流動之處取水，或是到人煙稀少處取水，水質較有保障。唐・白居易〈蕭員外寄新蜀茶〉詩有云：「蜀茶寄到但驚新，渭水煎來始覺珍。」〔註48〕曾讚賞以江水煮茶。最差的水質是井水，因其水源易汙，所以最好是到經常使用的水井汲水。

　　陸羽以水源辨優次，其實可看出水的流動是一個很重要的因素，這影響到後世飲茶品水。〔註49〕後人又強調「冽」，堪稱「清、活、輕、甘、冽」五字法，也就是活水的概念。〔註50〕此外，古人認為水不寒則煩躁，而味必嗇，嗇就是澀的意思，不清涼其味道必苦澀。而關於水的冷冽，古人最推崇冰水和雪水。以雪水煮茶，其一是取其甘甜之味，其二是取其清冷之感。而陸羽品水，也列舉出雪水。在唐・白居易〈晚起〉詩中則有「融雪煎香茗，調酥煮乳糜」的名句。〔註51〕其實不論是泉水、溪水，還是雪水，水質直接影響茶的色香味，因此水便視為是茶之母，好的水能將茶帶出更清香甘醇的滋味。

（三）取火

　　煮茶的前置作業，除了備器、選水之外，另外要準備生火的燃料。水火不

〔註47〕《茶經・五之煮》。見前揭書，頁13。

〔註48〕唐・白居易〈蕭員外寄新蜀茶〉：「蜀茶寄到但驚新，渭水煎來始覺珍。滿甌似乳堪持玩，況是春深酒渴人。」見《全唐詩》卷437，頁4852。

〔註49〕宋・趙佶《大觀茶論》：「水以清輕甘潔為美，輕甘乃水之自然，獨為難得。」收入鄭培凱、朱自振主編：《中國歷代茶書匯編校注本》（香港：商務印書館，2007年），頁106。

〔註50〕王從仁：《中國茶文化》（上海：上海古籍出版社，2009年），頁157～162。

〔註51〕唐・白居易〈晚起〉：「爛熳朝眠後，頻伸晚起時。暖爐生火早，寒鏡裹頭遲。融雪煎香茗，調酥煮乳糜。慵饞還自哂，快活亦誰知。酒性溫無毒，琴聲淡不悲。榮公三樂外，仍弄小男兒。」見《全唐詩》卷451，頁5097。

相融，但在茶中卻像是牙齒與嘴唇的關係。在唐・溫庭筠的《採茶錄》中引李約的說法：「茶須緩火炙，活火煎，活火謂炭之有焰者。」〔註52〕前述選水的部分提到了活水，在用火方面也同樣需要活火。什麼是活火？《茶經・五之煮》提到：

> 其火用炭，次用勁薪。（謂桑、槐、桐、櫪之類也。）其炭，曾經燔炙，為羶膩所及，及膏木、敗器不用之。（膏木謂柏、桂、檜也。敗器，謂朽廢器也。）古人有勞薪之味，信哉。〔註53〕

燃料最好用木炭，其次用硬柴。而沾染油汙、骯髒的炭，或是腐敗的木材並不適合用來做燃料。必須要有純粹的炭香且無煙，才能不毀壞好茶且提升茶的品味。

（四）候湯

漢魏南北朝以迄初唐，主要是直接採茶樹生葉烹煮成羹湯而飲，三國魏・張揖《廣雅》載：「荊、巴間採葉作餅，葉老者，餅成，以米膏出之。欲煮茗飲，先炙令赤色，搗末置瓷器中，以湯澆覆之，用蔥、薑、橘子芼之。」〔註54〕故此開始製作餅茶，研碎使用。晚唐・皮日休指出：「然季疵以前，稱茗飲者，必渾以烹之，與夫瀹蔬而啜者無異也。」〔註55〕飲茶類似喝蔬菜湯，此羹湯吳人又稱之為「茗粥」。對於這種舊習，《茶經・六之飲》有謂：

> 飲有觕茶、散茶、末茶、餅茶者，乃斫、乃熬、乃煬、乃舂，貯於瓶缶之中，以湯沃焉，謂之痷茶。或用蔥、薑、棗、橘皮、茱萸、薄荷之等，煮之百沸，或揚令滑，或煮去沫。斯溝渠間棄水耳，而習俗不已。〔註56〕

陸羽將茶中混煮他物的茶水貶抑為「溝渠間棄水」，對一般人仍喜飲用此種茶水，「習俗不已」，極為感慨。

唐代以後，制茶技術日益發展，餅茶（團茶、片茶）、散茶品種日漸增多。唐代除了末茶、餅茶，還有觕茶和散茶，只不過葉茶在唐代並不是主要的飲

〔註52〕唐・溫庭筠：《採茶錄》，收入鄭培凱、朱自振主編：《中國歷代茶書匯編校注本上》（香港：商務印書館，2007年），頁51。
〔註53〕《茶經・五之煮》。見前揭書，頁13。
〔註54〕《茶經・七之事》。見前揭書，頁14。
〔註55〕唐・陸羽：《茶經》附錄二：歷代《茶經》序、跋一、〔唐〕皮日休序，見前揭書，頁21。
〔註56〕《茶經・六之飲》。見前揭書，頁13。

用茶。好茶需有好水來帶出茶的品質，但有了好水如煮得不好，仍然不是一杯好茶，因此火侯的掌握更是一門有技術性的學問。唐代飲茶以陸羽式煎茶為主，煮茶包含了燒水和煎茶，唐‧蘇廙《十六湯品》有云：「湯者，茶之司命。若名茶而濫湯，則與凡末同調矣。」〔註57〕最好的煮茶方式是依照每一沸不同的狀況，做出相對應地反應，《茶經‧五之煮》記載了唐代煮茶的程序「三沸說」：

> 其沸如魚目，微有聲，為一沸。緣邊如湧泉連珠，為二沸。騰波鼓浪，為三沸。已上水老，不可食也。初沸，則水合量調之以鹽味，謂棄其啜餘，無乃餡䤉而鍾其一味乎？第二沸出水一瓢，以竹筴環激湯心，則量末當中心而下。有頃，勢若奔濤濺沫，以所出水止之，而育其華也。〔註58〕

當水煮到有魚目般細小水泡和發出輕微聲音一沸時，要按水量加適量的鹽調味，並除去浮在表面、狀似「黑雲母」的水膜，因其滋味不佳。當水煮到有無數水泡附著釜的邊緣，有如湧泉連珠般，便要取出一瓢水備用。然後，用竹筴在水中攪動，把茶末從水渦中心投下，再燒一會，至茶湯沸騰即完成。如果茶湯出現沸騰溢出的情況，可將在二沸時取出的一瓢水倒進茶湯中，使沸水稍冷，停止沸騰，以孕育出茶湯之精華，然後就可舀入茶碗中飲用。

另外，唐‧溫庭筠《採茶錄》引李約語亦寫到：「茶須緩火炙，活火煎，活火謂炭之有焰者。當使湯無妄沸，庶可養茶。始則魚目散布，微微有聲；中則四邊泉湧，纍纍連珠；終則騰波鼓浪，水氣全消，謂之老湯。三沸之法，非活火不能成也。」〔註59〕一沸、二沸，指的是燒水，三沸則是煎茶。而「魚目」、「湧泉連珠」、「騰波鼓浪」這三種狀況則是判斷煮茶的程度。煮茶時不能用沒有燒開的水，需要掌握好火候，否則就像「若嬰兒之未孩，欲責以壯夫之事」，這會使得茶香不足，成為「嬰湯」；也不能過度煎煮，否則茶會失去鮮活而過老，成為「百壽湯（一名白髮湯）」，更糟的是淪為「賊湯（一名賤湯）」、

〔註57〕唐‧蘇廙云：「湯者，茶之司命。若名茶而濫湯，則與凡末同調矣。煎以老嫩言者凡三品，注以緩急言者凡三品，以器標者共五品，以薪論者共五品。」從第一品至十六品分別是「得一湯、嬰湯、百壽湯、中湯、斷脈湯、大壯湯、富貴湯、秀碧湯、壓一湯、纏口湯、減價湯、法律湯、一面湯、宵人湯、賊湯、魔湯。」見氏著：《十六湯品》，收入鄭培凱、朱自振主編：《中國歷代茶書匯編校注本上》（香港：商務印書館，2007年），頁38〜40。

〔註58〕《茶經‧五之煮》。見前揭書，頁13。

〔註59〕唐‧溫庭筠：《採茶錄》。見前揭書，頁51。

「魔湯」。〔註60〕湯無妄沸是養茶之道，可見唐人對湯候之講究。

（五）習茶

習茶包括藏茶、炙茶、碾茶、羅茶、煎茶、酌茶、品茶等，其實《茶經·六之飲》也有相對應的分類：

> 茶有九難：一曰造，二曰別，三曰器，四曰火，五曰水，六曰炙，七曰末，八曰煮，九曰飲。陰採夜焙，非造也；嚼味嗅香，非別也；膻鼎腥甌，非器也；膏薪庖炭，非火也；飛湍壅潦，非水也；外熟內生，非炙也；碧粉縹塵，非末也；操艱攪遽，非煮也；夏興冬廢，非飲也。〔註61〕

從以上茶之九難「造、別、器、火、水、炙、末、煮、飲」的分類敘述，茶從栽種到品飲有一套程序，在每個程序中都有各自講究注重的地方。

唐代制茶，茶葉從採摘到封藏有七道工序，分別是「採、蒸、搗、拍、焙、穿、封」。〔註62〕依照陸羽《茶經》所載，其過程是二、三、四月間採摘茶葉，晴天方可摘採，而茶芽以「枝穎拔者」上端挺拔的嫩葉為佳。茶師通常是自己背著「籝」（一曰籃，一曰籠，一曰筥）上山採茶，而好品質的茶樹多野生於奇岩峭壁上，為了採得佳茗，難免要跋山涉水，承受體力的勞累。採回鮮葉放在木製或瓦製的「甑」中，甑放在「竈」（或「釜」）上，竈上加水，甑內擺放一層竹皮做成的箪，茶菁平攤其上，蒸熟後將箪取出即可。茶菁既已蒸熟，趁其未涼前盡速放入「杵臼」（一曰碓）中搗爛，搗得愈細愈好，之後將茶泥倒入多以鐵製的「規」（一曰模，一曰棬）中。模子或圓、或方、或花形，因此團茶的形狀有很多種。茶模下置「檐」（一曰衣）布，檐下放「承」（一曰臺，一曰砧），石承一半埋入土中，使模固定而不滑動。茶泥傾入模後須加以拍擊，使其結構緊密堅實而不留縫隙。待茶完全凝固，拉起「檐」布即可輕易取出，然後便換下一批。凝固的團茶水份並未乾燥，先置「芘莉」（一曰籝子，一曰筹筤）上透乾。晾乾後的團茶先用「棨」（一曰錐刀）挖洞，再用「撲」（一曰鞭）將已乾的茶穴打通，最後用一根「貫」將一塊塊的團茶串起來，放在「棚」（一曰棧）上焙乾。團茶水份若未乾，便易發黴敗壞，難以存藏，故

〔註60〕見蘇廙著：《十六湯品》，頁38～40。
〔註61〕《茶經·六之飲》。見前揭書，頁14。
〔註62〕《茶經·三之造》：「其日有雨不採，晴有雲不採；晴，採之，蒸之，搗之，拍之，焙之，穿之，封之，茶之乾矣。」見前揭書，頁9。

須「焙」乾以利收藏。焙乾的團茶分斤兩以「穿」貫串，因團茶中間有孔穴，可以剖竹或以穀紉皮縫合穿成一串，較利於運銷。如果團茶收藏不當，茶味將大受影響。「育」器是用來貯藏茶的工具，它以木製竹編紙糊而成，中間設有埋藏熱灰的裝置，可常保溫熱，在梅雨季節時可燃燒加溫，防止濕氣黴壞團茶。〔註63〕

此外，《茶經》記載了煮茶之前幾個處理茶的程序——炙茶、碾茶、羅茶：

> 凡炙茶，慎勿於風爐間炙，熛焰如鑽，使炎涼不均。持以逼火，屢翻正，候炮出培塿，狀蝦蟆背，然後去火五寸。卷而舒，則本其始又炙之。若火乾者，以氣熟止；日乾者，以柔止。……炙之，則其節若倪倪如嬰兒之臂耳。既而承熱用紙囊貯之，精華之氣無所散越，候寒末之。〔註64〕

炙茶，也就是烤餅茶，要以高溫並且經常翻動，避免造成冷熱不平均，直到烤到餅茶呈「蛤蟆背」狀，烤好的茶趁熱以「紙囊」〔註65〕包好，以免香氣散失，等到冷卻後就可以進行碾茶。碾茶，將前述的茶以「碾」〔註66〕磨碎，使茶味更容易散發出來。羅茶，將碾好的茶末用「羅合」〔註67〕篩過，將處理好的茶末置於沸水中烹煮成茶，陸羽認為以這種方式茶的香味比較能發揮。

至於「酌茶」，《茶經·五之煮》提到：

> 凡酌，置諸碗，令沫餑均。沫餑，湯之華也。華之薄者曰沫，厚者曰餑。細輕者曰花，如棗花漂漂然於環池之上；又如迴潭曲渚青萍之始生；又如晴天爽朗有浮雲鱗然。其沫者，若綠錢浮於水湄，又如菊英墮於鐏俎之中。餑者，以滓煮之，及沸，則重華累沫，皤皤然

〔註63〕 唐人制茶過程乃依照陸羽《茶經·二之具》所載使用之器具，推想製作過程。見前揭書，頁8～9。

〔註64〕 《茶經·五之煮》。見前揭書，頁12。

〔註65〕 《茶經·四之器》：「紙囊：以剡藤紙白厚者夾縫之，以貯所炙茶，使不泄其香也。」見前揭書，頁10。

〔註66〕 《茶經·四之器》：「碾：以橘木為之，次以梨、桑、桐、柘為之。內圓而外方。內圓備於運行也，外方制其傾危也。內容墮而外無餘。木墮，形如車輪，不輻而軸焉。長九寸，闊一寸七分。墮徑三寸八分，中厚一寸，邊厚半寸，軸中方而執圓。其拂末以鳥羽製之。」見前揭書，頁11。

〔註67〕 《茶經·四之器》：「羅合：羅末，以合蓋貯之，以則置合中。用巨竹剖而屈之，以紗絹衣之。其合以竹節為之，或屈杉以漆之。高三寸，蓋一寸，底二寸，口徑四寸。」見前揭書，頁11。

若積雪耳，《荈賦》所謂「煥如積雪，燁若春藪」有之。〔註68〕

酌茶，也就是分茶，講究沫餑均勻。沫餑，薄者為沫，厚者為餑，乃茶湯之精華。通常煮水一升，酌分五碗，最好是趁熱喝，方能喝到茶湯之精華。〔註69〕

　　煮茶是唐人主要的茗飲方式，隨著飲茶的蔚然成風，唐代飲茶方式也發生了顯著的變化。由於陸羽強調清飲，與湯候的講究，出現了細煎慢品式的飲茶方式。此外，唐・裴汶在《茶述》中有云：「茶，起於東晉，盛於今朝。其性精清，其味浩潔，其用滌煩，其功致和。……得之則安，不得則病。」〔註70〕唐人已然洞察茶之妙用，因此多有講究。由是，茶人煮飲品茶忌諱「陰採夜焙、嚼味嗅香、羶鼎腥甌、膏薪庖炭、飛湍壅潦、外熟內生、碧粉縹塵、操艱攪遽、夏興冬廢。」〔註71〕足見唐人不單是純飲，而是在一道道繁雜瑣碎的程序之後，能夠淺酌慢飲，陶醉於恬靜、淡泊、忘我的境界，以獲得物質上和精神上的滿足和慰藉。凡此，足以印證唐人在品茶方面不只是解渴之用，而是昇華為文化藝術的追求。

四、唐代茶文化的思想內涵

　　儒、釋、道是中華傳統文化的思想主流，中國茶道與儒、釋、道的思想關係密切。除去帝王、公侯以茶人自我標榜者之外，一般茶人，不論儒、道、佛的信仰，都有些共同特點，即追求質樸、自然、清靜、無私、平和，但又常常有些浪漫精神和浩然之氣。〔註72〕不同的是，論及飲茶文化的思想內涵與傳承，它是藉由佛家之手將飲茶帶入民間，這與當時佛教在民間廣為流傳有關；將茶變成文化思想的是儒家文人，他們將生活所體會到的經歷，藉由茶來感受背後隱藏的知識；而最先將茶視為清心入靜以養生的是道家茶人，道家茶人們將大自然融入飲茶中，因此他們品茶時體悟到的哲理，往往靜謐閒適卻又富含生機。以下分述之：

（一）茶道精神蘊含的儒家禮法

　　飲茶可以放鬆自身、審視心靈，與儒家修身的思想是契合的。儒家強調安

〔註68〕《茶經・五之煮》。見前揭書，頁13。
〔註69〕《茶經・五之煮》：「凡煮水一升，酌分五碗。乘熱連飲之，以重濁凝其下，精英浮其上。如冷，則精英隨氣而竭，飲啜不消亦然矣。」見前揭書，頁13。
〔註70〕唐・裴汶：《茶述》，收入鄭培凱、朱自振主編：《中國歷代茶書匯編校注本上》（香港：商務印書館，2007年），頁49。
〔註71〕《茶經・六之飲》。見前揭書，頁14。
〔註72〕王玲：《中國茶文化》（北京：九州出版社，2009年），頁95。

貧樂道，以及聞道並加以自省的理念，與茶道精神靜心品飲，從心靈上獲得體悟的根本，是出於同樣性質的領悟，因此茶道精神隱含的儒家思想，是處處可見的。

　　儒家思想，屬於入世的思想，在茶道的體現是「寓教於樂」，透過對茶道精神的觀察，在飲茶時審視自身，跳脫平淡無味的學習，藉由品茶內省得道。儒家茶人們在享受茶所帶來的閒怡氣氛時，同時藉此得出修身、處世等道理，既體驗生活的歡快，又能從歡快之中吸取知識。茶道精神強調品茶時從中所得的體悟，而儒家「智者樂水，仁者樂山」，正符合藉由飲茶對自我人格的一種欣賞。〔註73〕這呼應了茶道精神所含的儒家寓教於樂的思想，透過飲茶沉澱心靈，而品茶過程中的愉快氣氛，不同於苦讀的沉悶，是歡快、愉悅的習得新的知識。

　　其次，儒家思想所強調的中庸之道，在茶道精神中是相當常見的。茶人們在飲茶時，將儒家思想中「修、齊、治、平」的道理闡述至茶道精神中，因此這些茶人在品茶時，從中體會到的大多為追求理想時人生體驗到的酸甜苦辣，而這些生活體驗的箇中滋味，藉由飲茶淨空心靈，重新體悟其中奧妙後，變成了儒家茶人們自身的生命智慧。

　　在飲茶時保持和睦的心境與他人交流，也是儒家茶人們在品茶時所追求的。儒家強調喝茶時的友好氣氛，而這種和諧的狀態源自中庸思想，中庸思想所強調的適當、合宜，人際關係上的和睦、和諧，與茶道靜下心來，以和睦的氣氛品飲茶所帶來的體悟，是相互交融而不矛盾的。學者認為：

> 儒家把這種（天人合一、五行協調）思想引入中國茶道，主張在飲
> 茶中溝通思想，創造和諧氣氛，增進彼此的友情。飲茶可以更多的
> 審己、自省，清清醒醒地看自己，也清清醒醒地看別人。各自內省
> 的結果，是加強理解，理解萬歲！〔註74〕

也就是透過飲茶來反思，進而修習品德，藉由茶道悟出清醒、理智看待世界，不卑不亢，執著持久，強調人與人相助相依，在友好、和睦的氣氛中共同進步。如此品飲的心態，如今我們也能從現代的飲茶活動中，窺探一二。

　　在儒家思想的影響下，茶道精神「在茶飲的『禮尚往來』過程中，聲、色、味始終起著中介作用，不斷刺激人的感官，從而實現了陶冶情性的目

〔註73〕徐曉村：《茶文化學》。見前揭書，頁203。
〔註74〕王玲：《中國茶文化》。見前揭書，頁79。

的。」〔註75〕茶水的品質、茶器的選用、茶禮、茶藝體現出的感受，都是儒家茶人們在品茶時，影響品茶性情的條件。

茶道的內涵，不僅指茶法、茶器，更是指抽象的道德、美學、哲學的理念，茶事極重視人的「德行」，所謂茶道即人道。《茶經·一之源》載：「茶之為用，味至寒，為飲，最宜精行儉德之人。」〔註76〕「精行儉德」是指行為精誠專一、沒有旁鶩、品德簡約、謙遜而不奢侈，在茶事中所體現的就是簡樸自律，待之以禮，合乎儒家傳統，是很務實的修身養性的方法。陸羽認為精行儉德之人最宜用茶，用「精行儉德」指宜茶之人的品性，也是暗喻茶的特質，可謂茶性、人品相互呼應，互相彰顯。

以儒家的中庸、和諧、親情、包容為前提，提倡節儉、樸素、清淡、廉潔，構成了中國文人茶道的精神。這種文人茶道的精神，形成了後來中國茶文化的主調。〔註77〕儒家精神在中國茶文化中主要發揮政治倫理功能，儒家以茶修德，以茶交友，以茶做客，以茶雅志，以茶養廉，通過茗飲修習品德建立「茶禮」，一方面對內自我觀照自我約束，一方面對外與人友好和睦相處。

（二）茶道精神融入的佛家禪學

中國「茶道」二字，始出於唐代禪僧釋皎然之口。〔註78〕佛家對茶道的影響是相當深遠的，唐代飲茶之所以蔚然成風，與佛教禪宗興盛有關，僧人們在寺院內種茶、制茶、飲茶，對民間的飲茶風俗，產生了一定的影響。唐代趙州觀音寺高僧從諗禪師，人稱「趙州古佛」，他崇茶、愛茶，不但自己嗜茶成癖，而且積極提倡飲茶，「唯茶是求」。他每每說話，總要說上一句「喫茶去」，據《指月錄》記載：

> 師問新到。曾到此間麼。曰曾到。師曰。喫茶去。又問僧。僧曰。不
> 曾到。師曰。喫茶去。後院主問曰。為甚麼曾到也云喫茶去。不曾
> 到也云喫茶去。師召院主。主應諾。師曰。喫茶去。〔註79〕

〔註75〕陳香白：《中國茶文化》（太原：山西人民出版社，2002年），頁52。

〔註76〕《茶經·一之源》。見前揭書，頁8。

〔註77〕任新來：〈佛、道、儒三教對唐代茶文化發展的影響〉，《文博》（2009年第2卷），頁48。

〔註78〕唐·釋皎然〈飲茶歌誚崔石使君〉：「越人遺我剡溪茗，采得金牙爨金鼎。素瓷雪色縹沫香，何似諸仙瓊蕊漿。……孰知茶道全爾真，唯有丹丘得如此。」唐·釋皎然：〈飲茶歌誚崔石使君〉，見《全唐詩》卷821，頁9260。

〔註79〕李利安主編：《正續指月錄》〔電子資源〕（西北大學出版社，2006年），卷11，六祖下第四世，頁17。

這「喫茶去」以看似不合邏輯的方式，使人達到物我兩忘的境界，從而頓悟人生，可說充滿禪機，並在佛教禪宗中流行起來，自此「喫茶去」就成了禪林法語。爾後，宋朝圓悟克勤禪師提出「茶禪一味」，受到了許多以佛家為主的品茶人的讚許。此後，禪茶與茶禪成為一種脫胎於禪佛的生活智慧，在禪院叢林內外得到廣泛弘揚。〔註80〕關於「茶禪一味」，文獻上並沒有一定的解釋，一般認為「茶禪」之「禪」指「禪宗」，也有學者認為「茶禪」之禪，乃指「禪定」──淡靜的悟道把持，〔註81〕是一種功夫與意境。可見得「禪」會因為佛家僧人們的修行階段不同，「茶禪一味」就有該階段所富涵的個別意思。

禪宗修行講究的是自身體驗與參禪悟道，透過飲茶坐禪可達到止睡、清心的效果，僧人從苦澀的茶味中了解人生的苦難，得悟正道，淨化內心的思想，實現了佛性與茶性的契合。〔註82〕也可以說透過飲茶清心斂性，由清靜寂滅達到心靈的體悟，目的是明心見性，達到超脫塵俗的達觀，也就是佛的覺悟，得到人生智慧，到達不生不滅、不垢不淨的彼岸，解脫罣礙，得到無極究竟圓滿。

此外，佛家強調以平常心吃茶，唯有保持靜心的理念，才能在充滿紛亂的世俗中，仍能達到隨緣達觀、不受世俗觀念阻礙的自由心性。而所謂的保持平常心，不被外物影響本心的教義，恰巧可以透過飲茶得到頓悟，來達成明心見性的目的。因此佛家的茶人在飲茶時，並不會特別注重盛茶器皿的好壞、茶葉的優劣，以及飲茶的技藝，因為藉由飲茶維持心境平和，從中頓悟出真理，才是佛家所追求的茶道。可見茶在佛家，不僅能達到醒神的效用，還能幫助僧人們定心悟性。

學者指出：「依照禪宗的理念，只有在不離世俗的生活中保持心性本淨，不為物移，才有可能真正達到任性隨緣而自由無礙的境界，做一個本源自性的天真佛。」〔註83〕佛家茶人將該教的道理蘊含在品茶之中，藉由飲茶來悟道，讓人們以親近生活的方式來體悟真理。「茶道的根本在於清心，這也是禪道的

〔註80〕張美娣等編著：《茶道茗理》。見前揭書，頁54。
〔註81〕關劍平指出：「後世流行的『茶禪一味』說，其實所指並非佛之禪宗，而是『禪定』──淡靜的悟道把持。即『茶中有禪、茶禪一味』，『品茶如參禪』。」見氏著：《禪茶：歷史與現實》（杭州：浙江大學出版社，2011年3月），頁39。
〔註82〕張美娣等編著：《茶道茗理》。見前揭書，頁80～82。
〔註83〕關劍平：《禪茶：歷史與現實》。見前揭書，頁2。

中心。『清』即是茶與禪的相通點。」〔註84〕茶也因為這個特點，在佛教中廣受推崇，以至於後來佛教廣受民間推崇的時候，茶道思想也藉此普遍流傳至民間。佛教對茶道精神的影響，一言以蔽之便是透過飲茶時所得的清淨，從迷惘中尋求解答，是一種精神與心靈上的昇華，這種參悟後所得到的境界，便是佛教與茶道相互交織出的精神。

（三）茶道精神涵蓋的道家哲理

　　道家思想崇尚清靜無為、天人合一，追求純樸淡泊的人生，在自然恬淡的生活中得到生命的延續和超脫，因此非常重視養生之道。由於崇尚自然，因此道家茶人飲茶品茗時，注重的並不是繁縟的茶道禮儀，而是看重養生、養性，心靈的成長，以及內力的調養。在精神成長上，道家茶人們所體悟出的感受，大多飽含自然的生機蓬勃，以及逍遙曠達的無我境界。此外，也有許多道家茶人將飲茶視為忘掉世間凡塵的媒介，透過飲茶淨化身心，忘卻紅塵，藉此感受逍遙的快樂。這與茶平和清淡的本性，飲後使人心境寧靜，擺脫世事纏擾的特質，可謂十分契合。

　　道家茶人在茗飲中發現了適合於修身養性之道，認為茶乃契合之物，可謂集天地之靈氣。飲茶的具體好處，《茶經‧七之事》載：

> 《神農食經》：茶茗久服，令人有力、悅志。
>
> 《廣雅》：其飲醒酒，令人不眠。
>
> 《華佗食論》：苦茶久食，益意思。
>
> 陶弘景《雜錄》：苦茶輕身換骨，昔丹丘子、黃山君服之。
>
> 《本草‧木部》：茗，苦茶。味甘苦，微寒，無毒。主瘻瘡，利小便，去痰渴熱，令人少睡。秋採之苦，主下氣消食。〔註85〕

道家茶人認為長期飲茶可使人除去汙濁之氣脫胎換骨，甚至羽化成仙，因此把飲茶作為日常清修的輔助手段。在道家茶人看來，修煉在於修心，修心的關鍵在於「達靜」，而飲茶則能導致「入靜」，使人「合乎自然」。〔註86〕藉由修煉內心的方式，達到自身與自然萬物、宇宙之氣合為一體的奧妙之感，此種修身所倡導的清心寡欲，亦能反映老莊順應自然、天道的觀念，如此清靜無為的思想，便融入了茶道之中。

〔註84〕張美娣等編著：《茶道茗理》。見前揭書，頁209。

〔註85〕《茶經‧七之事》。見前揭書，頁14～17。

〔註86〕張美娣等編著：《茶道茗理》。見前揭書，頁80～82。

在茶道文化中,「道法自然」也是飲茶文化所追求的根本,不管是針對茶的品質、崇尚自然的生產、在品茶時的活動所要求的自然樸素,都是相當講究的。因此,道家茶人在品茶時所體悟出的道理,看似平淡,但隱藏的內容卻是富含廣大深遠的哲理。道家茶人們追求心靈抒發,更高於自身心靈得到的感受,他們往往從飲茶中體悟出自然的道理,而其看似平淡的感悟,其實蘊含著無窮的生機。養生方面,中國茶道的養生思想是保生盡年,通過飲茶來調節自我,證實大自然與人體是一個密切聯繫的整體,「『茶引導』直接地催發了天人溝通的人道追求」。〔註87〕「無我」是道家對於茶道精神心境上最高的追求,在道家貴生、樂生、養生、延生、長生思想影響下,中國茶道特別注重「茶之功」〔註88〕,即注重茶的保健養生的功能,以及怡情養生的功能。

綜言之,道家重生、貴生以及養生的思想,可以從道家茶人將茶視為一種養生補品,調節自身的飲用方法上看出。茶能同時滿足道家追求自然安穩之樂,以及修身養性的需要,是達到「無為」境界的重要媒介。道家茶人以茶修心,追求寧靜、淡泊,目的是養生得道。茶道精神所追求的自然超脫,將自身融入大自然,感受萬物與我為一的玄學哲理、宇宙觀,以及廣為人知的飲茶養生,這些茶道精神大多是源自於道家的根本思想。道家文化思想與傳統飲茶文化思想,有相當多觀念上的重合,由此可見茶道精神在發展上深受道家思想影響。

五、結語

中華茶道始於唐代,唐人陸羽撰著的《茶經》從茶論、茶效、煎茶法、茶器等全面地敘述唐代以前以及整個中唐時期有關茶事發展的歷程,影響茶人在茶各方面的講究,如煎茶時注重器具的選用、水質的優劣、火候的掌握。除此之外,茶人也追求品茶的禮儀和環境,使得茶道、茶文化應運而生。

唐代煮茶品飲是生活的樂趣與享受,首先反映在宮廷達官貴族、民間文人、寺院僧侶,不同的階層有不同的思想行為。其次,茶應用於人生禮俗中,

〔註87〕陳香白:《中國茶文化》。見前揭書,頁55。
〔註88〕除了前引《茶經‧七之事》種種茶葉養生保健之功效,其他如《茶經‧一之源》:「若熱渴、凝悶,腦疼、目澀,四支煩、百節不舒,聊四五啜,與醍醐、甘露抗衡也。」茶等同於醍醐、甘露。又如《茶經‧五之煮》:「茶性儉,不宜廣,〔廣〕則其味黯澹。且如一滿碗,啜半而味寡,況其廣乎!其色緗也。其馨敷也。其味甘,檟也;不甘而苦,荈也;啜苦咽甘,茶也。」都是講茶保生、長生之功效。

有特殊的意義及形式。再者，講究品茗環境場所，享受清幽、雅致、閒適如詩般的意境，使茶人在茶事過程中品得茶的千般滋味。最後，習茶之人從中融入自身人格修養和儒、釋、道三家的思想精神，不管是藉由飲茶以自省、飲茶以悟性、飲茶以逍遙，都已跳脫生理上的滿足，昇華為精神心靈上的最高境界。茶人進行茶事活動的過程中，在茶藝、茶禮、茶俗、茶境、茶道上都有長足的發展，這種發展最終形成了茶文化。到了現代，飲茶在日常生活中仍佔有一席之地，而這些歷經千年歷史的茶文化意蘊，不僅已是日常生活的一部分，甚至內化影響我們的思想行為與價值觀。

　　中華茶道不是受到單一文化影響所形成的產物，在儒、釋、道思想的薰陶下，它體現了各種思想所蘊含的精神。儒家是入世的思想，因此時常透過品茗思考國事與現實人生，我們可以從茶道精神中看見儒家的禮法，一方面以茶修德自我規範，一方面友好包容和諧處世。而佛家禪學講求參禪頓悟，佛家茶人透過飲茶清心斂性，由此達觀開悟，得到精神與心靈的昇華，如此品茶方式，深受當時僧人們推崇。道家貴生、重生、養生，師法自然，主張無為而治，道家茶人以飲茶作為日常清修的手段，由此修心入靜得到安穩之樂，並且輕身換骨延年益壽。在儒、釋、道三教思想交會影響下，茶道精神有了更豐富的內涵。

　　儒、釋、道思想儘管不同，但異中有同，那就是「和諧」的理想，表現在自我觀照身與心的和諧、人與我之間的和諧、人與自然萬物之間的和諧。中華茶道的「和諧」涵括儒、釋、道三教「和諧」的精神，那就是中和裡見規範，規範之中有自然，自然卻又含中和，三者之道融會，成為茶道的核心思想。唐代煎茶道文化，不僅對煮茶的技藝講究，對茶器的選用講究，對制茶、酌茶、品茶講究，更可貴的是在這些繁複的煎茶品飲過程中，藉由茗飲體會出儒、釋、道三教的哲思至理，得到精神與心靈內涵的昇華，這些都是唐代茶文化留給後人的文化瑰寶。

參考文獻

（一）傳統文獻

1. 漢・王褒：〈僮約〉，收於《古文苑》，臺北：臺灣商務印書館，1968 年。
2. 漢・鄭元注、唐・孔穎達疏：《欽定四庫全書總目禮記正義》，臺北：藝文印書館，1989 年。

3. 晉‧郭璞注、宋‧邢昺疏：《欽定四庫全書重刻宋本爾雅注疏附校勘記》，臺北：藝文印書館，1989 年。

4. 《全唐詩》，北京：中華書局，1996 年。

5. 唐‧陸羽：《茶經》，收入鄭培凱、朱自振主編：《中國歷代茶書匯編校注本》，香港：商務印書館，2007 年。

6. 唐‧張又新：《煎茶水記》，收入鄭培凱、朱自振主編：《中國歷代茶書匯編校注本》，香港：商務印書館，2007 年。

7. 唐‧溫庭筠：《採茶錄》，收入鄭培凱、朱自振主編：《中國歷代茶書匯編校注本》，香港：商務印書館，2007 年。

8. 唐‧蘇廙：《十六湯品》，收入鄭培凱、朱自振主編：《中國歷代茶書匯編校注本》，香港：商務印書館，2007 年。

9. 唐‧裴汶：《茶述》，收入鄭培凱、朱自振主編：《中國歷代茶書匯編校注本》，香港：商務印書館，2007 年。

10. 宋‧胡仔：《苕溪漁隱叢話》，臺北：臺灣中華書局，1971 年。

11. 宋‧計有功：《唐詩紀事》，臺北：木鐸出版社，1982 年。

12. 宋‧釋道原：《景德傳燈錄》，佛光大藏經編修委員會主編：《佛光大藏經（禪藏）景德傳燈錄》，1994 年。

13. 宋‧趙佶：《大觀茶論》，收入鄭培凱、朱自振主編：《中國歷代茶書匯編校注本》，香港：商務印書館，2007 年。

（二）近人論著

1. 徐曉村：《茶文化學》，北京：首都經濟貿易大學出版社，2009 年。

2. 叢書編委會：《中國茶文化》，北京：外文出版社，2010 年。

3. 杜正勝主編：《中國文化史》，臺北：三民書局，2008 年。

4. （日）岡倉天心（Kakuzo Okakura）著，谷意譯：《茶之書》，濟南：山東畫報出版社，2010 年。

5. 張美娣等編著：《茶道茗理》，上海：上海人民出版社，2010 年。

6. 林瑞萱：《中日韓英四國茶道》，北京：中華書局，2008 年。

7. 廖寶秀撰述、歐蘭英翻譯：《也可以清心——茶器‧茶事‧茶畫》，臺北：故宮博物院，2002 年。

8. 王從仁：《中國茶文化》，上海：上海古籍出版社，2009 年。

9. 王玲：《中國茶文化》，北京：九州出版社，2009 年。

10. 陳香白:《中國茶文化》,太原:山西人民出版社,2002 年。

11. 關劍平:《禪茶:歷史與現實》,杭州:浙江大學出版社,2011 年。

12. 賈躍千、寶貢敏、朱建清:〈再論唐代茶文化興盛的表象與成因〉,《茶葉科學》第 29 卷第 1 期,2009 年,頁 72～78。

13. 張憲生:〈中唐茶道轉型原因試析〉,《慈濟通識教育學刊》第 6 期,2010 年,頁 52～64。

14. 蕭麗華:〈唐代詩僧皎然飲茶詩的茶禪原理〉,《佛學與科學》,2007 年,頁 63～69。

15. 任新來:〈佛、道、儒三教對唐代茶文化發展的影響〉,《文博》第 2 卷,2009 年,頁 46～51。

（三）電子資源

1. 故宮博物院典藏精選:https://theme.npm.edu.tw/selection/Article.aspx?sNo=04000957#inline_content_intro

2. 《新唐書》、《舊唐書》,中央研究院漢籍電子文獻資料庫:http://hanchi.ihp.sinica.edu.tw/ihp/hanji.htm

3. 唐·封演:《封氏聞見記》〔電子資源〕,國立臺灣師範大學出版中心,2012 年。

4. 李利安主編:《正續指月錄》〔電子資源〕,西北大學出版社,2006 年。

宋代鬥茶藝術文化初探

摘　要

　　茶飲，是中華民族的國飲，茶風大盛卻是在大唐帝國建立以後。宋代，茶業益發蓬勃發展，宋人飲茶比唐人更為講究、製作也更為精細。鬥茶，是每年春季新茶製成後，茶農、茶人們比賽茶優劣的一項茶事活動。鬥茶，茶品以「新」為貴，用水以「活」為上。鬥茶點湯，一鬥湯色，二鬥水痕，極注重擊拂沖泡的藝術，喜用黑釉盞。此時人們對於品茗的追求已由過去單純的止渴解暑，變成一種陶冶身心的飲藝活動，這種方式在宋代文士茗飲活動中頗具代表性。鬥茶文化，是一種風俗，也是生活美學的展現。本文擬就中國宋代茶葉的採製、烹茶用水的講究、茶具的特色、擊拂沖泡藝術等特色，來觀察宋代鬥茶文化的內涵與雅趣。

關鍵詞：宋代、鬥茶、建窯茶盞、茶藝比賽

一、前言

　　茶飲，是中華民族的國飲。中國是世界上最早發現茶樹、利用茶葉和栽培茶樹及飲用茶的國家，是茶的原產地，也是茶文化的起始地，至今已有四、五千年的歷史。根據唐・陸羽《茶經》記載：「茶之為飲，發乎神農氏，聞於魯周公。」[註1]茶可考的歷史可以追溯到上古神農氏時代。茶，如今已成為風靡世界的三大無酒精飲料（茶葉、咖啡和可可）之一，飲茶嗜好遍及全球。

〔註 1〕 《茶經・六之飲》。唐・陸羽著：《茶經》，收入鄭培凱、朱自振主編：《中國歷代茶書匯編校注本》（香港：香港商務印書館，2007 年），頁 13。以下所引，皆據此書。

中國古代，表示茶的字有多個，唐·陸羽《茶經》提到：「其字，或從草，或從木，或草木並。其名，一曰茶，二曰檟，三曰蔎，四曰茗，五曰荈。」〔註2〕檟、蔎、茗、荈都是茶的異名。中國人煮茶而飲，起源甚早，由晉·郭璞《爾雅》註：「檟，……樹小似梔子，冬生，葉可煮作羹飲。」〔註3〕可證。其用途除了食用，《本草·木部》載：「茗，苦茶。味甘苦，微寒，無毒。主瘻瘡，利小便，去痰渴熱，令人少睡。秋採之苦，主下氣消食。」〔註4〕、《茶經》亦記：「南齊世祖武皇帝遺詔：我靈座上慎勿以牲為祭，但設餅果、茶飲、乾飯、酒脯而已。」〔註5〕古人利用茶葉或作食用、藥用、祭品，不一而足。雖然中國人煮茶而飲起源甚早，但是最早有文字記載的，是西漢宣帝時王褒所著之《僮約》，其中寫道「武都買茶」和「烹茶盡具」，唐代之前無「茶」字，「荼」即是指「茶」，〔註6〕所以學者認為中國飲茶的信史始於漢代。〔註7〕至西漢末年，茶已成為寺僧、皇室和貴族的高級飲品，到三國之時，宮廷飲茶更為經常。從晉到隋，飲茶逐漸普及成為民間飲品。不過，一直到南北朝前期，飲茶風氣在地域上仍存在著一定的差距，南方飲茶較北方為盛，但隨著南北文化的逐漸融合，飲茶風氣也漸漸由南向北推廣開來。

雖然中華民族飲茶甚早，但茶風大盛卻是在大唐帝國建立以後，當時兩

〔註2〕《茶經·一之源》。見前揭書，頁8。

〔註3〕《爾雅·釋木》。晉·郭璞注、宋邢昺疏：《欽定四庫全書重刻宋本爾雅注疏附校勘記》（臺北市：藝文印書館，1989年），頁160。

〔註4〕《茶經·七之事》引《本草》。見前揭書，頁17。

〔註5〕《茶經·七之事》。見前揭書，頁16。

〔註6〕遠在先秦，周代的作品《詩經》中便有關於「荼」的描寫。比如：〈大雅·綿〉：「周原膴膴，堇荼如飴。」、〈邶風·谷風〉：「誰謂荼苦，其甘如薺。」、〈豳風·七月〉：「採荼薪樗，食我農夫。」、〈豳風·鴟鴞〉：「予手拮据，予所捋荼。」、〈鄭風·出其東門〉：「出其闉闍，有女如荼。雖則如荼，匪我思且。」一般都認為上述詩中的「荼」是指苦菜。東漢·鄭玄箋注：「荼，茅秀。」茅秀是茅草類種子上所附生的白芒。茅秀是荼的引伸義，因苦菜的種子附生白芒，進而由苦菜白芒引申為茅草之「茅秀」。茶具苦澀味，所以，使用同樣具有苦味的荼來借指茶。根據丁以壽研究：「經統計，荼（含苦荼）25則，荈茗3則，荈4則，茗11則，檟2則，荈詫3則，蔎1則。荼、苦荼、荈茗、荼荈共32則，約佔總茶事的70%。檟、蔎都是偶見，茗、荈也較荼少見。由此看來，荼是中唐以前對茶的最主要稱謂。」（見氏著：《中國茶文化》（合肥：安徽教育出版社，2011年，頁26。）直到陸羽撰著《茶經》，一律將「荼」字減去一畫，寫成「茶」字，從此以後茶的形、音、義才確定下來。

〔註7〕參見陳祖槼、朱自振編：《中國茶業歷史資料選輯》（北京：農業出版社，1981年），導言部分。

都西安和洛陽，以及湖北、四川〔註8〕一帶，茶已成為家家戶戶的流行飲料。茶在社會各階層廣泛普及品飲，和唐代陸羽的《茶經》問世有關，宋·梅堯臣〈次韻和永叔嘗新茶雜言〉詩云：「自從陸羽生人間，人間相學事春茶。」〔註9〕可以為證。宋代，茶業益發蓬勃發展，在文人中出現了專業品茶社團，有官員組成的「湯社」〔註10〕、佛教徒的「千人社」等。宋太祖趙匡胤是位嗜茶之士，在宮廷中設立茶事機關，宮廷用茶已分等級。茶儀已成禮制，賜茶已成皇帝籠絡大臣、眷懷親族的重要手段，還賜給國外使節。至於民間，茶文化更是生機活潑，有人遷徙，鄰里要「獻茶」；有客來要敬「元寶茶」；定婚時要「下茶」、結婚時要「定茶」、同房時要「合茶」。民間鬥茶風起，帶來了採製烹點的一系列變化。本文擬就宋代茶葉的採製、烹茶用水的講究、茶具的特色、擊拂沖泡藝術等茶文化的發展演變，來觀察彼時鬥茶文化的內涵與雅趣。

二、茶文化發展演變概述

（一）唐代之前茶文化的發展

如前所言，茶被發現利用，其歷史可推到三皇五帝。西漢時，已將茶的產地縣命名為「茶陵」；東漢《華佗食論》提到：「苦茶久食，益意思。」〔註11〕記錄了茶的醫學價值。到三國魏時代，《廣雅》中記載了餅茶的製法和飲用：「荊、巴間採葉作餅，葉老者，餅成，以米膏出之。欲煮茗飲，先炙令赤色，搗末置瓷器中，以湯澆覆之，用蔥、薑、橘子芼之。其飲醒酒，令人不眠。」〔註12〕茶被人們使用於生活日用之中。

兩晉南北朝時期，隨著文人飲茶之興起，有關茶的詩詞歌賦日漸問世，茶脫離飲食的形態走入文化圈。當時，門閥制度業已形成，不僅帝王、貴族聚斂成風，

〔註8〕 張美娣認為：「開清代樸學之風的顧炎武（1613～1682）在《日知錄》中，根據早期飲茶史料集中在四川的地理分布特徵提出一個著名的論斷，即飲茶風俗起源於四川，秦滅巴蜀為飲茶習俗向中原普及鏟除了政治障礙，成為形成中國茶文化的重要契機。這個論斷被繼承至今，而當代國內外的研究成果也支持著這個三百多年前的研究結論。」見氏著：《茶道茗理》（上海：上海人民出版社，2010年），頁57。

〔註9〕 傅璇琮主編：《全宋詩》（北京市：北京大學出版社，1991年），頁3262。

〔註10〕 《茗荈錄·湯社》：「和凝在朝，率同列遞日以茶相飲，味劣者有罰，號為『湯社』。」見宋·陶穀撰：《茗荈錄》，收入鄭培凱、朱自振主編：《中國歷代茶書匯編校注本》（香港：香港商務印書館，2007年），頁66。

〔註11〕 《茶經·七之事》引東漢《華佗食論》。見前揭書，頁15。

〔註12〕 《茶經·七之事》引《廣雅》語。見前揭書，頁14。

一般官吏乃至士人皆以誇豪鬥富為榮。在此情況下，一些有識之士提出「養廉」的問題。於是，出現了陸納、桓溫〔註13〕以茶代酒之舉。《晉中興書》提到：

> 陸納為吳興太守時，衛將軍謝安常欲詣納，（《晉書》云：納為吏部尚書。）納兄子俶怪納無所備，不敢問之，乃私蓄十數人饌。安既至，所設唯茶果而已。俶遂陳盛饌，珍羞必具。及安去，納杖俶四十，云：汝既不能光益叔父，奈何穢吾素業？〔註14〕

兩晉時，吳興太守陸納，承繼父風，以茶修身養廉。有一天，將軍謝安去拜訪陸納，其侄陸俶見沒什麼準備，便偷偷通知廚工備下一桌酒席。等到謝安來府，陸納僅以茶水和果品招待，不準備留謝安用餐。其侄陸俶擔心得罪將軍，急忙命家人抬出美味佳餚，款待謝安。用完餐，謝安走後，陸俶本想得到叔叔的誇獎，可是，沒想到反被打了四十大板。陸納說：你這樣做，不僅不能光耀門庭，反而玷污了我多年清廉的操行。在陸納為官期間，他就是堅持以茶待客，以表自己情操絕俗的志向。

以茶為祭，大致是在南北朝時逐漸興起的。南北朝時齊武帝蕭頤永明十一年（493）遺詔說：「我靈上慎勿以牲為祭，唯設餅、茶飲、乾飯、酒脯而已。天下貴賤，咸同此制。」〔註15〕齊武帝蕭頤是南朝少數比較節儉的統治者之一，他提倡以茶為祭，把民間的禮俗吸收到統治階級的喪禮中，並鼓勵和推廣了這種制度。不論是陸納以茶待客、桓溫舉茶宴客，還是南朝齊武帝將茶奉為祭品，都表現了茶的清廉之風。

此外，魏晉南北朝時期天下騷亂，各種思想文化碰撞交融，玄學盛行。玄學家大都是名士，重視門第、容貌、儀止，愛好虛無玄遠的清談。東晉南朝，江南的富庶使士人得到暫時的滿足，終日流連於青山秀水之間，清談之風繼續發展，玄學家、清談者喜高談闊論，而茶則可竟日長飲而使人清醒、思路清晰、心態平和。

隨著佛教傳入、道教興起，飲茶與佛、道宗教產生聯繫。〔註16〕在道教看

〔註13〕 《茶經·七之事》載《晉書》：「桓溫為揚州牧，性儉，每宴飲，唯下七奠拌茶果而已。」見前揭書，頁15。
〔註14〕 《茶經·七之事》。見前揭書，頁14～15。
〔註15〕 《南齊書·武帝本紀》。梁·蕭子顯撰：《南齊書》卷三〈武帝本紀〉，收入《二十五史》（臺北市：藝文印書館，2000年），頁38。
〔註16〕 丁以壽認為：「漢魏六朝時期，是中國道教的形成和發展時期，同時也是起源於印度的佛教在中國的傳播和發展時期。茶以其清淡、虛靜的本性和卻睡療病的功能廣受宗教徒的青睞。」見氏著：《中國茶文化》，頁14。

來，茶能幫助煉「內丹」，可升清降濁、輕身換骨，是修成長生不老之體的好辦法；在佛教看來，茶又是禪定入靜的必備之物。儘管此時尚未形成完整的宗教飲茶儀式和闡明茶的思想原理，但茶已經脫離飲食的形式，具有社會、文化功能，中國茶文化初見端倪。

（二）從唐代煎茶到宋代點茶

唐代茶文化的形成與佛教禪宗的興起有關，由於茶具有提神益思、生津止渴的功效，故而寺廟崇尚飲茶，在寺院周圍植茶樹，制定茶禮、設茶堂、選茶頭，專呈茶事活動。檢閱唐・陸羽所著《茶經》，裡面提到：「茶之為飲，發乎神農氏，聞於魯周公。……滂時浸俗，盛於國朝，兩都並荊渝間，以為比屋之飲。」〔註17〕「比屋之飲」，也就是家家戶戶都飲茶的意思，可以想見唐代國都長安等地飲茶的普遍程度。除了「兩都並荊渝」，其他地區飲茶之風也是同樣盛行。從《茶經》和唐代其他文獻記載來看，唐代茶葉產區已遍及今四川、陝西、湖北、雲南、廣西、貴州、湖南、廣東、福建、江西、浙江、江蘇、安徽、河南等十四個省區，〔註18〕而其最北處已達到河南道的海州，茶葉產地已達到了與近代茶區相似的局面。

唐以前的飲茶方式是粗放式的，唐・陸羽《茶經》有謂：

> 飲有觕茶、散茶、末茶、餅茶者，乃斫、乃熬、乃煬、乃舂，貯於瓶缶之中，以湯沃焉，謂之痷茶；或用蔥、薑、棗、橘皮、茱萸、薄荷之等。煮之百沸，或揚令滑，或煮去沫。斯溝渠間棄水耳，而習俗不已。〔註19〕

唐代除了末茶、餅茶，還有觕茶和散茶，只不過葉茶在唐代並不是主要的飲用茶。陸羽將茶中混煮他物的茶水貶抑為「溝渠間棄水」，對一般人仍喜飲用此種茶水，「習俗不已」，極為感慨。隨著飲茶的蔚然成風，唐代飲茶方式也發生了顯著變化，出現了細煎慢品式的飲茶方式，「煮茶為唐代的主要煮飲方式，風行於文人、僧道之間，在詩文中通常以煎茶稱之」。〔註20〕飲茶以一定的方式煎煮，始於陸羽。《新唐書・隱逸列傳・陸羽傳》記載：

〔註17〕《茶經・六之飲》。見前揭書，頁 13。
〔註18〕《茶經・八之出》。見前揭書，頁 17～18。
〔註19〕《茶經・六之飲》。見前揭書，頁 13。
〔註20〕廖寶秀文字撰述；歐蘭英翻譯：《也可以清心：茶器・茶事・茶畫》（臺北市：國立故宮博物院，2002 年），頁 7。

羽嗜茶，著經三篇，言茶之原、之法、之具尤備，天下益知飲茶矣。

　　時鬻茶者，至陶羽形置煬突間，祀為茶神。〔註21〕

中國煮茶之道形成於唐，其功勞應歸於「茶聖」（或稱茶神、茶仙）陸羽。唐・陸羽的《茶經》成書在西元758年前後，是飲茶史上第一部有系統的著作，其書七千多字，總結了古代有關茶事的知識，並對飲茶的方法提出了品評鑑別之道，是唐代茶文化形成的標誌。之後，又出現大量茶書、茶詩，有唐一代，除陸羽著《茶經》，還有裴汶《茶述》、張又新《煎茶水記》、溫庭筠《採茶錄》、蘇廙（一作虞）《十六湯品》、王敷《茶酒論》、毛文錫《茶譜》等茶書。唐詩中與茶有關或是文人酬答的作品很多，透過這些作品可一窺唐代茶文化的發展。比較著名的有李白的〈答族姪僧中孚贈玉泉仙人掌茶〉〔註22〕；白居易的〈琴茶〉〔註23〕、〈謝李六郎中寄新蜀茶〉〔註24〕；盧仝〈走筆謝孟諫議寄新茶〉〔註25〕；元稹〈一字至七字詩・茶〉〔註26〕；皎然〈飲茶歌誚崔石

〔註21〕《新唐書・隱逸列傳・陸羽傳》。宋・歐陽修、宋祁撰：《唐書》（臺北市：藝文印書館，2000年），頁2229。

〔註22〕唐・李白〈答族姪僧中孚贈玉泉仙人掌茶〉：「常聞玉泉山，山洞多乳窟。仙鼠如白鴉，倒懸清溪月。茗生此中石，玉泉流不歇。根柯灑芳津，采服潤肌骨。叢老卷綠葉，枝枝相接連。曝成仙人掌，似拍洪崖肩。舉世未見之，其名定誰傳。宗英乃禪伯，投贈有佳篇。清鏡燭無鹽，顧慚西子妍。朝坐有餘興，長吟播諸天。」見《全唐詩》卷178（北京市：中華書局，1992年五刷），頁1817～1818。

〔註23〕唐・白居易〈琴茶〉：「兀兀寄形群動內，陶陶任性一生間。自拋官後春多醉，不讀書來老更閑。琴裡知聞唯淥水，茶中故舊是蒙山。窮通行止長相伴，誰道吾今無往還。」《全唐詩》卷448，見前揭書，頁5038。

〔註24〕唐・白居易〈謝李六郎中寄新蜀茶〉：「故情周匝向交親，新茗分張及病身。紅紙一封書後信，綠芽十片火前春。湯添勺水煎魚眼，末下刀圭攪麴塵。不寄他人先寄我，應緣我是別茶人。」《全唐詩》卷439，見前揭書，頁4893。

〔註25〕唐・盧仝〈走筆謝孟諫議寄新茶〉：「日高丈五睡正濃，軍將打門驚周公。口云諫議送書信，白絹斜封三道印。開緘宛見諫議面，手閱月團三百片。聞道新年入山裡，蟄蟲驚動春風起。天子未嘗陽羨茶，百草不敢先開花。仁風暗結珠蓓蕾，先春抽出黃金芽。摘鮮焙芳旋封裹，至精至好且不奢。至尊之餘合王公，何事便到山人家？柴門反關無俗客，紗帽籠頭自煎吃。碧雲引風吹不斷，白花浮光凝碗面。一碗喉吻潤，二碗破孤悶。三碗搜枯腸，惟有文字五千卷。四碗發輕汗，平生不平事，盡向毛孔散。五碗肌骨清，六碗通仙靈。七碗喫不得也，唯覺兩腋習習清風生。蓬萊山，知何處？玉川子乘此清風欲歸去。山中群仙司下土，地位清高隔風雨。安得知百萬億蒼生命，墮在顛崖受辛苦。便為諫議問蒼生，到頭合得蘇息否？」《全唐詩》卷388，見前揭書，頁4379。

〔註26〕唐・元稹〈一字至七字詩・茶〉：「茶，香葉，嫩芽。慕詩客，愛僧家。碾雕白玉，羅織紅紗。銚煎黃蕊色，椀轉麴塵花。夜後邀陪明月，晨前命對朝霞。洗

使君〉〔註27〕等。這些茶詩的形式有古詩、律詩、絕句等，內容包括了名茶、茶人、煎茶、飲茶、茶具、采茶、制茶等各個方面。唐代文人們以茶會友、以茶傳道、以茶興藝，使茶飲在文人生活中的地位提高，茶飲的文化內涵更加深厚。

　　宋人喫茶法以團茶和草茶為主，但比唐人更為講究，製作也更為精細，尤為精細的是宮廷團茶（餅茶）的製作。宋代飲茶雖以餅茶為主，但同時也有一些有名的散茶，如日鑄茶、雙井茶和徑山茶。在飲用上，其方法為：

> 宋代喫茶以點茶法為之，一改唐代直接將茶末放置鍑（茶釜或茶鐺）
> 中煮茶的方式，點茶的「點」，為滴注之意，湯即沸水，宋人把茶末
> 置於茶盞，以茶瓶注湯點啜，故稱點茶。〔註28〕

無論團餅茶或散茶皆研成末，改唐代的煎煮茶法為沖點茶法，即不再把茶末投入水中煎煮，而是放在茶盞用開水沖注，再充分攪拌，使茶與水充分溶和，待到呈現乳狀，滿碗出現細密的白色泡沫時，便可慢慢品飲了。

三、宋代採製精細品類繁多

　　何謂「鬥茶」？「鬥茶」一詞，或以為是宋代建安的名茶，〔註29〕一般認為即茶藝比賽之意。鬥茶是每年春季新茶製成後，茶農、茶人們比較新茶優劣的一項茶事活動。這個傳統文化，唐稱「茗戰」，宋呼「鬥茶」，名異而實同，都具有強烈的賽事色彩。宋代對茶的標準，基本上依循唐代的準繩，但卻更注重茶品、水質、火候、用柴、茶具、烹煮、飲用的療效，因此產生以「茶」來競賽評比的活動。「鬥茶」以三件事來判別優劣等級：一茶、二水、三茶具。透過品評，優者為勝。以製茶為例，唐代製茶有「採、蒸、搗、拍、焙、穿、封」等七項步驟：

盡古今人不倦，將知醉後豈堪誇。」《全唐詩》卷423，見前揭書，頁4652。

〔註27〕唐・皎然〈飲茶歌誚崔石使君〉：「越人遺我剡溪茗，採得金牙爨金鼎。素瓷雪色縹沫香，何似諸仙瓊蕊漿。一飲滌昏寐，情來朗爽滿天地。再飲清我神，忽如飛雨灑輕塵。三飲便得道，何須苦心破煩惱。此物清高世莫知，世人飲酒多自欺。愁看畢卓甕間夜，笑向陶潛籬下時。崔侯啜之意不已，狂歌一曲驚人耳。孰知茶道全爾真，唯有丹丘得如此。」《全唐詩》卷821，見前揭書，頁9260。

〔註28〕廖寶秀文字撰述；歐蘭英翻譯：《也可以清心：茶器・茶事・茶畫》，頁9。

〔註29〕粘振和先生認為：「建人『茗戰』使用於茶藝比賽場合，若單純使用『鬥茶』或『鬥品』一語，即是指建安的名茶。」見氏著：〈鬥茶：茶藝比賽之外的「名茶」身分〉，國立高雄餐旅學院第七屆中華茶文化研討會論文集，頁107。

> 凡採茶在二月、三月、四月之間。茶之筍者，生爛石沃土，長四五
> 寸，若薇蕨始抽，淩露採焉。茶之牙者，發於叢薄之上，有三枝、
> 四枝、五枝者，選其中枝穎拔者採焉。其日有雨不採，晴有雲不
> 採；晴，採之，蒸之，搗之，拍之，焙之，穿之，封之，茶之乾
> 矣。〔註30〕

茶葉的採摘約在二至四月間，且必定要在晴天才可摘採，而茶芽的選擇以茶樹上端長得挺拔的嫩葉為佳。當時無採茶工人，茶師通常是自己背著藟上山採茶。採回的鮮葉放在木製或瓦製的甑中，甑又放在釜上，釜中加水置於爐上，甑內擺放一層竹皮做成的箅，茶菁平攤其上，蒸熟後將箅取出即可。茶菁既已蒸熟，趁其未涼前盡速放入杵臼中搗爛，搗得愈細愈好，之後將茶泥倒入多以鐵製的規（一稱模，一稱棬）中。茶模下置襜布，襜下放石承，承一半埋入土中，使模固定而不滑動。茶泥傾入模後須加以拍擊，使其結構緊密堅實而不留縫隙。待茶完全凝固，拉起襜布即可輕易取出，然後便換下一批。凝固的團茶水份並未乾燥，先置芘莉（一曰籝子）上透乾。晾乾後的團茶先用棨挖洞，再用朴（一曰鞭）將已乾的茶穴打通，最後用一根貫將一塊塊的團茶串起來，放在棚（一曰棧）上焙乾。焙乾的團茶分斤兩以穿貫串，最後是收藏團茶。育器是用來貯藏茶的工具，它以竹片編成，四周糊上紙，中間設有埋藏熱灰的裝置，可常保溫熱，在梅雨季節時可燃燒加溫，防止濕氣黴壞團茶。

宋代製茶的步驟，可以從宋・趙汝礪《北苑別錄》記載的團茶製法得知，其製程為「採茶、揀茶、蒸茶、榨茶、研茶、造茶、過黃」七個步驟，環環相扣，缺一不可，以下分述之：

（一）採茶

由於喝茶風氣興起，茶葉供不應求，因此，採茶工這個職業因應而生。宋・趙汝礪《北苑別錄》記載「採茶」之法：

> 採茶之法，須是侵晨，不可見日。侵晨則夜露未晞，茶芽肥潤，見
> 日則為陽氣所薄，使芽之膏腴內耗，至受水而不鮮明。故每日常以
> 五更撾鼓，集羣夫於鳳皇（凰）山〔山有打鼓亭〕，監採官人給一
> 牌入山，至辰刻復鳴鑼以聚之，恐其踰時貪多務得也。大抵採茶亦

〔註30〕《茶經・三之造》。見前揭書，頁9。

須習熟，募夫之際，必擇土著及諳曉之人，非特識茶〔發〕早晚所
在，而於採摘亦知其指要。蓋以指而不以甲，則多溫而易損；以甲
而不以指，則速斷而不柔。〔從舊說也〕故採夫欲其習熟，政為是
耳。〔註31〕

採茶要在日出之前的清晨開工，雨天不採，晴天有雲也不採，見日後也不適合
再採，因為在天明亮之前還沒受過日照，這時的茶芽最為肥厚滋潤。宋人認為
覆在茶葉表面上的夜露是可以保護營養免於流失，日照後露水蒸發則茶芽膏
腴會被消耗、損失，泡出來的茶湯也沒有鮮明的色澤。因此，每於五更天剛露
白時，擊鼓集合工人於茶山上，到辰時鳴金收工。宋・歐陽修曾有多首詩記敘
這件事，其中有兩首寫道：

建安三千五百里，京師三月嘗新茶。年窮臘盡春慾動，蟄雷未起驅
龍蛇。夜間擊鼓滿山谷，千人助陣聲喊叫。萬木寒凝睡不醒，唯有
此樹只萌芽。〔註32〕

溪山擊鼓助雷驚，逗曉靈芽發翠莖。摘處兩旗香可愛，貢來雙鳳品
尤精。寒侵病骨惟思睡，花落春愁未解醒。喜共紫甌吟且酌，羨君
蕭洒有餘清。〔註33〕

這是描繪採製雙鳳貢品的場面。為了控管茶葉品質，怕有人為增加斤兩，摘取
不合格、不適合的茶芽來混水摸魚，採茶最好的方法是用指尖快速折斷，若用
指肉夾捏茶葉搓揉，手和葉片接觸時間過長，溫度和力道都有可能會使茶葉受
傷、損害；汗氣也會汙染新葉，不能保持新鮮，可見其製作態度之認真，對品
質的要求極為嚴格。

（二）揀茶

採下後的茶葉要進行摘採，茶工摘的茶芽品質並不齊一，因此還要再作
挑揀的步驟。宋・趙汝礪《北苑別錄》記載：

茶有小芽，有中芽，有紫芽，有白合，有烏蒂，此不可不辨。小芽
者，其小如鷹爪，初造龍園勝雪、白茶，以其芽先次蒸熟，置之水
盆中，別取其精英，僅如鍼小，謂之水芽，是芽中之最精者也。中

〔註31〕 宋・趙汝礪著：《北苑別錄》，收入鄭培凱、朱自振主編：《中國歷代茶書匯編
校注本》（香港：香港商務印書館，2007 年），頁 135。
〔註32〕 宋・歐陽修：〈嘗新茶呈聖俞〉，傅琁琮主編：《全宋詩》卷 288，頁 3646。
〔註33〕 宋・歐陽修：〈和梅公儀嘗茶〉，傅璇琮主編：《全宋詩》卷 293，頁 3700。

芽，古謂一鎗一旗是也。紫芽，葉之紫者是也。白合，乃小芽有兩
葉抱而生者是也。烏帶，茶之蔕頭是也。凡茶以水芽為上，小芽次
之，中芽又次之，紫芽、白合、烏蔕，皆所在不取。使其擇焉而精，
則茶之色味無不佳。萬一雜之以所不取，則首面不勻，色濁而味
重也。〔註34〕

茶芽有小芽、中芽、紫芽、白合、烏帶（烏蔕）、盜葉等差別，先剔除損害茶
香色澤的白合、烏蔕，其他形如鷹爪者為「小芽」，芽先蒸熟，浸泡於水盆中
只挑選如銀線般的小蕊製茶者為「水芽」，水芽是芽中精品，而小芽次之，中
芽又下，紫芽、白合、烏蔕、盜葉多不用。由於烏蔕、紫芽會使茶湯顏色不美，
味道不佳；白合、盜葉會使茶湯苦澀淡味，精挑出適合的茶芽，茶湯才能色美
味佳，因此揀芽對茶品質之高低有很大的影響，足見宋代對茶芽品質的注重更
是在唐人之上。

（三）蒸茶

茶芽多少沾有灰塵，將揀芽再四沖洗乾淨再進行蒸茶。宋・趙汝礪《北苑
別錄》記載：

茶芽再四洗滌，取令潔淨，然後入甑，俟湯沸蒸之。然蒸有過熟之
患，有不熟之患。過熟則色黃而味淡，不熟則色青易沈，而有草木
之氣，唯在得中之為當也。〔註35〕

水滾沸後，將茶芽置於甑中蒸。蒸茶須把握得宜，恰到好處。不能蒸不熟，也
不能過熱。過熟或太生都會影響茶湯顏色，不能釋放其味、其色澤。過熱太老
則色黃味淡，不知其味；不熟太生則青且容易沈澱，又略帶青草味。如何才能
恰如其分，烘托出茶的本味，與製茶師的經驗和技術有很大的關係。

（四）榨茶

這項工序就是把茶葉中「膏」的成份把它壓榨乾淨。所謂「膏」，就是在製
作餅茶時，茶汁擠溢出後的「膏化」現象。宋・趙汝礪《北苑別錄》記載：

茶既熟謂茶黃，須淋洗數過，〔欲其冷也〕方入小榨，以去其水，又
入大榨出其膏。〔水芽以馬榨壓之，以其芽嫩故也〕先是包以布帛，
束以竹皮，然後入大榨壓之，至中夜取出揉勻，復如前入榨，謂之

〔註34〕宋・趙汝礪著：《北苑別錄》，頁135。
〔註35〕宋・趙汝礪著：《北苑別錄》，頁135。

> 翻榨。徹曉奮擊，必至於乾淨而後已。蓋建茶味遠而力厚，非江茶
> 之比。江茶畏流其膏，建茶惟恐其膏之不盡，膏不盡，則色味重濁
> 矣。〔註36〕

蒸熟後的茶芽稱為「茶黃」，茶黃得澆水數次，保持其翠綠，然後放置冷卻。
冷卻後先到小榨床上把多餘的水份榨乾，再放到大榨床上榨除油膏。在榨膏前
先用布包裹起來，再以竹皮綑綁，然後放到榨床下擠壓，至半夜取出搓揉，再
放回榨床，這個動作稱為翻榨，類似今之團揉。經過徹夜反覆，直到完全乾透
為止。製茶必須經過這個步驟才能使茶味久遠、滋味濃厚；若膏不壓榨乾淨，
則會使顏色、味道濃重混濁，滋味不佳。

（五）研茶

研茶不只注重工具，連帶製作者——茶丁身上服裝儀容也有所要求。茶
丁需頭裹頭巾，穿乾淨新衣服，開始前清洗其身體與雙手，才能進行研茶的動
作。將蒸榨後的茶磨研成粉末狀，越細緻越好。研茶的工具，包括柯木與瓦
盆。宋‧趙汝礪《北苑別錄》記載：

> 研茶之具，以柯為杵，以瓦為盆。分團酌水，亦皆有數，上而勝雪、
> 白茶，以十六水，下而揀芽之水六，小龍、鳳四、大龍、鳳二，其餘
> 皆以十二焉。自十二水以上，日研一團，自六水而下，日研三團至
> 七團。每水研之，必至於水乾茶熟而後已。水不乾則茶不熟，茶不
> 熟則首面不勻，煎試易沈，故研夫猶貴於強而有力者也。〔註37〕

茶經擠榨的過程後，已經乾透沒有水份了，成為團茶。因此，研茶時每個團茶
都得加水研磨，水量也有一定的準則，以一杯為劑量，越高品質者加水越多
杯，每一杯水下去前都要等其水乾茶熟才可繼續研磨，研磨次數越多則茶質
愈細，手指下去觸摸，必須全部研得均勻，搓揉其茶末需光滑，沒有小塊、粗
塊。因此宋代是用茶末直接烹煮，茶末連其茶湯飲用。研茶工作得選擇腕力強
勁之人來做，但如加十二杯水以上的團茶，一天頂多研一團而已，如此費時、
費事，其品質的精緻度也是唐代團茶所不能比。

（六）造茶

這道工序是將研細的茶粉、茶末放入模中定型成茶餅，宋‧趙汝礪《北苑

〔註36〕宋‧趙汝礪著：《北苑別錄》，頁136。
〔註37〕宋‧趙汝礪著：《北苑別錄》，頁136。

別錄》記載：

> 造茶舊分四局，匠者起好勝之心，彼此相誇，不能無弊，遂併而為二焉。故茶堂有東局、西局之名，茶銙有東作、西作之號。凡茶之初出研盆，盪之欲其勻，揉之欲其膩，然後入圈制銙，隨笪過黃。有方銙，有花銙，有大龍，有小龍，品色不同，其名亦異，故隨綱繫之於貢茶云。〔註38〕

模樣子種類很多，有方的、圓的、花形，大部分底板刻有龍鳳等圖，質地多為銅、銀、竹製，放入模後隨即放平鋪在竹席上。宋代對茶的品質更為講究，宋帝皆嗜茶飲，尤其是宋徽宗趙佶，他不僅在藝術上有很高的成就，對茶也有深刻的研究，手著《大觀茶論》談論茶事，更不惜出重金以尋新品種的貢茶，因此團茶種類不斷翻新。據宋・熊蕃撰、熊克增補《宣和北苑貢茶錄》所記，貢茶在極盛時，有四十餘種品類：

> 自白茶、勝雪以次，厥名實繁，今列于左，使好事者得以觀焉。貢新銙、試新銙、白茶、龍園勝雪、御苑玉芽、萬壽龍芽、上林第一、乙夜清供、承平雅玩、龍鳳英華、玉除清賞、啟沃承恩、雪英、雲葉、蜀葵、金錢、玉華、寸金、無比壽芽、萬春銀葉、玉葉長春、宜年寶玉、玉清慶雲、無疆壽龍、瑞雲翔龍、長壽玉圭、興國巖銙、香口焙銙、上品揀芽、新收揀芽、太平嘉瑞、龍苑報春、南山應瑞、興國巖揀芽、興國巖小龍、興國巖小鳳、揀芽、小龍、小鳳、大龍、大鳳已上號粗色。又有瓊林毓粹、浴雪呈祥、壑源拱秀、貢篚推先、價倍南金、賜谷先春、壽巖都。勝、延平石乳、清白可鑒、風韻甚高，凡十色，皆宣和二年所製，越五歲省去。〔註39〕

在製茶技術上可謂精益求精，有長足的發展。

（七）過黃

「過黃」即乾燥之意。宋・趙汝礪《北苑別錄》記載：

> 茶之過黃，初入烈火焙之，次過沸湯爁之，凡如是者三，而後宿一火，至翌日，遂過煙焙焉。然煙焙之火不欲烈，烈則面炮而色黑，又不欲煙，煙則香盡而味焦，但取其溫溫而已。凡火數之多寡，皆

〔註38〕宋・趙汝礪著：《北苑別錄》，頁136。

〔註39〕宋・熊蕃撰、熊克增補：《宣和北苑貢茶錄》，收入鄭培凱、朱自振主編：《中國歷代茶書匯編校注本》（香港：香港商務印書館，2007年），頁118～125。

> 視其銙之厚薄。銙之厚者，有十火至於十五火，銙之薄者，亦八火
> 至於六火。火數既足，然後過湯上出色。出色之後，當置之密室，
> 急以扇扇之，則色〔澤〕自然光瑩矣。〔註40〕

其程序先將團茶用烈火烘焙，烘火以炭，其炭火火力較透無煙，不使煙燻損
害其茶味，泡其茶湯有焦味。再從滾燙的沸水焙過，不斷反覆，焙火次數依
茶餅本身的厚薄來決定焙火數的多寡。最後再用溫火煙焙一次，焙好後又過
湯激發茶餅表面顏色，出色後立即放於密閉房中，用扇快速搧乾，如此茶餅
表面色澤才能光亮清透，這種茶色是品質最高的展現。做完以上步驟，團茶
的製作就完成了。

　　宋代製茶，較之唐·陸羽《茶經》記錄的製作方法更為細緻，品質也更加
精良。種類也不斷翻新，技術上也有突破的發展，更由於宋代飲茶風氣的普
遍，名茶不下百種之多。宋代對於茶品的看重可以從對應價值中窺看：

> 宋代製作茶餅極精，不要說茶中極品「白芽」，即便三等品「大龍
> 團」，也與黃金等價。而且「黃金易求，龍團難得」。到後來，更加
> 推陳出新，有小龍團、密雲龍、團龍勝雪和白芽。白芽每年只偶得
> 兩三餅，每餅「若五銖錢大」。〔註41〕

製作精良的茶餅，與黃金等價；尤有甚者，即便有錢還不易購得，團茶名品之
珍貴可見一斑。宋朝末年發明散茶製法，於是製茶法由團茶發展到散茶，使得
茶的製法和古法有了一百八十度的轉變。

四、宋代鬥茶藝術文化

（一）烹茶用水注重水質水味

　　茶要泡得色、香、味俱全，除了茶葉品質要好以外，「水」很重要，水的
差異決定茶葉本身能否釋放其味道、色澤，發揮原來的特質。唐·陸羽《茶經》
總結唐代以前煮茶的經驗，依據不同的水源將水分為三個等級：

> 其水，用山水上，江水中，井水下。（《荈賦》所謂：「水則岷方之注，
> 挹彼清流。」）其山水，揀乳泉、石池慢流者上；其瀑湧湍漱，勿食
> 之，久食令人有頸疾。又多別流於山谷者，澄浸不洩，自火天至霜
> 降以前，或潛龍蓄毒於其間，飲者可決之，以流其惡，使新泉涓涓

〔註40〕宋·趙汝礪著：《北苑別錄》，頁136。
〔註41〕趙恒富：〈唐宋茶盞與飲茶藝術〉，《文物世界》（2001年第6期），頁51。

然，酌之。其江水取去人遠者，井取汲多者。〔註42〕

一等最好為山水，二等次之為江水，三等為井中水。並說明取山泉時，選擇白色石隙縫中湧出的泉水。而水出源頭時，又有石池蓋水，再由石池中緩緩流出者最好。水若噴湧而出，或飛流直下，若常飲用令人有頸疾。沒有流通的死水，即使再清冷，沒有受到汙染，也不能飲用。江水要取離居民遠點的水，井水則要用人們常來汲取的井水。

唐人注重用水，陸羽《茶經》與張又新《烹茶水記》多有著墨。宋人對水的要求不遑多讓，宋・歐陽修《大明水記》、宋・趙佶《大觀茶論》、宋・葉清臣《述煮茶泉品》，對水亦多有討論。以宋徽宗趙佶所著《大觀茶論》為例，便提出「水以清輕甘潔為美」之說：

> 水以清輕甘潔為美，輕甘乃水之自然，獨為難得。古人第水雖曰中冷、惠山為上，然人相去之遠近，似不常得。但當取山泉之清潔者，其次，則井水之常汲者為可用。若江河之水，則魚鼈之腥，泥濘之汙，雖輕甘無取。凡用湯以魚目、蟹眼連繹迸躍為度。過老則以少新水投之，就火頃刻而後用。〔註43〕

清，是對濁而言，要求水澄汪不混濁；輕，是對重而言，好水質地輕，即今日說的「軟水」；潔，乾淨衛生，無污染，這三者是講水質。甘則指水味，要求入口甜美，不鹹不苦。清輕甘潔，就是對水的要求。水質清潔而無雜質且透明無色，才能顯出真正的茶色。宋代鬥茶以水的清潔作為鬥茶用水的第一標準，茶湯以白而稍帶青色為好。常言道：「名茶需得名泉烹」，《大觀茶論》指出：古人第水「中冷、惠山為上」，中冷在長江鎮江一帶，《煎茶水記》亦云：「揚子江南零水第一；無錫惠山寺石水第二。」〔註44〕南零，即南冷，與北冷、中冷合稱「三冷」，唐以後人多稱道中冷。然而名泉不易得，只能用「山泉之清潔者」、「井水之常汲者」，宋徽宗是以山水、井水為用，反對用江河水。無論如何，飲茶用水以清為頭，才能做到活、輕。烹茶的水為什麼要活？宋・蘇東坡曾在

〔註42〕 《茶經・五之煮》。見前揭書，頁 13。

〔註43〕 《大觀茶論・水》。宋・趙佶：《大觀茶論》，收入鄭培凱、朱自振主編：《中國歷代茶書匯編校注本》（香港：香港商務印書館，2007 年），頁 106。

〔註44〕 唐・張又新認為：「故刑部侍郎劉公諱伯芻，於又新丈人行也。為學精博，頗有風鑒，稱較水之與茶宜者，凡七等：揚子江南零水第一；無錫惠山寺石水第二；蘇州虎丘寺石水第三；丹陽縣觀音寺水第四；揚州大明寺水第五；吳松江水第六；淮水最下，第七。」見氏著：《煎茶水記》，收入鄭培凱、朱自振主編：《中國歷代茶書匯編校注本》（香港：香港商務印書館，2007 年），頁 34～35。

〈汲江煎茶〉詩中曰：「活水還須活火烹，自臨釣石取深清。大瓢貯月歸春甕，小杓分江入夜瓶。」〔註45〕深知茶若不是活水，則不能發揮其本來有的品質。但激流瀑布的水最活，古人卻不主張用來煮茶。認為這種水「氣盛而脈湧」，沒有中和醇厚之氣，與茶質不相合，甚至會影響其茶葉。烹茶用水還要以輕為好。與現代科學中所說的軟水、硬水有異曲同工之妙。軟水泡茶，茶湯的色、香、味三者皆佳；反之用硬水泡茶，則茶湯色澤觀感不佳、香味不盛、味道不好。水味，包括兩個方面，就是要求「甘（甜）」和「冽（清冷）」。「甘」是指水嘗於口中有甜美感，沒有鹹、苦味；「冽」是指水在口中能使人有清涼感、清冷感。古人說，水「不寒則煩躁，而味必嗇」，嗇就是澀的意思，不清涼其味道必苦澀。而關於水的冷冽，古人最推崇「冰水」和「雪水」。以雪水煮茶，其一是取其甘甜之味，其二是取其清冷之感。而陸羽品水，也列舉出雪水，在唐・白居易〈晚起〉詩中則有「融雪煎香茗，調酥煮乳糜」的名句。〔註46〕

　　水火不相融，但在茶中卻像是牙齒與嘴唇的關係。唐・陸羽《茶經・五之煮》中提到：

> 其火用炭，次用勁薪。（謂桑、槐、桐、櫪之類也。）其炭，曾經燔炙，為膻膩所及，及膏木、敗器不用之。（膏木謂柏、桂、檜也。敗器，謂朽廢器也。）古人有勞薪之味，信哉。〔註47〕

他認為燃料最好用木炭，其次是用硬柴。而沾染油汙、骯髒的炭，或是腐敗的木材是不適合用來做燃料的。必須要有純粹的炭香且無煙，才能不毀壞好茶且提升茶的品味，宋人取火基本上同於唐人。

（二）茶具喜用建窯黑釉盞

　　宋人飲茶所用茶盞，唐・陸羽《茶經》中稱之為「碗」，其形比碗小，敞口淺腹，斜直壁，玉璧形足。唐代茶具，陸羽最推崇越窯盞，〔註48〕越窯盞為五代北宋時期浙江越窯所生產，托盤呈花狀，上刻水草形紋飾。盤心正中凸出

〔註45〕宋・蘇軾〈汲江煎茶〉：「活水還需活火烹，自臨釣石取深清。大瓢貯月歸春甕，小杓分江入夜瓶。茶雨已翻煎處腳，松風忽作瀉時聲。枯腸未易禁三碗，坐聽荒城長短更。」見傅璇琮主編：《全宋詩》卷826，頁9567。

〔註46〕唐・白居易〈晚起〉：「爛熳朝眠後，頻伸晚起時。暖爐生火早，寒鏡裏頭遲。融雪煎香茗，調酥煮乳糜。慵饞還自哂，快活亦誰知。酒性溫無毒，琴聲淡不悲。榮公三樂外，仍弄小男兒。」《全唐詩》卷451，見前揭書，頁5092。

〔註47〕《茶經・五之煮》。見前揭書，頁13。

〔註48〕《茶經・四之器》：「碗，越州上，鼎州次，婺州次；岳州次，壽州、洪州次。」見前揭書，頁11。

一鼓腹托座，用以承托杯盤。座頂面飾有連珠紋，座壁飾覆蓮瓣一周，瓣尖微翹，外層七瓣，內層塑出瓣尖，間夾外層兩瓣之中。足壁有六道內凹壓線與足沿六出相連，造型精巧、別緻。通體施釉，釉色青中泛綠，猶如湖水一般，滋潤勻淨。〔註49〕

　　宋代鬥茶風氣盛行，講究的不只是茶本身的品質、火候、水質，還有與茶有關的茶具。之前所提到「鬥茶」以三件事來分出優劣等級：一茶、二水、三茶具，互相展現其優，優則勝。宋代飲茶多用一種廣口小圈足的小型碗，也稱為盞，「盞色貴青黑」：

> 盞色貴青黑，玉毫條達者為上，以其煥發茶采色也。底必差深而微寬，底深則茶直立，易以取乳；寬則運筅旋徹，不礙擊拂。然須度茶之多少，用盞之大小。盞高茶少，則掩蔽茶色；茶多盞小，則受湯不盡。盞惟熱，則茶發立耐久。〔註50〕

宋代杯盞釉色有黑、醬、青、白和青白等五色，所以貴青黑，因其能「煥發茶采色」。在宋・蔡襄《茶錄》中也提到「宜黑盞」：

> 茶色白，宜黑盞，建安所造者，紺黑，紋如兔毫，其坯微厚，熁之久熱難冷，最為要用。出他處者，或薄，或色紫，皆不及也。其青白盞，鬥試家自不用。〔註51〕

明確指出福建建安所產建窯黑釉盞最適宜用於鬥茶。宋代喜用黑釉盞，就茶具本身的視覺審美觀而言，其特色為：

> 弇口碗，口沿外緣向內束收，深腹、小圈足。釉施不及底，旦露深褐色粗厚的器胎。足外壁無釉，足內則淺凹，並深刻一「律」字楷書。釉色烏黑濃稠且流動性大，外壁垂淌至近足處，內底積厚釉，口緣則薄釉而形成特徵的「褐口邊」。碗身裡外均有結晶析出的青黃色細密線條，隨釉流動，深茂相雜，宛如秋兔的毫毛，故宋人稱之為「兔毫盞」。〔註52〕

碗身裡外均有結晶析出的宛如秋兔的毫毛青黃色細密線條，是一大特色。就實

〔註49〕杭州南宋官窯博物館：http://www.ssikiln.com/newEbiz1/EbizPortalFG/portal/html/Welcome.html（2012年10月14日上網）。

〔註50〕《大觀茶論・盞》。宋・趙佶：《大觀茶論》，頁105。

〔註51〕《茶錄・茶盞》。宋・蔡襄：《茶錄》，收入鄭培凱、朱自振主編：《中國歷代茶書匯編校注本》（香港：香港商務印書館，2007年），頁78。

〔註52〕國立故宮博物院「故宮器物典藏資料檢索系統」：http://antiquities.npm.gov.tw/~textdb2/NPMv1/sindex.php（2012年10月15日上網）。

際的功用來看，宋時茶葉是由一種半發酵的膏餅所製成，飲前膏餅碾成細末，放在茶盞內，再注入初沸的開水，茶湯表面便浮起一層白色的沫，此時，這種白色的茶沫和黑色的茶盞顏色分明，自然黑釉盞最為適宜鬥茶的茶具。再者，黑釉盞胎體較厚，略帶氣孔。而鬥茶時茶盞要能在一定時間內保持較高的溫度，長時間地保持茶湯的溫度，黑釉盞在這方面有極大優勢，故黑釉盞倍受鬥茶者的推崇。由於黑釉盞為鬥茶的最佳茶具，因此黑釉盞的燒制盛極一時，全國各地出現了不少專燒黑釉盞的瓷窯，其中以福建建陽窯和江西吉州窯所產之黑釉盞最為著名。「兔毫盞」，上至皇帝下至士大夫階層都是點茶、鬥茶時的茶具首選。許多詩人還賦詩美言此茶具，如：

> 無錫銅瓶手自持，新芽顧渚近相思。故人贈答無千里，好事安排巧
> 一時。蟹眼煎成聲未老，兔毛傾看色尤宜。槍旗攜到齊西境，更試
> 城南金線奇。〔註53〕

> 茗碗兵休戒老兵，客來剝啄急須應。為言余正理公事，半落烏紗枕
> 曲肱。老嬾開編早欠伸，強搔短髮照青熒。齏鹽二十年前夢，尚想
> 長廊撼夜鈴。颼颼松韻生魚眼，淘淘雲濤湧兔毫。促膝細論同此味，
> 絕勝痛飲讀離騷。束書舊隱棋巖下，賴君圭璧一雙雙。〔註54〕

> 鷹爪新茶蟹眼湯，松風鳴雪兔毫霜。細參六一泉中味，故有涪翁句
> 子香。日鑄建溪當退舍，落霞秋水夢還鄉。何時歸上滕王閣，自看
> 風鑪自煮嘗。〔註55〕

北宋後期，建陽窯還專為宮廷燒制鬥茶用的黑盞，足底常刻有「供禦」和「筵柱」等官家款，由建陽窯「筵柱」款盞，可窺知當時宮廷茶具供應興盛的情況。然而，一般以江浙草茶茶末點飲，則不在此限。青瓷、白瓷、青白瓷則為草茶常用的茶盞，宋代茶詩中經常提起的「冰瓷雪碗」就是此類茶盞。〔註56〕

（三）點湯擊拂沖泡的藝術

宋代社會飲茶的風氣極盛，宋代朝廷也特別崇尚品飲，它最早是在於貢茶給朝廷的評鑑和市場價格訂定的競標上，在地方建立了貢茶制度，地方為挑選

〔註53〕宋・蘇軾：〈次韻李公擇以惠泉答章子厚新茶二首（之一）〉，見傅璇琮主編：《全宋詩》卷854，頁9898。

〔註54〕宋・陸游：〈午枕夜坐戲作又〉，見傅璇琮主編：《全宋詩》卷2239，頁25726。

〔註55〕宋・楊萬里：〈以六一泉煮雙井茶〉，見傅璇琮主編：《全宋詩》卷2294，頁26339。

〔註56〕廖寶秀文字撰述；歐蘭英翻譯：《也可以清心：茶器・茶事・茶畫》，頁10。

貢品形成了評定茶葉品位高下的特殊方式，鬥茶之風也由此而生。鬥茶時間多選在清明節期間，此時新茶初出，最適合參鬥。鬥茶的參加者都是飲茶愛好者自由組合，多者十幾人，少則五六人，鬥茶時還有不少看熱鬧的街坊鄰舍。如在茶店鬥，則附近店鋪的老闆或夥計都會輪流去湊熱鬧，特別是當時在場欲購茶的顧客，更是一睹為快。此時人們對於品茗的追求已由過去單純的止渴解暑，變成一種陶冶身心的飲藝活動。

宋代鬥茶的核心在於競賽茶葉品質的高下來論勝負，其基本方法是通過「鬥色鬥浮」來品鑒的。〔註57〕鬥茶茶品以「新」為貴，鬥茶用水以「活」為上。一鬥湯色，二鬥水痕。湯色，乃指觀看茶湯的色澤是否鮮白，而湯色與茶色密切相關，有「茶色貴白」之說：

> 茶色貴白，而餅茶多以珍膏油其面，故有青黃紫黑之異。善別茶者，正如相工之視人氣色也，隱然察之於內，以肉理實潤者為上。既已末之，黃白者受水昏重，青白者受水鮮明，故建安人鬥試，以青白勝黃白。〔註58〕

一般標準以純白為上，青、灰、黃、昏紅，則等而下之。色純白，表明茶質鮮嫩，蒸時火候恰到好處；色發青，表明蒸時火候不足；色泛灰，是蒸時火候已過；色泛黃，則採造過時；色泛紅，是焙火過了頭。〔註59〕其次，觀看湯花持續時間長短，湯花即指茶湯泛起的泡沫。決定湯花的優劣有兩個標準：第一是湯花所帶的色澤。因湯花的色澤與湯色是有密切相關的，因此，湯花的色澤標準與湯色的標準是一樣的；第二是湯花泛起後，水痕出現的早晚，早者為負，晚者為勝。宋・蔡襄《茶錄》中對「點茶」有謂：

> 茶少湯多，則雲腳散；湯少茶多，則粥面聚（建人謂之雲腳粥面）。
> 鈔茶一錢匕，先注湯，調令極勻，又添注之，環回擊拂。湯上盞，可四分則止，視其面色鮮白、著盞無水痕為絕佳。建安鬥試以水痕先

〔註57〕沈冬梅：《宋代茶文化》（臺北縣：學海出版社，1999 年），頁 56～57。

〔註58〕《茶錄・色》。見宋・蔡襄：《茶錄》，頁 77。

〔註59〕宋・黃儒認為：「試時色非鮮白，水腳微紅者，過時之病也。……試時色雖鮮白，其味澀淡者，間白合盜葉之病也。……試時色青易沉，味為桃仁之氣者，不蒸熟之病也。……試時色黃而粟紋大者，過熟之病也。……試時色多昏紅，氣焦味惡者，焦釜之病也。……試時色不鮮明，薄如壞卵氣者，壓黃之病也。……試時色雖鮮白，其味帶苦者，漬膏之病也。……試時其色昏紅，氣味帶焦者，傷焙之病也。」見氏著：《品茶要錄》，收入鄭培凱、朱自振主編：《中國歷代茶書匯編校注本》（香港：香港商務印書館，2007 年），頁 90～91。

者為負，耐久者為勝；故較勝負之說，曰相去一水、兩水。〔註60〕
宋代主要飲用團餅茶，調製時先將茶餅烤炙碾細，然後燒水沖點，飲用時連茶粉帶茶水一起喝下。如果研碾細膩，點湯、擊拂都恰到好處，湯花就勻細，可以緊咬盞沿，久聚不散，這種最佳效果，名曰「咬盞」。點湯的同時，用「茶筅」〔註61〕旋轉擊打和拂動茶盞中的茶湯，使之泛起湯花，稱為擊拂。反之，若湯花不能咬盞，茶末浮而不沉很快散開，不能與水交融則表明茶未碾細，湯與盞相接的地方立即露出水痕，這就是輸了。有時茶質雖略次於對方，但用水得當，也能取勝。有時用同樣的水點茶，最能檢驗茶質優劣。這種鬥茶，必須瞭解茶性、水質，以及點茶效果。鬥茶人各拿自己珍藏的好茶，輪流沖點、相互品評，以分高下。鬥茶，或多人共鬥，或兩人捉對廝殺，以三鬥兩勝計。計算勝負的單位術語叫「水」，兩種茶葉的好壞的說法為「相差幾水」。鬥茶之時也鬥茶令，行茶令所舉故事及吟詩作賦，皆與茶有關。茶令如同酒令，用以助興增趣，添增風雅。

宋代鬥茶的原因、鬥茶的情形、鬥茶的意韻，宋‧范仲淹的〈和章岷從事鬥茶歌〉對當時盛行的鬥茶活動，做了精彩又生動的描述：

> 年年春自東南來，建溪先暖冰微開。溪邊奇茗冠天下，武夷仙人從古栽。新雷昨夜發何處，家家嬉笑穿雲去。露牙錯落一番榮，綴玉含珠散嘉樹。終朝採掇未盈襜，唯求精粹不敢貪。研膏焙乳有雅製，方中圭分圓中蟾。北苑將期獻天子，林下雄豪先鬥美。鼎磨雲外首山銅，瓶攜江上中泠水。黃金碾畔綠塵飛，紫玉甌心雪濤起。鬥余味兮輕醍醐，鬥余香兮薄蘭芷。其間品第胡能欺，十目視而十手指。勝若登仙不可攀，輸同降將無窮恥。于嗟天產石上英，論功不愧階前蓂。眾人之濁我可清，千日之醉我可醒。屈原試與招魂魄，劉伶卻得聞雷霆。盧仝敢不歌，陸羽須作經。森然萬象中，焉知無茶星。商山丈人休茹芝，首陽先生休采薇。長安酒價減千萬，成都藥市無光輝。不如仙山一啜好，泠然便欲乘風飛。君莫羨花間女郎只鬥草，

〔註60〕《茶錄‧點茶》。見宋‧蔡襄：《茶錄》，頁77～78。

〔註61〕《大觀茶論‧筅》：「茶筅以觔竹者為之，身欲厚重，筅欲疏勁，本欲壯而末必眇，當如劍脊（之狀）。（蓋身厚重，則操之有力而易於運用。筅疏勁如劍脊），則擊拂雖過而浮沫不生。」見前揭書，頁105。茶筅也作茶筌，是烹茶時的一種調茶工具，由一精細切割而成的竹塊製作而成，用以調攪抹茶，是點茶必備的工具。

贏得珠璣滿斗歸。〔註62〕

詩的內容分三部分：開頭描寫這些鬥茶的生長環境及茶葉的採製過程，並提點出武夷茶的悠久歷史，可知武夷茶從那時已是茶中極品、也是作為鬥茶的茶品，同時寫出宋代武夷山鬥茶的盛況。中間部分描寫熱烈的鬥茶場面，鬥茶包括鬥味和鬥香，比賽在眾目睽睽之下進行，所以茶的品第高低，都有公正的評價。結尾多處用典，襯托茶的神奇功效，認為茶勝過任何美酒、仙藥，飲後能飄然升天。

除了鬥茶，宋代另有「湯戲」，或稱「茶百戲」，是一種顯示點茶技藝的活動。其妙趣，宋·陶穀《茗荈錄》提到：

> 茶至唐始盛。近世有下湯運匕，別施妙訣，使湯紋水脈成物象者，禽獸蟲魚花草之屬，纖巧如畫。但須臾即就散滅。此茶之變也，時人謂之茶百戲。〔註63〕

此時，盞面上的湯紋水脈會幻變出種種圖樣，若山水雲霧，狀花鳥蟲魚，恰如一幅幅水墨圖畫，故也有「水丹青」之稱。究竟用什麼方法，使盞面變幻無窮，今天已不能揭示個中奧秘。《茗荈錄》記載當時有一位善於湯戲的沙門名喚福全，「能注湯幻茶，成一句詩，並點四甌，共一絕句，泛乎湯表。」圍觀者門庭若市，終日不絕。〔註64〕這是茶匠通神之藝，或許是今日茶飲「拉花」技術的濫觴。

這項「注湯幻茶」之藝，宋·陸游〈臨安春雨初霽〉詩云：「矮紙斜行閒作草，晴窗細乳戲分茶。」〔註65〕陸游在詩中把「戲分茶」與「閒作草」並提，這「分茶」不是尋常的品茗，就是前述獨特的烹茶游藝。關於「點茶」與「分茶」的差別，沈冬梅《宋代茶文化》提及：

> 「注湯幻茶」、饌茶幻像這一技藝在北宋前期始被稱為「分茶」。……

〔註62〕見傅璇琮主編：《全宋詩》卷165，頁1868。

〔註63〕《茗荈錄·茶百戲》。宋·陶穀：《茗荈錄》，頁67。

〔註64〕《茗荈錄·生成盞》：「饌茶而幻出物象於湯面者，茶匠通神之藝也。沙門福全生於金鄉，長於茶海，能注湯幻茶，成一句詩，並點四甌，共一絕句，泛乎湯表。小小物類，唾手辦耳。檀越日造門求觀湯戲，全自詠曰：『生成盞裏水丹青，巧畫工夫學不成。卻笑當時陸鴻漸，煎茶贏得好名聲。』」宋·陶穀：《茗荈錄》，頁67。

〔註65〕宋·陸游〈臨安春雨初霽〉詩云：「世味年來薄似紗，誰令騎馬客京華。小樓一夜聽春雨，深巷明朝賣杏花。矮紙斜行閒作草，晴窗細乳戲分茶。素衣莫起風塵嘆，猶及清明可到家。」見傅璇琮主編：《全宋詩》卷2170，頁24638。

宋代的分茶，基本上可以視作是在點茶的基礎上更近一步的茶藝，一般的點茶活動，只須在注湯過程中邊加擊拂，使激發起的茶沫「溢盞而起，周回凝而不動」，緊貼著茶碗壁就可以算是點茶點的極為成功了。而分茶，則是要在注湯過程中，用茶匙（徽宗後以用茶筅為主）擊拂撥弄，使激發在茶湯表面的茶沫幻化成各種文字的形狀，以及山水、草木、花鳥、蟲魚等等各種圖案。〔註66〕

由於分茶此項技藝罕見，因此得到宋代文人士大夫的推崇；也由於少有能者，因此「點茶」與「分茶」常被看成同一件事。

鬥茶、點茶、分茶，是在閒適的茗飲中注重感官審美的一種高雅的品茗方式，主要是講究水品、茶品（以及詩品）和點茶技藝的高低，《大觀茶論》中說：「天下之士，勵志清白，競為閒暇修索之玩，莫不碎玉鏘金，啜英咀華，較篋笥之精，爭鑑裁之妙；雖否士於此時，不以蓄茶為羞。可謂盛世之清尚也。」〔註67〕這種方式在宋代文士茗飲活動中頗具代表性，很快風靡全社會，元代、明初點茶之風仍然流行。〔註68〕這種風俗還隨著中外文化的交流傳播到了海外，日本現在十分普及的茶道，實即源於中國宋代的點茶文化。另一方面，宋代以後由於茶類改制，龍鳳團餅被炒青散茶所替代，因而茶的飲用方法也隨之改變，點茶法被直接用沸水沖泡茶葉的泡茶法所替代。在這種情況，宋代時興的分茶遊戲，也就逐漸銷聲匿跡了。

五、結語

北宋・王安石曾說：「夫茶之為民用，等於米鹽，不可一日以無也。」（《臨川先生文集》卷七十〈議茶法〉）至南宋・吳自牧稱：「蓋人家每日不可缺者，柴米油鹽酒醬醋茶。」（《夢梁錄》）至金元戲曲，元・武漢臣有謂：「早晨起來七件事，柴米油鹽醬醋茶。」（《玉壺春》）的俗諺，流傳至今。茶對國人來說不只是一種飲品，它是人們日常生活不可或缺的必需品。由一種喝的飲料，逐漸產生競賽評比、文人吟詩稱頌等，可窺知人們對於茶的喜愛。宋代，茶葉生產在唐朝至五代的基礎上逐步發展。全國茶葉產區又有所擴大，各地精製的名

〔註66〕沈冬梅：《宋代茶文化》，頁54。

〔註67〕宋・趙佶：《大觀茶論》。見前揭書，頁103～104。

〔註68〕丁以壽指出：「明太祖朱元璋罷貢團餅茶，促進了散茶的普及。但明朝初期，飲茶延續著宋元以來的點茶法。直到明朝中葉，以散茶直接用沸水沖瀹的泡茶才逐漸流行。」見前揭書，頁96。

茶繁多，茶葉產量也有增加。而其中鬥茶就變成一門綜合藝術，變得不只是一種比賽，而是一種交流，與茶之間的交流，與人之間的切磋。宋代鬥茶，除了茶葉製作更為精細，使得名品備出；點茶水質強調清輕甘潔為美；還必須擁有好的擊拂沖泡技巧，也因此盛行建窯黑釉茶盞。宋代鬥茶點茶之外，另有「茶百戲」，又稱「湯戲」，也就是「分茶」，是一種顯示點茶技藝的遊戲，可惜今日已難窺全貌。雖然如此，宋人在鬥茶點湯之時注重感官表現出的審美品味與藝術極致，在中國茶文化中堪稱獨樹一幟。簡言之，鬥茶文化的外在形式與內在精神堪稱完美的結合在一起，成為一種不朽、經典。宋代茶文化，承襲唐代茶文化，益發深入民間，是一種風俗，也是一種生活美學的表現。

參考文獻

（一）傳統文獻

1. 唐·陸羽：《茶經》，收入鄭培凱、朱自振主編：《中國歷代茶書匯編校注本》，香港：香港商務印書館，2007 年。

2. 晉·郭璞注、宋邢昺疏：《欽定四庫全書重刻宋本爾雅注疏附校勘記》，臺北市：藝文印書館，1989 年。

3. 傅璇琮主編：《全宋詩》，北京市：北京大學出版社，1991 年。

4. 宋·陶穀：《茗荈錄》，收入鄭培凱、朱自振主編：《中國歷代茶書匯編校注本》，香港：香港商務印書館，2007 年。

5. 梁·蕭子顯：《南齊書》，收入《二十五史》，臺北市：藝文印書館，2000 年。

6. 宋·歐陽修、宋祁：《唐書》，收入《二十五史》，臺北市：藝文印書館，2000 年。

7. 《全唐詩》，北京市：中華書局，1996 年。

8. 宋·趙汝礪：《北苑別錄》，收入鄭培凱、朱自振主編：《中國歷代茶書匯編校注本》，香港：香港商務印書館，2007 年。

9. 宋·熊蕃撰、熊克增補：《宣和北苑貢茶錄》，收入鄭培凱、朱自振主編：《中國歷代茶書匯編校注本》，香港：香港商務印書館，2007 年。

10. 宋·趙佶：《大觀茶論》，收入鄭培凱、朱自振主編：《中國歷代茶書匯編校注本》，香港：香港商務印書館，2007 年。

11. 唐·張又新：《煎茶水記》，收入鄭培凱、朱自振主編：《中國歷代茶書匯

編校注本》，香港：香港商務印書館，2007 年。

12. 宋・蔡襄：《茶錄》，收入鄭培凱、朱自振主編：《中國歷代茶書匯編校注本》，香港：香港商務印書館，2007 年。

13. 宋・黃儒：《品茶要錄》，收入鄭培凱、朱自振主編：《中國歷代茶書匯編校注本》，香港：香港商務印書館，2007 年。

（二）近人論著

1. 丁以壽：《中國茶文化》，合肥：安徽教育出版社，2011 年。

2. 陳祖槼、朱自振：《中國茶業歷史資料選輯》，北京市：農業出版社，1981 年。

3. 張美娣等編：《茶道茗理》，上海市：上海人民出版社，2010 年。

4. 廖寶秀文字撰述；歐蘭英翻譯：《也可以清心：茶器・茶事・茶畫》，臺北市：國立故宮博物院，2002 年。

5. 沈冬梅：《宋代茶文化》，臺北縣：學海出版社，1999 年。

6. 粘振和：〈鬥茶：茶藝比賽之外的「名茶」身分〉，國立高雄餐旅學院第七屆中華茶文化研討會，國立高雄餐旅學院行政大樓六樓國際會議廳（2010 年 4 月 30 日）。

7. 趙恒富：〈唐宋茶盞與飲茶藝術〉，《文物世界》第 6 期，2001 年，頁 49～51。

（三）電子資源

1. 杭州南宋官窯博物館：
   http://www.ssikiln.com/newEbiz1/EbizPortalFG/portal/html/Welcome.html

2. 國立故宮博物院「故宮器物典藏資料檢索系統」：
   http://antiquities.npm.gov.tw/~textdb2/NPMv1/sindex.php

明代瀹飲茶事文化析論

摘　要

　　茶文化是中華文化重要的一環，由唐入宋至明代，製茶殺菁的方式改變，發展出壺泡瀹飲法。本篇論文由茶的歷史演變及意義發端，以明代相關茶書文獻為研究文本，析論明代製茶殺菁創新的方法──炒菁；以及明代不同時期的茗飲方式──煎茶法、點茶法、瀹茶法。此外，也探討明代盛行的茶器──紫砂壺，和明人的品茗雅趣。明代茶人對於茶人的品德、品茗當下的環境與心境極為重視，茗飲可使身心靈放鬆與人格精神提昇，因此明代茶人尤為注重品茗後的體悟。這個部份分別就德行與茶侶、茶境宜與不宜、茗飲感受體悟三個面向觀察研究，呈現明代茶事的文化藝術。

關鍵詞：明代、炒菁（鍋炒）、紫砂壺、瀹茶法、品茗雅趣

一、前言

　　茶飲是中華文化重要的一環，茶樹的起源分布在中國的西南地區，主要是雲南、貴州和四川一帶，明‧顧炎武《日知錄》中記載：「是知自秦人取蜀而後，始有茗飲之事。」〔註1〕可以得知。民間相傳神農氏嚐百草，日遇七十二毒，得茶而解之。唐‧陸羽《茶經》亦提到：「茶之為飲，發乎神農氏，聞於魯周公。」〔註2〕陸羽認為中國人喝茶歷史悠久，從神農氏開始，神農氏最

────────────

〔註1〕　《日知錄‧茶》。明‧顧炎武撰，清‧黃汝成集釋，楊家駱主編：《日知錄集釋》
　　　　　（臺北市：世界書局，1984年），頁172。
〔註2〕　《茶經‧六之飲》。唐‧陸羽著：《茶經》，收入鄭培凱、朱自振主編：《中國歷

早發現茶葉並且利用它來解毒。古代先民究竟是把茶葉當作藥物還是食物？還是祭品？甚至是同步利用，說法不一。但無論如何，採摘新鮮茶葉直接咀嚼，或加水煮飲，這就是茶的起源。到了周代，人們除了把它作為藥品與食品外，也開始飲茶，魏・張揖所著的《廣雅》中說：「荊、巴間採葉作餅，葉老者，餅成，以米膏出之。欲煮茗飲，先炙令赤色，搗末置瓷器中，以湯澆覆之，用蔥、薑、橘子芼之。其飲醒酒，令人不眠。」〔註3〕記載了巴蜀地區將茶加工製成餅狀的團茶，以及飲用的方法。從春秋到東漢這段時期，茶葉是直接曬乾後食用；三國到宋代，人們將茶曬乾或烘乾，製成餅狀。唐代，陸羽《茶經》的問世至為關鍵，時人開始講究採摘茶葉的製程。《茶經・三之造》有云：「其日有雨不採，晴有雲不採；晴，採之，蒸之，搗之，拍之，焙之，穿之，封之，茶之乾矣。」〔註4〕明確提到製茶的七個步驟。不僅如此，在茗飲時同時注重用水、用火、器具等方方面面，使用煎煮的方式，習稱煮茶法。宋代，茶普及於平民，民間鬥茶風起，人們茗飲採用點茶法，文人雅士從茗飲中感悟人生，文學作品中大量提到茶。明代中葉，茗飲方式漸漸演變成瀹茶法。瀹飲壺泡，帶動茶器的創新，紫砂茶壺大行其道。其次，製茶殺菁工序從蒸菁轉變為炒菁，取代團茶、餅茶，散茶興盛成為主流。對明人而言，茗飲不僅僅在感官上享受，品飲可提升心靈層次，同時也影響了文化禮俗。以茶待客是自古以來的習俗，這是最普遍的待客之道，明代仍持續沿用歷久不衰。最常見的便是瀹茶法，不同的茶搭配不同的茶具，供客人啜飲。不僅如此，此時茶書輩出，明人對於茶人的德行多有講求，品茗當下的環境與心境也極為重視；茗飲可使身心靈放鬆與人格精神提升，因此明代茶人尤為注重品茗後的體悟。明代製茶炒菁之法、茗飲方式、紫砂壺、品茗雅趣，凡此俱為本篇論文探討的重點，以下分述之。

二、明代製茶與茗飲方法

（一）明代製茶炒菁法

唐、宋時代，製茶程序不同，但茶葉殺菁的方式並無二致，都是用「蒸

代茶書匯編校注本》（香港：香港商務印書館，2007 年），頁 13。
〔註 3〕《茶經・七之事》。見前揭書，頁 14。
〔註 4〕《茶經・三之造》。見前揭書，頁 9。

菁」的方法。〔註5〕浸至明代，所謂「茶無蒸法，惟岕茶用蒸。」〔註6〕雖然偶有例外，但大體上自太祖朱元璋體恤民情廢龍團茶提倡散茶後，茶葉殺菁的製作方法由「蒸菁」改為「炒菁」。明代具有精湛的炒茶功夫，注重茶葉的原汁原味，是繼唐、宋之後，茶葉發展史上的高峰時期。明代製茶殺菁的工序有炒茶、攤晾、揉挼和焙乾等步驟，以下分述之：

1. 炒茶

散茶的品質與儲藏耐久度，仰賴炒菁法的技巧。「炒菁」是指在製茶的過程中，利用微火在鍋中加熱使茶葉炒熟，通過人工的揉捻，令茶葉水分快速蒸發，阻斷了茶葉發酵的過程，並使茶汁的精華完全保留的工序。關於炒菁的加工方法及器具，明·許次紓的《茶疏·炒茶》中記載甚詳：

> 生茶初摘，香氣未透，必借火力，以發其香。然性不耐勞，炒不宜久。多取入鐺，則手力不勻，久於鐺中，過熟而香散矣。甚且枯焦，尚堪烹點。炒茶之器，最嫌新鐵，鐵腥一入，不復有香。尤忌脂膩，害甚於鐵，須豫取一鐺，專用炊飯，無得別作他用。炒茶之薪，僅可樹枝，不用幹葉，幹則火力猛熾，葉則易燄易滅。鐺必磨瑩，旋摘旋炒。一鐺之內，僅容四兩。先用文火焙軟，次加武火催之，手加木指，急急鈔轉，以半熟為度。微俟香發，是其候矣，急用小扇鈔置被籠，純綿大紙襯底，燥焙積多，候冷入瓶收藏。人力若多，數鐺數籠，人力即少，僅一鐺二鐺，亦須四五竹籠。蓋炒速而焙遲，燥濕不可相混。混則大減香力，一葉稍焦，全鐺無用。然火雖忌猛，尤嫌鐺冷，則枝葉不柔，以意消息，最難最難。〔註7〕

〔註5〕唐代製茶，見陸羽《茶經·三之造》，前言已述及，不再贅述。宋代製茶，根據宋·趙汝礪《北苑別錄》記載的團茶製法，是「採茶、揀茶、蒸茶、榨茶、研茶、造茶、過黃」七個步驟。其中「蒸茶」一則：「茶芽再四洗滌，取令潔淨，然後入甑，俟湯沸蒸之。……」收入鄭培凱、朱自振主編：《中國歷代茶書匯校注本》（香港：香港商務印書館，2007年），頁135～136。宋代「蒸茶」之記載，其他茶書亦可見，比如宋·黃儒《品茶要錄》有「四、蒸不熟」：「穀芽初采，不過盈箱而已，趣時爭新之勢然也。既采而蒸，既蒸而研。」收入鄭培凱、朱自振主編：《中國歷代茶書匯編校注本》，頁90。宋·趙佶《大觀茶論》有「蒸壓」一則：「茶之美惡，尤係於蒸芽壓黃之得失。」收入鄭培凱、朱自振主編：《中國歷代茶書匯編校注本》，頁104。

〔註6〕明·羅廩著：《茶解》，收入鄭培凱、朱自振主編：《中國歷代茶書匯編校注本》（香港：香港商務印書館，2007年），頁344。

〔註7〕明·許次紓著：《茶疏》，收入鄭培凱、朱自振主編：《中國歷代茶書匯編校注

剛摘下來的新鮮茶葉藉著火力使它散發其香，必須注意拌炒的時間與一次的份量，炒太久會使香氣盡散甚至枯焦無法烹煮。炒茶的器具，不能使用新鍋與油膩的鍋子。鍋子最好是只用來炊飯，沒有用做其他用途。炒茶的材薪只能使用樹枝，不能使用乾葉。開始炒時先用文火使它變軟，再用武火與手加木指拌炒，一旦有一葉燒焦，則整鍋都不能使用，因此炒茶十分重視炒茶人的功夫與技巧。許次紓對炒茶的要領可說記述詳備，用這種方法炒出來的茶葉，不僅色澤翠綠、香氣清新，而且保有了茶葉的自然特性與營養價值。

此一步驟，明·羅廩《茶解·製》中有謂：

> 炒茶，鐺宜熱；焙，鐺宜溫。凡炒，止可一握，候鐺微炙手，置茶鐺中，札札有聲，急手炒勻；出之箕上，薄攤用扇搧冷，略加揉挼。
>
> 再略炒，入文火鐺焙乾，色如翡翠。若出鐺不扇，不免變色。〔註8〕

炒茶時，鍋子宜熱，炒茶的量是一握，等到鍋子有點燙手，將茶葉放置在鍋中，直到發出「札札」的聲音後，開始快速的用手拌炒均勻。在殺菁時，「初用武火急炒，以發其香。然火亦不宜太烈，最忌炒製半乾，不於鐺中焙燥而厚罨籠內，慢火烘炙。」〔註9〕意即先用武火快炒，使茶葉散發其香，且要注意火候不能太烈。最忌諱茶葉炒到半乾，不放在鍋中焙乾而是放在籠子裡面覆蓋烘製。除了要注意火候外，羅廩《茶解》也提到：「炒茶用手，不惟勻適，亦足驗鐺之冷熱。」炒茶的時候要用手去拌炒，感受茶葉的溫度是否受熱均勻，亦可知道鍋子溫度是否適當。

關於炒製，明·張源《茶錄·造茶》亦曰：「急炒，火不可緩。待熟方退火，徹入篩中，輕團那數遍，復下鍋中，漸漸減火，焙乾為度。中有玄微，難以言顯。火候均停，色香全美，玄微未究，神味俱疲。」〔註10〕大抵「急炒不住，火不可緩」、「得香在乎始之火烈，作色在乎末之火調」〔註11〕，明人殺菁炒製之法意義甚明。

2. 攤晾

炒製過後，需攤晾讓茶降溫散熱。明·聞龍《茶箋》中提到：

〔註8〕 明·羅廩：《茶解》，頁343。

〔註9〕 明·羅廩：《茶解》，頁343。

〔註10〕 明·張源：《茶錄》，收入鄭培凱、朱自振主編：《中國歷代茶書匯編校注本》（香港：香港商務印書館，2007年），頁252。

〔註11〕 明·程用賓：《茶錄》，收入鄭培凱、朱自振主編：《中國歷代茶書匯編校注本》（香港：香港商務印書館，2007年），頁330。

本》（香港：香港商務印書館，2007年），頁270。

炒時須一人從傍扇之，以袪熱氣。否則黃色，香味俱減，予所親試。
扇者色翠，不扇色黃。炒起出鐺時，置大磁盤中，仍須急扇，令熱
氣稍退，以手重揉之；再散入鐺，文火炒乾入焙。〔註12〕

除了攤晾，還需人力急搧，否則影響茶葉色澤與香氣。扇子搧冷的顏色呈青翠，沒有搧冷的顏色則呈黃色。這個降溫的步驟，明‧羅廩《茶解》也認為：「出之箕上，薄攤用扇搧冷」〔註13〕殺菁後，要使茶葉迅速冷卻，要用扇子搧冷，攤晾放涼。明人高元濬著有茶書《茶乘》，亦有「製法」一條，其內容略同於《茶解‧製》與《茶錄‧造茶》之描述，對茶事、茶史亦有個人獨到之見：「欲全香、味與色，妙在扇之與炒，此不易之準繩。」〔註14〕以扇搧涼降溫之步驟，關乎茶葉製成之色香味，確是的語。

3. 揉挼〔註15〕

炒熟且攤晾後，要揉挼茶葉。明‧程用賓《茶錄‧選製》有云：

鍋廣徑一尺八九寸，蕩滌至潔，炊炙極熱，入茶勛許，急炒不住，
火不可緩。看熟撤入筐中，輕輕團挼數遍，再解復下鍋中，漸漸減
火，再炒再挼，透乾為度。……逆挼則澀，順挼則甘。〔註16〕

文中所謂「團挼」、「逆挼」、「順挼」，都是揉挼，且有順逆的講究，順挼則茶味甘甜，反之苦澀。明‧羅廩《茶解》亦曰：「薄攤用扇搧冷，略加揉挼。」〔註17〕揉挼的作用，《茶解》提到：「茶炒熟後，必須揉挼，揉挼則脂膏鎔液，少許入湯，味無不全。」〔註18〕、明‧聞龍《茶箋》則提到：「以手重揉之，……蓋揉則其津上浮，點時香味易出。」〔註19〕茶葉經過揉挼，以壓力破壞葉肉細胞組織，使茶汁流出，茶汁溢出黏附葉表，增進色香味濃度，芽葉緊捲成條外型美觀。所以揉捻的作用，兼具茶汁風味與外表塑形。以今日觀點視之，部分茶類以細碎形狀處理，揉捻塑形的意義不大，倒是藉此步驟使茶葉汁液上浮，

〔註12〕明‧聞龍：《茶箋》，收入鄭培凱、朱自振主編：《中國歷代茶書匯編校注本》（香港：香港商務印書館，2007年），頁449。
〔註13〕《茶解‧製》。明‧羅廩著：《茶解》，頁343。
〔註14〕明‧高元濬：《茶乘》，收入鄭培凱、朱自振主編：《中國歷代茶書匯編校注本》（香港：香港商務印書館，2007年），頁285。
〔註15〕「揉挼」這個詞彙，挼有搓揉、摩擦之義。其義即今習用之「揉捻」。
〔註16〕明‧程用賓：《茶錄》，頁330。
〔註17〕《茶解‧製》。明‧羅廩：《茶解》，頁343。
〔註18〕《茶解‧製》。明‧羅廩：《茶解》，頁343。
〔註19〕明‧聞龍：《茶箋》，頁449。

較容易散發出香味，使茶葉更加有滋味，應是主要目的。

4. 焙乾

焙乾茶葉時，明‧羅廩《茶解》認為：「炒茶，鐺宜熱；焙，鐺宜溫。」〔註20〕可見焙乾茶葉，用的是文火，鍋子保持不冷不熱的溫度最為適合。明‧聞龍《茶箋》中則記：「再散入鐺，文火炒乾入焙。」〔註21〕將揉好的茶葉再次放入鍋中，用文火焙乾，此時尤要注意：

> 散所炒茶於篩上，闔戶而焙。上面不可覆蓋。蓋茶葉尚潤，一覆則氣悶罨黃，須焙二三時，俟潤氣盡，然後覆以竹箕。焙極乾，出缸待冷，入器收藏。後再焙，亦用此法，免香與味，不致大減。〔註22〕

焙乾的目的是要使茶葉蒸發水分保持乾燥，停止發酵固定品質，以免發霉腐敗。但作法也是有講究的，焙時闔戶，卻不可覆蓋，只能用竹箕虛掩，讓熱氣發散，又能保有香與味。其他記載，如：「茶採時，先自帶鍋灶入山，別租一室；擇茶工之尤良者，倍其僱值。戒其搓摩，勿使生硬，勿令過焦，細細炒燥，扇冷方貯罌中。」〔註23〕所謂「勿令過焦，細細炒燥」說明焙乾茶時，火候的掌握尤為切要。

炒菁最重要的關鍵是火候的掌握，明人已然認知到「茶葉多焙一次，則香味隨減一次。」〔註24〕焙火的溫度與次數影響茶香甚鉅。今人廖建智在《明代茶文化藝術》一書也提到明人製茶的四個要點，分別是「火、柴、起茶的時間、揉挼茶的方向」〔註25〕，足見明人炒菁工序講究每個細節，十分注重茶葉

〔註20〕 《茶解‧製》。明‧羅廩：《茶解》，頁343。

〔註21〕 明‧聞龍：《茶箋》，頁449。

〔註22〕 明‧聞龍：《茶箋》，頁450。

〔註23〕 《茶箋‧焙茶》。明‧屠隆著：《茶箋》，收入鄭培凱、朱自振主編：《中國歷代茶書匯編校注本》（香港：香港商務印書館，2007年），頁237。

〔註24〕 明‧聞龍《茶箋》引吳興姚叔度言，見前揭書，頁450。

〔註25〕 廖建智認為：1. 是「火」。即是在炒茶時，火勢要烈，才能使茶味清香，但亦不能使火勢過猛，容易使茶葉變成焦黑。此外，亦不能用冷鍋炒茶，鍋冷易使茶葉捲縮。由此可知，對於火候的掌握，係炒茶的基本技術，需要有長期的不斷的嘗試及觀察，在失敗中累積成功的經驗。2. 是「柴」。張源《茶錄‧辨茶》文中雖僅記「柴疏失翠」一語，但卻已說明柴的多少，對於保持茶葉的綠色產生關鍵性作用。3. 是「起茶」的時間。炒製茶葉需要多長時間，是製茶人根據「火」和「柴」加以決定的。火候把握得恰到好處，即不「早起」又不「延遲」，才能不致過生或過熟，使茶葉保持原味清香。4. 是「揉捻茶」的方向。在茶葉炒製的過程中，必須以手「揉茶」，茶葉揉製採取順揉亦或逆揉，係根據茶葉的狀態決定。」見氏著：《明代茶文化藝術》（臺北市：秀威資訊科技，2007年），頁17。

本身的狀態，使茶葉的加工能完美的保持它的香氣。炒菁法的出現，使得茶的加工出現歷史性的突破，漸漸取代唐、宋時期的蒸菁法，至今仍沿用炒菁法加工茶葉。

（二）明代茗飲方法

明代品茗方式承先啟後，既有延續傳統之法，亦有創新創意之處。大體而言，以明中期嘉靖年間為主要分水嶺。明初至中葉，還有煎、點末茶的傳統習慣，也有烹煮散茶的煎茶法，以及置散茶入甌的簡易沖泡方式。明世宗嘉靖以後，「點茶法」逐漸消失，「瀹茶法」於萬曆年間以後成為明人的品茗主流，一直傳承至今。[註26] 瀹茶法，係指直接將散茶放入茶壺或盞中，用沸水直接沖泡沏茶。由於散茶沖泡便利之因素，使得繁複的飲茶方式走入歷史，宋代的點茶法在明代後期便銷聲匿跡。以下介紹明代煎茶法、點茶法以及瀹茶法之特色：

1. 煎茶法

中國飲茶文化起源甚早，秦代開始將茶作成羹，至西漢，茶不再作為治藥或羹湯，而是作為飲料。到了唐代，發展出一套完整的製茶程序。唐‧陸羽在《茶經‧六之飲》提到：「飲有粗茶、散茶、末茶、餅茶者，乃斫、乃熬、乃煬、乃舂，貯於瓶缶之中，以湯沃焉，謂之痷茶。」[註27] 餅茶是當時的主流，品飲的方式是「痷茶」，或者把末茶和其他食物如蔥、薑、棗、陳皮、茱萸、薄荷等配料混煮成茶粥。唐‧釋皎然〈顧渚行寄裴方舟〉詩云：「初看怕出欺玉英，更取煎來勝金液。昨夜西峰雨色過，朝尋新茗復如何。女宮露澀青芽老，堯市人稀紫筍多。紫筍青芽誰得識，日暮采之長太息。清冷真人待子元，貯此芳香思何極。」[註28] 便提到煎茶的文化。而在陸羽的《茶經‧五之煮》中更記載了完整的煎茶方法，因此又稱為陸羽式煎茶法。[註29]

〔註26〕劉行中：《明代茶藝之研究》，佛光大學藝術學研究所碩士論文，指導教授：潘襎，2013（民102）年1月，頁154。

〔註27〕《茶經‧六之飲》。見前揭書，頁13。

〔註28〕唐‧釋皎然：〈顧渚行寄裴方舟〉，見《全唐詩》卷821（北京市：中華書局，1992年），頁23。

〔註29〕《茶經‧五之煮》：「其沸如魚目，微有聲，為一沸。緣邊如湧泉連珠，為二沸。騰波鼓浪，為三沸。已上水老，不可食也。初沸，則水合量調之以鹽味，謂棄其啜餘，無乃䫴䤯而鍾其一味乎？第二沸出水一瓢，以竹筴環激湯心，則量末當中心而下。有頃，勢若奔濤濺沫，以所出水止之，而育其華也。」見前揭書，頁13。

　　明代的煎茶法大抵傳承自陸羽，其方法亦可從明人陳師《茶考》、朱權《茶譜》、張源《茶錄》、許次紓《茶疏》等茶書中，獲得寶貴的參考文獻資料。現存明代最早的一本茶書，明代寧獻王朱權所著《茶譜》裡，提到了「煎湯法」：

> 用炭之有焰者，謂之活火，當使湯無妄沸。初如魚眼散佈，中如泉湧連珠，終則騰波鼓浪，水氣全消。此三沸之法，非活火不能成也。〔註30〕

朱權所指的煎湯法「三沸之法」，指的便是煮茶古法，見於陸羽《茶經》。其次，在明‧陳師《茶考》一書中也提到：

> 烹茶之法，唯蘇吳得之。以佳茗入磁瓶火煎，酌量火候，以數沸蟹眼為節，如淡金黃色，香味清馥，過此而色赤，不佳矣。〔註31〕

煎茶法流行於蘇州一帶，陳師所說「以數沸蟹眼為節」，說的便是在水初沸時泛起小氣泡即可，強調煮茶的沸騰程度。再者，明‧許次紓《茶疏》中說道：「銚中必穿其心，令透火氣。沸速則鮮嫩風逸，沸遲則老熟昏鈍，兼有湯氣，慎之慎之。」〔註32〕所謂「沸速」、「沸遲」，都在強調煮茶需注意水沸騰的程度，否則老熟昏鈍影響茶湯口感。在眾多明人著作都能看到茶人注重水的沸騰程度，因為這攸關茶湯的香氣。凡此，煎茶的技巧與講究，和陸羽《茶經》煮湯之說如出一轍，可說是傳承自唐代煎茶法的遺迹。

2. 點茶法

　　點茶法在宋代時常為鬥茶所用，明代飲茶亦沿用此法。點茶法大致分成四個步驟，依序為炙茶、碾茶、候湯、點茶。炙茶便是將茶葉製成茶餅，在茶餅炙乾後接著進行碾茶搗碎。候湯即為煮茶，湯瓶的選取極為重要，小者不僅候湯較易，點茶也較能控制出水量。候湯時，微沸即可沖點搗碎的茶餅，把茶瓶裡的沸水置入茶盞，然後再調成膏。點茶的方式有三：一是「靜面點」，即提湯瓶環繞茶盞邊緣沖注，再以茶筅輕輕擊打，不使茶泡沫浮起。二是「一發點」，即重力沖注，並隨手以茶筅用力擊打，使茶泡沫浮起。三是「糊狀點」，即先將茶在茶盞中調成糊狀，再以熱水沖注，接著以茶筅擊打均勻，如酵藥之

〔註30〕《茶譜‧煎湯法》。明‧朱權：《茶譜》，收入鄭培凱、朱自振主編：《中國歷代茶書匯編校注本》（香港：香港商務印書館，2007年），頁176。
〔註31〕《茶考》。明‧陳師：《茶考》，收入鄭培凱、朱自振主編：《中國歷代茶書匯編校注本》（香港：香港商務印書館，2007年），頁249。
〔註32〕《茶疏‧煮水器》。明‧許次紓：《茶疏》，頁271。

起麵即成。〔註33〕宋代飲茶方式不同於唐代，改煮茶為點茶，所以有唐煮宋點的說法。〔註34〕

　　檢閱明代茶書點茶之論述，據明‧朱權《茶譜》載：

> 然後碾茶為末，置於磨令細，以羅羅之，候湯將如蟹眼，量客眾寡，
> 投數匕入於巨甌。候茶出相宜，以茶筅擺令沫不浮，乃成雲頭雨腳，
> 分於啜甌，置之竹架，童子捧獻於前。〔註35〕

明初仍習慣將茶磨成末點茶品飲。其他，如明‧顧元慶刪校、錢椿年原輯《茶譜》提到點茶三要「滌器、熁盞、擇果」。滌器自不待述，「熁盞」一條有謂：「凡點茶，先須熁盞令熱，則茶面聚乳，冷則茶色不浮。」〔註36〕熁，指用火薰烤；熁盞，即用火薰茶盞，著重點茶的前置作業。至於「擇果」，《茶譜》也指出：「茶有真香，有佳味，有正色。烹點之際，不宜以珍果、香草雜之。……凡飲佳茶，去果方覺清絕，雜之則無辯矣。」〔註37〕珍果香草若奪茶香、奪茶味、奪茶色，皆曰不宜。當然也有「必曰所宜」、「或可用也」之物，如核桃、榛子、瓜仁、棗仁、菱米、欖仁、栗子、雞頭、銀杏、山藥、筍乾、芝麻、莒萵、萵巨、芹菜之類精製。好茶應避免茶點奪其色香味，可配茶之茶點，明人也有所講究，這是明式點茶。

　　其次，明人也有出奇創新點茶之法。明‧朱權《茶譜》獨創投花增香點茶之法：

> 凡欲點茶、先須熁盞，盞冷則茶沉，茶少則雲腳散，湯多則粥面聚。
> 以一匕投盞內，先注湯少許，調勻，旋添入，環迴擊拂。湯上盞可

〔註33〕《大觀茶論》：「點茶不一，而調膏繼刻。以湯注之，手重筅輕，無粟文蟹眼者，調之靜面點。蓋擊拂無力，茶不發立，水乳未浹，又復增湯，色澤不盡，英華淪散，茶無立作矣。有隨湯擊拂，手筅俱重，立文泛泛，謂之一發點。蓋用湯已故，指腕不圓，粥面未凝。茶力已盡，霧雲雖泛，水腳易生。妙於此者，量茶受湯，調如融膠。環注盞畔，勿使侵茶。勢不欲猛，先須攪動茶膏，漸加擊拂，手輕筅重，指遶腕旋，上下透徹，如酵蘗之起麵，疏星皎月，燦然而生，則茶面根本立矣。」見宋‧趙佶：《大觀茶論》，頁106。
〔註34〕徐曉村主編：《茶文化學》（北京市：首都經濟貿易大學出版社，2009年），頁60。
〔註35〕《茶譜》。見明‧朱權：《茶譜》，頁174。
〔註36〕明‧顧元慶刪校、錢椿年原輯：《茶譜》，收入鄭培凱、朱自振主編：《中國歷代茶書匯編校注本》（香港：香港商務印書館，2007年），頁181。
〔註37〕明‧顧元慶刪校、錢椿年原輯《茶譜》：「奪其香者，松子、柑橙、杏仁、蓮心、木香、梅花、茉莉、薔薇、木樨之類是也。奪其味者，牛乳、番桃、荔枝、圓眼、水梨、枇杷之類是也。奪其色者，柿餅、膠棗、火桃、楊梅、橙橘之類是也。」見前揭書，頁181。

七分則止，著盞無水痕為妙。今人以果品為換茶，莫若梅、桂、茉莉三花最佳。可將蓓蕾數枚投於甌內罨之，少頃，其花自開，甌未至唇，香氣盈鼻矣。〔註38〕

與其投果入茶作為調味，莫若將梅花、桂花、茉莉等蓓蕾與茶末一同放在碗裡，借助熱茶水氣蒸騰，使茶湯催花綻放。當茶湯花朵綻放，以雙手捧著茶盞，即可觀賞花開美景，而且香氣盈鼻。此法是宋人點茶的優美化，除了味覺、嗅覺的滿足，更加重了視覺上的審美情趣，至今仍不斷地被改良沿用。

3. 瀹茶法

明代無需再將餅茶碾成粉末，直接抓取茶葉放置壺中或杯中，以開水沏泡即可飲用。明世宗嘉靖年間，瀹茶法便已有之，明·陳師《茶考》提到：「杭俗，烹茶用細茗置茶甌，以沸湯點之，名為『撮泡』。」〔註39〕儘管南方蘇杭仍沿舊俗，時人認為撮泡之法「殊失古人蟹眼鷓鴣斑之意」，未能知茶之真味且有失雅致，但撮泡瀹茶已然在生活之中，也是不爭的事實。

「壺泡法」，最早明確的記載見於明·張源《茶錄》：

探湯純熟便取起，先注少許壺中，祛蕩冷氣，傾出，然後投茶。茶多寡宜酌，不可過中失正。茶重則味苦香沉，水勝則色清氣寡。兩壺後，又用冷水蕩滌，使壺涼潔。不則減茶香矣。確熟，則茶神不健，壺清，則水性常靈。稍俟茶水沖和，然後分釃布飲。釃不宜早，飲不宜遲。早則茶神未發，遲則妙馥先消。〔註40〕

注水入壺，然後投茶，就是「瀹茶法」。瀹飲已無需以往的炙茶、碾茶、羅茶三道工序，只要有乾燥的葉茶即可，候湯仍是重點，辨別茶湯是否純熟有三種方法，分別從茶湯的外觀、水的響聲、水的冒氣情況來辨別：

湯有三大辨、十五小辨：一曰形辨，二曰聲辨，三曰氣辨。形為內辨，聲為外辨，氣為捷辨。如蝦眼、蟹眼、魚眼連珠，皆為萌湯，直至湧沸如騰波鼓浪，水氣全消，方是純熟。如初聲、轉聲、振聲、驟聲，皆為萌湯，直至無聲，方是純熟。如氣浮一縷、二縷、三四縷及縷亂不分、氤氳亂繞，皆為萌湯，直至氣直沖貫，方是純熟。〔註41〕

〔註38〕《茶譜·點茶》。見明·朱權：《茶譜》，頁174～175。
〔註39〕《茶考》。見明·陳師：《茶考》，頁249。
〔註40〕《茶錄·泡法》。見明·張源：《茶錄》，頁253。
〔註41〕《茶錄·湯辨》。見明·張源：《茶錄》，頁252～253。

張源在傳統的「形辨」，狀如「蝦眼、蟹眼、魚眼」，直至湧沸如騰波鼓浪；「聲辨」，「初聲、轉聲、振聲、驟聲」，直至無聲；更細微地增加了「氣辨」之法，「一縷、二縷、三四縷及縷亂不分」，氤氳亂繞，湯乃純熟。

明代投茶，根據張源《茶錄》記載有「上投」、「中投」、「下投」三法：

> 投茶有序，毋失其宜。先茶後湯，曰下投；湯半下茶，復以湯滿，
> 曰中投；先湯後茶，曰上投。春、秋中投，夏上投，冬下投。〔註42〕

三種投茶法，差別在茶或湯何者先下。除了投茶有序，投茶也依季節有別，投茶多寡宜酌，茶多則味苦香沉，水多則色清氣寡。茶湯應色、香、味俱全，味以甘潤為上，苦澀為下。現在泡茶法著重的幾個要素：水溫、溫壺、茶水比例、時間，張源《茶錄》均已明確點出。

在飲啜時，「一壺之茶，只堪再巡。初巡鮮美，再則甘醇，三巡意欲盡矣。」〔註43〕意為茶在三泡之外風味不存，所以茶注宜小。〔註44〕若用巨器屢巡，不僅失品賞之意，遑論風味。足見明人瀹飲，著重投茶順序、泡茶次數與壺注大小。明神宗萬曆後，由於紫砂茶壺大興為人推崇喜愛，壺泡瀹茶法遂成為明人品飲的主流方式。

三、明代紫砂茶具

俗話說：「水為茶之母，器是茶之父。」明・許次紓《茶疏》亦曰：「茶滋於水，水藉乎器；湯成於火，四者相須，缺一則廢。」〔註45〕要獲取一杯上好的香茗，需要做到茶、水、火、器四者相配，缺一不可。瀹茶法興起於明代的全盛時期，在清代發展完善，閩、粵、臺一帶至今仍盛行類似的泡茶法，稱為「功夫茶」。關於功夫茶名稱由來眾說不一，今人陳香白認為「功夫」有四種涵義：「什麼叫『功夫』？一般有四解：1. 工程和勞力；2. 素養；3. 造詣，成就的程度；4. 空閒時間。」〔註46〕其過程相當費時費工。烹飲功夫茶首先要準備四種茶器，稱為「茶房四寶」。這四種茶器它們的名字分別是：玉書煨、玉竹爐、孟臣壺、若琛甌，所選用的茶壺便是馳名中外小型的紫砂茶壺。

〔註42〕明・張源：《茶錄》，頁253。

〔註43〕《茶疏・飲啜》。見明・許次疏：《茶疏》，頁273。

〔註44〕《茶疏・秤量》：「茶注，宜小不宜甚大。小則香氣氤氳，大則易於散漫。大約及半升，是為適可。獨自斟酌，愈小愈佳。容水半升者，量茶五分，其餘以是增減。」見明・許次疏：《茶疏》，頁272。

〔註45〕《茶疏・煮水器》。見明・許次紓：《茶疏》，頁271～272。

〔註46〕陳香白：《中國茶文化》（太原市：山西人民出版社，2002年），頁75～99。

（一）紫砂陶器的歷史與特色

紫砂器的起源甚早，宜興紫砂陶器的歷史可以追溯到宋代，但在當時並沒有引起人們更多的注意，這和宋代飲茶的方式有關，因為「兔毫紫甌」更適合鬥茶。〔註47〕進入明代以後，隨著商品交換的蓬勃對應市場的需求，市集大量興起。嘉靖後，在大城市中還出現專門的市集和街道，在宜興不僅有陶瓷生產，也有了專業的市集。正德年間葡萄牙人首先來到中國，緊接著西班牙人也於萬曆年間來到中國從事貿易，中國的絲織品與瓷器成為國際商品，尤其是販賣瓷器更是成了歐洲人最受歡迎的生意。從明末以來海上貿易的進行，促使中國優秀的手工藝品像雕竹、螺鈿、銅爐、紫砂壺在當時皆屬上等工藝品即奢侈品之列，引起西方人的注意。〔註48〕

明代初期茶具，朱權《茶譜》謂「予故取烹茶之法，末茶之具，崇新改易，自成一家。」、「茶甌，古人多用建安所出者，取其松紋兔毫為奇。今淦窯所出者，與建盞同，但注茶，色不清亮，莫若饒瓷為上，注茶則清白可愛。」〔註49〕茶甌的要求，由福建建陽的紺黑盞，改用景德鎮的饒瓷。明中葉以後，紫砂壺開始流傳於民間。紫砂壺的流行，和明代不同於唐、宋時期的瀹茶法有關，正如明‧周高起《陽羨茗壺系》所云：

> 故茶至明代，不復碾屑、和香藥、製團餅，此已遠過古人。近百年中，壺黜銀錫及閩豫瓷而尚宜興陶，又近人遠過前人處也。陶曷取諸，取諸其製，以本山土砂，能發真茶之色香味。〔註50〕

明代用散茶，飲用時不必研成細末，因而使紫砂壺應運而生。另一原因，明人講究「茶壺，窯器為上，錫次之。……以小為貴。每一客，壺一把，任其自斟自飲，方為得趣。何也？壺小則香不渙散，味不耽閣。」〔註51〕與器形之大小有關。

此外，紫砂壺所用紫砂泥，民間稱為五色泥，分為朱赤、藍綠、淡黃、紫褐以及團泥，其中以宜興出產的紫砂泥最為有名。紫砂器經高溫燒成後，胎體

〔註47〕徐曉村：《茶文化學》，頁176。

〔註48〕吳畹敏：《晚明宜興紫砂壺的文化史研究》，東海大學歷史學系碩士論文，指導教授：許家琳，2019年（民108年7月），第二章第三節摘要。

〔註49〕見明‧朱權：《茶譜》，頁174、176。

〔註50〕明‧周高啟：《陽羨茗壺系》，收入鄭培凱、朱自振主編：《中國歷代茶書匯編校注本》（香港：香港商務印書館，2007年），頁512。

〔註51〕《岕茶箋‧論茶具》。明‧馮可賓：《岕茶箋》，收入鄭培凱、朱自振主編：《中國歷代茶書匯編校注本》（香港：香港商務印書館，2007年），頁502。

會生成「鏈狀氣孔」和「微細氣孔」，又叫「雙重氣孔結構」。「鏈狀氣孔」是坯體在乾燥過程時因水分逸出發生收縮而形成的，「微細氣孔」是在燒成時，團粒、黏土發生收縮而渦形成的空隙，有開口和閉口兩種。〔註52〕開口氣孔與閉口氣孔並存，為紫砂壺一大特點。因此，紫砂壺泡茶能保持茶的原味，香不渙散；陳茶不餿，暑天隔夜不起膩苔；長久使用壺內壁會生茶銹，即便只注沸水，仍有茶香；耐熱性能好，不會燙手；器身因撫摸擦拭，益發光潤。〔註53〕凡此，具為紫砂壺的優點，難怪受到茗飲者的雅好。

誠然，明代窯器從明初永樂青花、宣德紅釉、成化鬥彩，中晚期的嘉靖、萬曆五彩，作品滿佈圖案，色彩鮮明，有後世難以追及的優秀成就。〔註54〕不僅實用，而且具賞鑒性。雖然明代窯器繽紛精彩並呈，從明初崇尚樸素之風，到文人「寄情于茶，以茶礪節，以茶砥名，在茶中抒發自己的素心、品潔和清苦的心志。」〔註55〕影響所及，瓷器之外，紫砂壺器小質佳，簡樸卻不失精緻，因而在明代流傳。

（二）紫砂壺名家舉隅

明代紫砂壺名家輩出，供（龔）春號稱「正始」。關於供（龔）春其生平：

> 供春，學憲吳頤山公青衣也。頤山讀書金沙寺中，供春於給役之暇，竊仿老僧心匠，亦淘細土摶胚，茶匙穴中，指掠內外，指螺文隱起可按。胎必累按，故腹半尚現節腠，視以辨真。今傳世者，栗色闇闇如古今鐵，敦龐周正，允稱神明垂則矣。世以其孫龔姓，亦書為龔春。〔註56〕。

是弘治、正德年間人，曾用制壺僧洗手盆裡洗下的紫砂泥仿照金沙寺旁的銀杏樹的樹癭（樹瘤）的形狀做了一把壺，並刻上樹癭的花紋，結果這把壺頗受文人雅士的喜歡。供（龔）春壺每一把都不同，講究怪誕、自然之美，新穎精巧，文雅天然，時人稱讚「栗色闇闇如古今鐵，敦龐周正」。供（龔）春成宜興紫砂製作的一代宗師後，他的作品被稱為「供春壺」，當時有「供春之壺，勝於金玉」之美稱。自此，宜興紫砂器發展迅速，百品競新，董翰、趙梁、玄錫、

〔註52〕吳雲：《紫砂壺精要圖鑒》（北京市：中國輕工業出版社，2009年），頁22。

〔註53〕吳雲：《紫砂壺精要圖鑒》，頁22。

〔註54〕林美珠編輯：《品味故宮・陶瓷之美》（臺北市：香港商雅凱電腦語音有限公司臺灣分公司，2017年），頁101。

〔註55〕張美娣等編著：《茶道茗理》（上海市：上海人民出版社，2010年），頁171。

〔註56〕明・周高啟：《陽羨茗壺系》，頁512。

時朋、李茂林等名家輩出。

供（龔）春之後，時大彬為「大家」。時大彬為明萬曆至清順治年間人，時大彬的紫砂壺「或淘土，或雜碙砂土，諸款具足，諸土色亦具足。不務妍媚，而樸雅堅栗，妙不可思。」〔註57〕無論是泥料，成型製作，燒成工藝等都是非常成熟，並刻著自己的款識。人稱「千奇萬狀信手出，巧奪坡詩百態新」，世稱「時壺」、「大彬壺」，與李仲芳、徐有泉並稱明代「壺家妙手稱三大」。時大彬作品多，前後輩名家並不能及，儘管存世者少，但後世評價極高。〔註58〕

另一「名家」徐有泉，明萬曆年間人，自小拜時大彬為師。善仿古銅器，壺蓋與壺嘴之間能密不通風，常製長爪獸的形態，泥色多變。徐友泉善於配合色土，其作品總是別出心裁，變化多端。壺作品有「漢方、扁觶、小雲雷、提梁、蕉葉、蓮方、菱花、鵝蛋、分襠索耳、美人、垂蓮、大頂蓮、一回角、六子」等諸種款式。泥色應用上有「海棠紅、硃砂紫、定窯白、冷金黃、淡墨、沉香、水碧、榴皮、葵黃、閃色為梨皮」等各種色調。徐友泉精研壺藝時，對壺泥色和壺式樣有著很多發明和創造，妙出心裁。晚年恆自嘆：「吾之精，終不及時之粗」〔註59〕，深切表達出對其師時大彬的孺慕之情。

而後，「雅流」有歐正春、邵文金、邵文銀、蔣伯芎、陳用卿、陳信卿、閔魯生、陳光甫等人。「神品」則是陳仲美、沈君用。陳仲美為明萬曆年間婺源人，原在景德鎮造瓷，後到宜興制陶。這番經歷，讓他把瓷器工藝與紫砂工藝結合起來，創造了重鏤透雕的紫砂技術，將紫砂工藝推向一個新的歷史階段。喜用花果為主題，以草蟲點綴，如束竹柴圓壺。明·周高起《陽羨茗壺系》中記載陳仲美有云：

> 好為壺土，意造諸玩，如香盒、花杯、狻猊鑪、辟邪、鎮紙、重鏤疊刻，細極鬼工。壺象花果，綴以草蟲，或龍戲海濤，伸爪出目。至塑大士像，莊嚴慈憫，神采欲生；瓔珞花鬘，不可思議。〔註60〕

〔註57〕明·周高啟：《陽羨茗壺系》，頁512。

〔註58〕李啟彰：「明代的時大彬在當時就被譽為紫砂壺史上『超越前古』的第一大家，三足壺是時大彬最廣為人知的作品之一。我們從整體壺身與其他各部位壺紐、壺蓋、壺嘴、壺柄到三足的協調比例，整把壺有一股內斂而未發的氣勢，能讓人感受到時大彬在製壺能力上的出神入化。三足的設計不僅沒有礙腳的感覺，反而襯托出它三足鼎立、氣吞山河的氣象。」見氏著：《茶日子》（新北市：幸福文化出版社，2016年），頁35。

〔註59〕明·周高啟：《陽羨茗壺系》，頁513。

〔註60〕明·周高啟：《陽羨茗壺系》，頁513。

惟其殫精竭慮，不假天年，惜哉！

四、明代茗飲品茶雅趣

　　明代品茶極重淪茶技巧和追求藝術，為知識分子與達官貴人的雅趣，平民百姓為解渴而泡茶，只需將茶葉放入壺裡，沖開水稍待片刻，是最為簡單的淪茶方法。從歷史演變角度來看，此為功夫茶的先驅。功夫茶道的五項環節是備器、淨器、投茶、沖茶、酙茶，功夫茶道對奉茶與飲茶的禮儀亦有所講究。由於淪茶法飲用簡便，且能保留茶葉清香，因此頗受好評，為中國飲茶史的創新革命。明代茶人品茗重視人品德行、茗飲的茶侶，與當下風景茶境是宜或不宜，以及在這些情景交融下所得到的感受體悟，以下分述之：

（一）人品德行與茶侶

　　明代茶人在飲茶時注重當下的環境與心境，飲茶對於他們而言是一種身心靈的放鬆，再加上當時政治對士人們思想的束縛，文人雅士藉著品茶使得心靈不受世間的拘束。與同樣喜愛茶的友人在山間茶寮談天說地，就如明・朱權《茶譜》中所寫的：「飲畢，童子接甌而退。話久情長，禮陳再三，遂出琴棋，陳筆研。或庚歌，或鼓琴，或奕棋，寄形物外，與世相忘。斯則知茶之為物，可謂神矣。」〔註61〕茶不僅是文人追求意境、寄託情懷的雅事，也是一種士人社交的憑藉。

　　每個人都可以飲用茶，但是茶最適合那些品行端正、謙遜而不奢侈的人。明・屠隆《茶箋》云：

> 茶之為飲，最宜精行修德之人，兼以白石清泉，烹煮如法，不時廢
> 而或興，能熟習而深味，神融心醉，覺與醍醐、甘露抗衡，斯善賞
> 鑒者矣。使佳茗而飲非其人，猶汲泉以灌蒿萊，罪莫大焉。有其人
> 而未識其趣，一吸而盡，不暇辨味，俗莫甚焉。〔註62〕

若飲得其人，茶可類比「醍醐、甘露」；若飲非其人，「猶汲泉以灌蒿萊」，掃興之至。類此看法：

> 煎茶雖凝清小雅，然要須其人與茶品相得。故其法每傳於高流大隱、
> 雲霞泉石之輩，魚蝦麋鹿之儔。〔註63〕

〔註61〕明・朱權著：《茶譜》，頁174。
〔註62〕《茶箋・人品》。明・屠隆：《茶箋》，頁240。
〔註63〕《煎茶七類・人品》。明・徐渭著：《煎茶七類》，收入鄭培凱、朱自振主編：《中國歷代茶書匯編校注本》（香港：香港商務印書館，2007年），頁234。

> 煎茶非漫浪，要須其人與茶品相得。故其法每傳於高流隱逸，有雲
> 霞泉石磊塊胸次間者。〔註64〕

煎茶雖然是一件小雅之事，卻很注重修身養性，對明代士人而言，品茶是一件雅致的事情，但並不是每個人都能體悟出茶的高雅，有的人能夠鑑賞茶，有的人卻無法體會其樂趣，因此喫茶注重飲者的品性，人品茶品相得益彰，精行儉德之人較容易感受到茶所帶來的幽趣。

飲茶可以一人獨飲，也可以邀請志同道合的同伴一同享用，但不宜過多。明・張源《茶錄》提到：「飲茶以客少為貴，客眾則喧，喧則雅趣乏矣。獨啜曰神，二客曰勝，三四曰趣，五六曰泛，七八曰施。」〔註65〕飲茶時以客少為貴，人多易喧鬧，喧囂吵鬧則無法享受清雅的趣味。獨自一人飲茶與兩三人飲茶的感受是不同的，獨飲是幽靜的，三四人同飲是趣味的，人數若再增加，已無法清賞，故而稱之為「施茶」。在明・陳繼儒《茶話》可以見到相似的想法：「品茶：一人得神，二人得趣，三人得味，七八人是名施茶。」〔註66〕明・黃龍德《茶說》中也寫道：

> 茶竈疏煙，松濤盈耳，獨烹獨啜，故自有一種樂趣，又不若與高人
> 論道、詞客聊詩、黃冠談玄、緇衣講禪、知己論心、散人說鬼之為
> 愈也。對此佳賓，躬為茗事，七碗下嚥而兩腋清風頓起矣。較之獨
> 啜，更覺神怡。〔註67〕

一個人飲茶自有樂趣，但若與嘉賓論道、聊詩、談玄、講禪、論心、說鬼，配上茗飲之事，又比獨啜還要令人神怡。但若茶客甚眾，明・許次紓也描述了因應茶客人數所作出的茶事調整：

> 賓朋雜沓，……。三人以下，止爇一爐；如五六人，便當兩鼎爐用
> 一童，湯方調適。若還兼作，恐有參差。客若眾多，姑且罷火，不
> 妨中茶投果，出自內局。〔註68〕

〔註64〕《茶寮記・人品》。明・陸樹聲：《茶寮記》，收入鄭培凱、朱自振主編：《中國歷代茶書匯編校注本》（香港：香港商務印書館，2007年），頁223。

〔註65〕《茶錄・飲茶》。明・張源：《茶錄》，頁253。

〔註66〕《茶話》。明・陳繼儒：《茶話》，收入鄭培凱、朱自振主編：《中國歷代茶書匯編校注本》（香港：香港商務印書館，2007年），頁278。

〔註67〕《茶說・八之侶》。明・黃龍德著：《茶說》，收入鄭培凱、朱自振主編：《中國歷代茶書匯編校注本》（香港：香港商務印書館，2007年），頁457。

〔註68〕《茶疏・論客》。明・許次疏：《茶疏》，頁273。

三人以下，尚可止於一爐，若是五六人，便需起兩個鼎爐，加一茶童看火烹茶，方可兼顧。若同時還有其他事宜，恐怕無法烹煮出理想的茶湯。如茶客實在眾多，乾脆熄火投果即可。

其他明人茶書，如明·徐渭《煎茶七類》中提及：「翰卿墨客，緇流羽士，逸老散人，或軒冕之徒，超然世味者。」〔註69〕徐渭認為這幾類人適合做為飲茶的同伴。而在明·朱權《茶譜》中則提及：「然而啜茶大忌白丁，故山谷曰：『著茶須是吃茶人。』」〔註70〕朱權對飲茶者的要求是不能是「白丁」，由此可見合適的茶侶是能夠使得飲茶者享受不同的趣味。明·徐燿《茗譚》寫的最直白有趣：

> 飲茶，須擇清癯韻士為侶，始與茶理相契。若腦漢肥傖，滿身垢氣，
> 大損香味，不可與作緣。
> 茶事極清，烹點必假狡童、季女之手，故自有致。若付蚺鬝蒼頭，
> 景色便自作惡。縱有名產，頓減聲價。〔註71〕

可見明人對茶侶的要求，從外在的身形到內在的性靈，皆有所講究。茶事是清雅之舉，獨烹獨啜固然自有幽趣，若有嘉賓韻士相伴，始能茶理相契合，是人間一片美景。

（二）茗飲環境宜與不宜

茗飲環境有宜與不宜，明代茶人多半在山林之中築室，或在自家的園林、書齋，或借居僧舍品茶行茶事。浙江慈谿人羅廩曾周遊各地，潛心調查種茶、製茶技藝之後，隱居中隱山種茶、讀書十餘年；浙江錢塘人許次紓好客，性不善飲，卻對茶嗜之成癖；錢塘人胡文煥，是萬曆朝著名的文士兼書賈，以嗜茶、善琴、愛書聞名於時；而徐燿無論對茶質、水品、飲事、茗趣都有所瞭解，而且還能有自己的看法。

明代之時，道家與大自然相契合的思想占主導地位，對茶人影響頗深。他們普遍追求飲啄自適，放恣形骸之外，盤礡西山之間，俯仰無累於情的生活狀態。〔註72〕檢閱明代茶書，《茶疏》有「茶所」一條：「小齋之外，別置茶

〔註69〕《煎茶七類·茶侶》。明·徐渭：《煎茶七類》，頁235。
〔註70〕明·朱權：《茶譜》，頁174。
〔註71〕明·徐燿著：《茗譚》，收入鄭培凱、朱自振主編：《中國歷代茶書匯編校注本》（香港：香港商務印書館，2007年），頁413。
〔註72〕劉雙：〈明代茶藝中的飲茶環境〉，《信陽師範學院學報》哲學社會科學版（2011年3月，第31卷第2期），頁131。

寮。高燥明爽，勿令閉塞。」〔註73〕、《品茶八要》有「茶候」一條：「涼臺靜室，明窗取几，僧聊道院，松風竹月，宴坐行吟，清談把卷。」〔註74〕明・徐渭《煎茶七類》亦云：「涼台靜室，明窗曲几，僧寮道院，松風竹月，晏坐行吟，清談把卷。」〔註75〕除了飲茶的人文環境外，自然環境優美之處也是文人經常品茗的地方。明・羅廩《茶解》中寫道：「山堂夜坐，汲泉烹茗，至水火相戰，儼聽松濤，傾瀉入杯，雲光瀲灩。此時幽趣，未易與俗人言者，其致可挹矣。」〔註76〕對羅廩而言，於山中夜闌人靜之時，眼望明月，耳裡交織烹茗時的水聲，和風吹松樹所發出像波濤般的聲音，松林間品茗別有一種幽靜的樂趣。

類此記載，比如：

> 心手閒適，披詠疲倦，意緒棼亂，聽歌聞曲，歌罷曲終，杜門避事，鼓琴看畫，夜深共語，明窗淨几，洞房阿閣，賓主款狎，佳客小姬，訪友初歸，風日晴和，輕陰微雨，小橋畫舫，茂林修竹，課花責鳥，荷亭避暑，小院焚香，酒闌人散，兒輩齋館，清幽寺觀，名泉怪石。〔註77〕

> 若明窗淨几，花噴柳舒，飲於春也；涼亭水閣，松風蘿月，飲於夏也；金風玉露，蕉畔桐陰，飲於秋也；暖閣紅爐，梅開雪積，飲於冬也。僧房道院，飲何清也；山林泉石，飲何幽也；焚香鼓琴，飲何雅也。試水斗茗，飲何雄也；夢迴卷把，飲何美也。〔註78〕

明代文人多藉高雅幽趣的事諸如品茶來助興，注重「賞名花，不宜更度曲；烹精茗，不必更焚香。」〔註79〕反之，惡劣的環境則是「宜輟」、「不宜用」、「不宜近」：

〔註73〕《茶疏・茶所》。明・許次紓：《茶疏》，頁273。

〔註74〕《品茶八要・茶候》。明・華淑撰、張瑋訂：《品茶八要》，收入鄭培凱、朱自振主編：《中國歷代茶書匯編校注本》（香港：香港商務印書館，2007年），頁510。

〔註75〕《煎茶七類・茶宜》。明・徐渭：《煎茶七類》，頁235。

〔註76〕《茶解・敘》。明・羅廩：《茶解》，頁341。

〔註77〕《茶疏・飲時》。明・許次紓：《茶疏》，頁274。

〔註78〕《茶說・九之飲》。明・黃龍德：《茶說》，頁457。

〔註79〕《竹懶茶衡》：「賞名花，不宜更度曲；烹精茗，不必更焚香。恐耳目口鼻互牽，不得全領其妙也。」明・李日華著：《竹懶茶衡》，收入鄭培凱、朱自振主編：《中國歷代茶書匯編校注本》（香港：香港商務印書館，2007年），頁489。

作字，觀劇，發書束，大雨雪，長筵大席，繙閱卷帙，人事忙迫，及
與上宜飲時相反事。

惡水，敝器，銅匙，銅銚，木桶，柴薪，麩炭，粗童，惡婢，不潔巾
帨，各色果實香藥。

陰室，廚房，市喧，小兒啼，野性人，童奴相鬨，酷熱齋舍。〔註80〕

類此記載，《岕茶箋》也有「茶宜」、「茶忌」之說。〔註81〕乃因一方面茶飲為
日常中所不可或缺，閒情雅會都需藉此淡而有味的茶飲遣懷；另一方面在此慢
品緩嚐的興致中來提昇精神生活。〔註82〕在明代文人的眼中，品茶是一種追求
生活閒情逸趣的方式，他們在相襯的環境下品茗，追求質樸自然的生活，好的
環境如同「良友」〔註83〕。

（三）品茗感受體悟

通過品茗，文人雅士可以洗滌心靈，感染靈性，脫離世俗的紛擾，追求心
神合一與閑隱生活。明·朱權在《茶譜》文中提到品茗的最高境界是：

凡鸞儔鶴侶，騷人羽客，皆能志絕塵境，棲神物外，不伍於世流，
不污於時俗。或會於泉石之間，或處於松竹之下，或對皓月清風，
或坐明窗靜牖，乃與客清談歎話，探虛玄而參造化，清心神而出塵
表。〔註84〕

文人品茗不僅注重茶本身，更注重人與自然的和諧共處，他們往往會在泉石之
間、松竹之下，或對月品茗，或靜坐窗邊，這是品茶的靈境，還需有「志絕塵
境」、「棲神物外」的內心的開悟。

明·許次疏《茶疏》亦曰：「賓朋雜沓，止堪交錯觥籌，乍會泛交，僅須
常品酬酢，惟素心同調，彼此暢適，清言雄辯，脫略形骸，始可呼童篝火，酌

〔註80〕《茶疏·宜輟》、《茶疏·不宜用》、《茶疏·不宜近》。明·許次紓：《茶疏》，
頁274。

〔註81〕《岕茶箋·茶宜》：「無事，佳客，幽坐，吟詠，揮翰，徜徉，睡起，宿醒，清
供，精舍，會心，賞鑒，文僮。」《岕茶箋·茶忌》：「不如法，惡具，主客不
韻，冠裳苛禮，葷肴雜陳，忙冗，壁間案頭多惡趣。」見明·馮可賓：《岕茶
箋》，頁503。

〔註82〕覃瑞南：〈明中葉文士飲茶空間之研究〉，《臺南科大學報》生活藝術類（2009
年10月第28期），頁45。

〔註83〕《茶疏·良友》：「清風明月，紙帳楮衾，竹床石枕，名花琪樹。」見明·許次
紓：《茶疏》，頁274。

〔註84〕明·朱權：《茶譜》，頁174。

水點湯，量客多少為役之煩簡。」〔註85〕具有素心者，即是心地純潔、處世淡泊之人。許次紓認為只有與這樣的朋友喝茶品茗，「素心相對如秋水」，彼此同心同調，才能精神暢適，論茶說道，有所悟得，「素心同調」就是他的茶道觀。〔註86〕

　　除了飲茶的體悟外，有適宜的茶友及風景，更能讓飲茶變成一種樂趣。明人張岱在〈陶庵夢憶〉「閔老子茶」中敘述自己拜訪閔汶水一事：

> 周墨農向余道閔汶水茶不置口。戊寅九月至留都，抵岸，即訪閔汶水桃葉渡。日晡，汶水他出，遲其歸，乃婆娑一老。方敘話，遽起曰：「杖忘某所。」又去。余曰：「今日豈可空去。」遲之又久，汶水返，更定矣。睨余曰：「客尚在耶！客在奚為者？」余曰：「慕汶老久，今日不暢飲汶老茶，決不去！」汶水喜，自起當爐。茶旋煮，速如風雨。導至一室，明窗淨几，荊溪壺、成宣窯瓷甌十餘種，皆精絕。燈下視茶色，與瓷甌無別，而香氣逼人。余叫絕。余問汶水曰：「此茶何產？」汶水曰：「閬苑茶也。」余再啜之曰：「莫紿余！是閬苑製法，而味不似。」汶水匿笑曰：「客知是何產？」余再啜之曰：「何其似羅岕甚也？」汶水吐舌曰：「奇！奇！」余問：「水何水？」曰：「惠泉。」余又曰：「莫紿余！惠泉走千里，水勞而圭角不動，何也？」汶水曰：「不復敢隱。其取惠水，必淘井；靜夜候新泉至，旋汲之，山石磊磊藉瓷底，舟非風則勿行，故水不生磊，即尋常惠水，猶遜一頭地，況他水耶？」又吐舌曰：「奇！奇！」言未畢，汶水去。少頃，持一壺滿斟余曰：「客啜此！」余曰：「香撲烈，味甚渾厚，此春茶耶！向瀹者的是秋采。」汶水大笑曰：「予年七十，精賞鑒者無客比。」遂定交。〔註87〕

為了能喝到高人泡的茶，張岱心甘情願等待，終於得見。閔老子識茶辨水，展現出對茶道的精通，使得兩個素不相識的人因茶結緣成為莫逆之交。明代許多文人因仕途不順遂，便在心灰意冷之後萌生全然遁世、避世的退隱之心，往往歸隱山中，尋找「世外之樂」，他們講究品茗環境清幽，並從茗飲這件事獲得樂趣或人生哲理，以達修身養性的目的。

〔註85〕《茶疏·論客》。明·許次紓：《茶疏》，頁273。
〔註86〕張美娣等編著：《茶道茗理》，頁179。
〔註87〕見廖建智：《明代茶文化藝術》，頁243～244。

五、結語

　　茶文化浸至明代，其製茶方式隨著時代、民情風俗不同而有所改變。明初，太祖朱元璋起自民間，下令廢團茶及餅茶改貢散茶。團餅茶製作工藝繁複精細，有「一朝團焙成，價與黃金逞」之說，不僅耗時費力，一般平民百姓也消費不起。朱元璋出身布衣，深知底層百姓的辛苦，若此種製茶方式延續，平民百姓會更加難以享用，故下令將製茶方式改為散茶的形式。而散茶的品質關鍵在於製作——炒菁法，最後以揉捻的方式收尾，能完整保留茶汁精華，這也是與其他朝代製作方法最大的不同，這樣進步的方式也延續至今。因應製茶方法改變，泡茶的方式也有所不同，由於無需再將茶餅碾碎，直接抓取茶葉放置器皿中以開水沖泡，這樣簡便的方式在明、清時期興盛，也使得紫砂壺的造型、技法更上層樓。紫砂壺不僅僅宜茶，品飲更影響著心靈，明人在時代氛圍中，對品茶愈發講究，逐漸發展出一套茶道茗理，特別注重人品德行、飲茶的對象、當下風景，及品茗後的感受體悟，明代茶人認為不是人人都適合品茶，唯有品德清高的人才能嚐得出茶的滋味。品茗是明人日常清課，生活中安頓身心的重要寄託，明代茶事文化之精髓，不僅僅在製茶方法上有所創新改良，擇器考量上兼具實用價值和藝術功能，都展現出歷史人文底蘊。其茗理，明人著重內省關照，強調茶人應具備高潔的德行涵養；對茶境的賞玩深入至精神靈性層面，有返璞歸真之況味，可說是心性修為和文化涵養的呈現。其茗飲文化，可說是生活藝術化，是古代天人合一思想的延伸，這種積極肯定俗世生活的態度，將茶文化益發普及至社會大眾生活日用之中，可謂承先啟後，影響深遠。

參考文獻

（一）傳統文獻

1. 唐・陸羽：《茶經》，收入鄭培凱、朱自振主編：《中國歷代茶書匯編校注本》，香港：香港商務印書館，2007 年。

2. 《全唐詩》，北京市：中華書局，1992 年。

3. 宋・趙汝礪：《北苑別錄》，收入鄭培凱、朱自振主編：《中國歷代茶書匯編校注本》，香港：香港商務印書館，2007 年。

4. 宋・黃儒：《品茶要錄》，收入鄭培凱、朱自振主編：《中國歷代茶書匯編校注本》，香港：香港商務印書館，2007 年。

5. 宋‧趙佶:《大觀茶論》,收入鄭培凱、朱自振主編:《中國歷代茶書匯編校注本》,香港:香港商務印書館,2007 年。

6. 明‧顧炎武撰,清‧黃汝成集釋,楊家駱主編:《日知錄集釋》,臺北:世界書局,1984 年。

7. 明‧羅廩:《茶解》,收入鄭培凱、朱自振主編:《中國歷代茶書匯編校注本》,香港:香港商務印書館,2007 年。

8. 明‧許次紓:《茶疏》,收入鄭培凱、朱自振主編:《中國歷代茶書匯編校注本》,香港:香港商務印書館,2007 年。

9. 明‧張源:《茶錄》,收入鄭培凱、朱自振主編:《中國歷代茶書匯編校注本》,香港:香港商務印書館,2007 年。

10. 明‧程用賓:《茶錄》,收入鄭培凱、朱自振主編:《中國歷代茶書匯編校注本》,香港:香港商務印書館,2007 年。

11. 明‧聞龍:《茶箋》,收入鄭培凱、朱自振主編:《中國歷代茶書匯編校注本》,香港:香港商務印書館,2007 年。

12. 明‧高元濬:《茶乘》,收入鄭培凱、朱自振主編:《中國歷代茶書匯編校注本》,香港:香港商務印書館,2007 年。

13. 明‧屠隆:《茶箋》,收入鄭培凱、朱自振主編:《中國歷代茶書匯編校注本》,香港:香港商務印書館,2007 年。

14. 明‧朱權:《茶譜》,收入鄭培凱、朱自振主編:《中國歷代茶書匯編校注本》,香港:香港商務印書館,2007 年。

15. 明‧陳師:《茶考》,收入鄭培凱、朱自振主編:《中國歷代茶書匯編校注本》,香港:香港商務印書館,2007 年。

16. 明‧顧元慶刪校、錢椿年原輯:《茶譜》,收入鄭培凱、朱自振主編:《中國歷代茶書匯編校注本》,香港:香港商務印書館,2007 年。

17. 明‧周高啟:《陽羨茗壺系》,收入鄭培凱、朱自振主編:《中國歷代茶書匯編校注本》,香港:香港商務印書館,2007 年。

18. 明‧馮可賓:《岕茶箋》,收入鄭培凱、朱自振主編:《中國歷代茶書匯編校注本》,香港:香港商務印書館,2007 年。

19. 明‧徐渭:《煎茶七類》,收入鄭培凱、朱自振主編:《中國歷代茶書匯編校注本》,香港:香港商務印書館,2007 年。

20. 明‧陸樹聲:《茶寮記》,收入鄭培凱、朱自振主編:《中國歷代茶書匯編

校注本》，香港：香港商務印書館，2007 年。

21. 明・陳繼儒：《茶話》，收入鄭培凱、朱自振主編：《中國歷代茶書匯編校注本》，香港：香港商務印書館，2007 年。

22. 明・黃龍德：《茶說》，收入鄭培凱、朱自振主編：《中國歷代茶書匯編校注本》，香港：香港商務印書館，2007 年。

23. 明・徐𤊹：《茗譚》，收入鄭培凱、朱自振主編：《中國歷代茶書匯編校注本》，香港：香港商務印書館，2007 年。

24. 明・華淑撰、張瑋訂：《品茶八要》，收入鄭培凱、朱自振主編：《中國歷代茶書匯編校注本》，香港：香港商務印書館，2007 年。

25. 明・李日華：《竹嬾茶衡》，收入鄭培凱、朱自振主編：《中國歷代茶書匯編校注本》，香港：香港商務印書館，2007 年。

（二）近人論著

1. 廖建智：《明代茶文化藝術》，臺北市：秀威資訊出版社，2007 年。

2. 劉行中：《明代茶藝之研究》，民 102 年佛光大學藝術學研究所碩士論文，指導教授：潘襎，2013 年。

3. 徐曉村：《茶文化學》，北京市：首都經濟貿易大學出版社，2009 年。

4. 陳香白：《中國茶文化》，太原市：山西人民出版社，2002 年。

5. 吳晼敏：《晚明宜興紫砂壺的文化史研究》，民 107 年東海大學歷史學系碩士論文，指導教授：許家琳，2018 年。

6. 吳雲：《紫砂壺精要圖鑑》，北京市：中國輕工業出版社，2009 年。

7. 林美珠：《品味故宮・陶瓷之美》，臺北市：香港商雅凱電腦語音有限公司臺灣分公司，2017 年。

8. 張美娣等編著：《茶道茗理》，上海市：上海人民出版社，2010 年。

9. 李啟彰：《茶日子》，新北市：幸福文化出版社，2016 年。

10. 劉雙：〈明代茶藝中的飲茶環境〉，《信陽師範學院學報》哲學社會科學版（2011 年 3 月），第 31 卷第 2 期，頁 130～134。

11. 覃瑞南：〈明中葉文士飲茶空間之研究〉，《臺南科大學報》生活藝術類（2009 年 10 月），第 28 期，頁 33～51。

潮汕式功夫茶道及其文化意涵研究

摘　要

　　中國煮茶之道形成於唐，功夫（或作「工夫」）茶道在廣東潮州府及福建的漳州、泉州一帶最為盛行。「功夫」兩字有數解，它代表了費時費工的茶藝、茶人的文化素養、一種生活雅趣休閒型態。功夫茶道，其過程是很費時的；再者，功夫茶道極為費工，它的程序包括備器、淨器（含治器）、投茶、沖茶、刮沫、斟茶，均非常講究。烹飲功夫茶首先要準備四種茶器，稱為「茶房四寶」。這四種茶器它們的名字分別是：玉書煨、玉竹爐、孟臣壺、若琛甌，所選用的茶壺是馳名中外小型的紫砂茶壺。茶道的五項環節是選茗、擇水、茶具、烹茶、飲茶方式，功夫茶道對奉茶與飲茶的禮儀亦有所講究。因此，本文亦詮釋功夫茶道所蘊含之文化意涵，藉以彰顯功夫茶道的精神與優美文化。

關鍵詞：潮汕式、功夫茶道、紫砂壺、茶文化、文化意涵

一、前言

　　功夫茶，流行於中國東南福建的漳州、泉州一帶與廣東潮州府（即現今潮汕地區）等地。中國功夫茶形成於唐代，發展於宋、元時期，鼎盛於明代，中心區遷移完成於清代，潮州功夫茶乃中國古代功夫茶的活化石。〔註1〕唐代，陸羽（733～804）著有《茶經》一書，書中提到：

> 天育萬物，皆有至妙。人之所工，但獵淺易。所庇者屋，屋精極；
> 所著者衣，衣精極；所飽者飲食，食與酒皆精極之。茶有九難：一

―――――――――――――

〔註1〕陳香白：《中國茶文化》（太原：山西人民出版社，2002年），頁75～99。

日造，二曰別，三曰器，四曰火，五曰水，六曰炙，七曰末，八曰

煮，九曰飲。陰採夜焙，非造也；嚼味嗅香，非別也；羶鼎腥甌，非

器也；膏薪庖炭，非火也；飛湍壅潦，非水也；外熟內生，非炙也；

碧粉縹塵，非末也；操艱攪遽，非煮也；夏興冬廢，非飲也。〔註2〕

其中所謂「茶有九難：一曰造，二曰別，三曰器，四曰火，五曰水，六曰炙，

七曰末，八曰煮，九曰飲。」涉及茶葉採造、鑑賞、茶具、用火、用水、炙茶、

輾末、煮茶、飲茶等程序。《茶經》中雖然沒有明稱「功夫茶」之名，卻有「功

夫茶」之實。根據《新唐書‧隱逸列傳‧陸羽傳》記載：「羽嗜茶，著經三篇，

言茶之原、之法、之具尤備，天下益知飲茶矣。時鬻茶者，至陶羽形置煬突

間，祀為茶神。」〔註3〕陸羽系統性地介紹茶樹的形狀、茶樹種植規律、茶葉

的品質、茶葉的種類、茶葉的品級、茶葉的採製方法、烹茶的技術、飲茶的器

具方法，乃至茶史和人物、唐代茶葉的產地分布種種，因此被尊為茶聖，譽為

茶仙，祀為茶神。

關於功夫茶名稱由來眾說不一，有的說是因為泡功夫茶用的茶葉製作上

特別費功夫；有的說是因為喝這種茶味極濃極苦，杯又特別小，需花上好長時

間一口口品嘗，品茶要磨功夫；還有的說，是因為這種品茶方式極為講究，操

作技藝需要有學問，有功夫，此為功力之功，不一而足。今人陳香白認為「功

夫」有四種涵義：

什麼叫「功夫」？一般有四解：①工程和勞力；②素養；③造詣，

成就的程度；④空閒時間。〔註4〕

確是的論。無論如何，功夫茶既費時，也費工。功夫茶在日常飲用中從落座開

始點火燒水到置茶、備器（一般有三個杯要求擺放成品字形），再到沖水、洗

茶、沖茶有時也同時是洗杯（俗稱第一沖），再沖水、浸泡、沖茶稍候片刻才

端杯慢慢細飲（俗稱第二沖），之後再添水燒煮重複第二沖的過程，數沖以後

（從六、七沖到十多沖）換茶再泡，其間的過程是很花費時間的。它充分表現

茶人的沖茶技藝、文化素養、道德情操，因此以上諸說皆有道理。

〔註2〕《茶經‧六之飲》。唐‧陸羽著：《茶經》，收入鄭培凱、朱自振主編：《中國歷
代茶書彙編校注本》（香港：香港商務印書館，2007年），頁14。以下所引，
皆據此書。

〔註3〕中央研究院歷史語言研究所「新漢籍電子文獻資料庫」：http://hanchi.ihp.sinica.
edu.tw/（2010年8月19日上網）。

〔註4〕陳香白：《中國茶文化》，頁94。

　　潮汕式功夫茶一般主客共限四人，這與明清茶人主張的茶客應「素心同調」，﹝註5﹞不宜過多的思想相近。各人入座，要按輩份或身份地位從主人右側起分坐兩旁，這很像我國古代宗社、祖廟裡以昭穆分兩側列位的方法，貫徹了倫理秩序的觀念。客人落座後，主人便開始操作。正宗潮汕功夫茶真乃是中規中距、謹遵古制、一絲不苟的，無論對茶具、水質、茶葉、沖泡、飲法都大有講究。一般所謂功夫茶乃指潮汕式功夫茶，然而由於潮汕式功夫茶的歷史文獻本就不多，現今仍不斷流失；其次，潮汕功夫茶的傳統工藝也漸漸失傳；再者，當地的傳統茶業正凋零萎縮。﹝註6﹞因此，本文論功夫茶道不限潮汕式，泛指中國傳統裡融合了沏泡技藝、巡茶藝術、品茗評茶、精神禮儀為一體的茶道形式。

二、功夫茶道的程序

　　如前所言，「功夫」兩字有數解，它代表了費時費工的茶藝、茶人的文化素養、一種生活雅趣休閒型態。茶道的五項環節是選茗、擇水、茶具、烹茶、飲茶方式。功夫茶在日常飲用中從落座開始點火燒水到置茶、備器，再到沖水、洗茶、沖茶有時也同時是洗杯，再沖水、浸泡、沖茶稍候片刻才端杯慢慢細飲，之後再添水燒煮重複第二沖的過程，數沖以後換茶再泡，其間的過程是很花費時間的。再者，功夫茶道極為費工，它的程序繁複，以下依照功夫茶道的幾項重要步驟備器、淨器、投茶、沖茶、斟茶論述之：

（一）備器

　　烹飲功夫茶首先要準備四種茶器，稱為「茶房四寶」。這四種茶器都有很

﹝註5﹞《茶疏・論客》曰：「賓朋雜沓，止堪交錯觥籌，乍會泛交，僅須常品酬酢，惟素心同調，彼此暢適，清言雄辯，脫略形骸，始可呼童篝火，酌水點湯，量客多少為役之煩簡。」他認為應用不同的方式來招待不同的賓客和朋友，彼此同心同調，才能精神暢適，說茶得道，「素心同調」可說是他的茶道觀。見明・許次紓著：《茶疏》，收入鄭培凱、朱自振主編：《中國歷代茶書匯編校注本》（香港：香港商務印書館，2007 年），頁 273。

﹝註6﹞根據《汕頭特區晚報》邵建生「潮汕工夫茶『絕技』後繼乏人瀕臨失傳」之報導：「在市場經濟大潮的衝擊下，因種種因素，潮汕工夫茶精製工藝逐漸式微，以至大多數人以為使用工夫茶具泡出來的便是潮汕工夫茶，隨著產業的衰落、人才的流失，制茶老師傅在世者寥寥，擁有『茶葉加工技師』銜頭的只有四、五人，潮汕工夫茶工藝後繼乏人，潮汕工夫茶的製作流程、包括重要的炭焙環節也逐漸失傳。」參見廣東省汕頭市圖書館潮汕民俗網：http://www.chaofeng.org/article/detail.asp?id=7607（2010 年 8 月 23 日上網）。

優雅的名字，它們的名字和功用分別是——「玉書煨」：瓦陶罐，泡茶用的小紫砂壺，容水量約二百毫升，供燒水用。「玉竹爐」：或稱潮汕風爐，一個小型的粗陶風爐，作生火加熱之用，形如玉竹。「孟臣壺」：小型精緻的紫砂茶壺，容水量約五十毫升，壺有小、長型手柄，供泡茶之用。「若琛甌」：一種大小只有半個乒乓球大小的茶杯，通常四個為一套，供飲茶之用。功夫茶的茶具一般比較小巧，一壺帶二到四個杯子，以便控制泡茶的品質。

功夫茶道的茶具，除供燒水用的「玉書煨」和生火加熱的「玉竹爐」，主要的茶具包括茶壺、茶杯和茶池（或稱茶船）。茶池形狀如鼓，瓷製，由一個作為「鼓面」的盤子和一個作為「鼓身」的圓罐組成。盤上有小眼，一則「開茶洗盞」時的頭遍茶要從這些小眼中漏下；二來泡上茶之後還要在茶壺上繼續以開水沖來沖去以加熱保溫，這些水也從小眼中流下。茶池，它為承接剩水、剩茶、剩渣而設。「孟臣壺」，只有紅柿般大小；「若琛甌」，杯是瓷的，杯壁極薄。

功夫茶的壺是十分講究的，明、清之後茶藝反璞歸真的思想濃重，特重紫砂壺。紫砂陶起源於北宋，梅堯臣〈依韻和杜相公謝蔡君謨寄茶〉詩云：

> 天子歲嘗龍焙茶，茶官催摘雨前牙。團香已入中都府，鬥品爭傳太傅家。小石冷泉留早味，紫泥新品泛春華。吳中內史才多少，從此蓴羹不足誇。〔註7〕

其中「紫泥新品泛春華」句之「紫泥」，即紫砂陶。歐陽修〈和梅公儀嘗茶〉詩亦云：

> 溪山擊鼓助雷驚，逗曉靈芽發翠莖。摘處兩旗香可愛，貢來雙鳳品尤精。寒侵病骨惟思睡，花落春愁未解酲。喜共紫甌吟且酌，羨君瀟灑有餘清。〔註8〕

這首詩除了傳神地描摹出擊鼓以助茶樹發芽，以便採製成「雙鳳貢茶」的古俗，也提到以「紫甌」這種茶具來品茗。宋代，飲茶方式乃以茶餅沖點，和今日以散茶沏泡茶的方式不同，「紫泥新品」和「紫甌」，可能是宋人鬥茶用的「盞」或煮茶用的「罐」，但它們都是紫砂壺的前奏。

紫砂壺是江蘇宜興的特產，宜興是中國著名的「宜陶之地」，有「陶都」之稱。〔註9〕用紫砂泥燒製的紫砂壺，質地緻密。胎體會產生雙重氣孔結構，

〔註7〕 傅璇琮主編：《全宋詩》（北京：北京大學出版社，1991年），頁3046。
〔註8〕 傅璇琮主編：《全宋詩》，頁3700。
〔註9〕 吳雲：《紫砂壺精要圖鑑》（北京：中國輕工業出版社，2009年），頁3。

雖有肉眼看不見的氣孔，卻不滲漏，透氣性強；又有吸附氣體功能，能蘊蓄茶香，且傳熱緩慢不致燙手，即使冷熱驟變，也不致破裂。潮汕式功夫茶茶壺，除用一般紫砂陶壺，也用潮州泥製壺。此地土質鬆軟，以潮州泥所製陶壺更易吸香。

事實上，不同品類茶葉需用不同器具。比如：花茶最宜用瓷壺，方能保其茶香不至逸失。瓷壺無吸水性，音清而韻長。瓷器以白為貴，能反映出茶湯色澤，傳熱、保溫性適中，對茶不會發生化學反應，泡茶能獲得較好的色香味，且造型美觀精巧，適合用來沖泡輕發酵、重香氣的茶。綠茶本來清淡，最好用瓷杯，或以玻璃杯直沖。玻璃杯質地透明、傳熱快、不透氣，以玻璃杯泡茶，茶葉在整個沖泡過程中的上下穿動、葉片逐漸舒展的情形以及吐露的茶湯顏色，均可一覽無遺。用玻璃茶具沖泡龍井、碧螺春等綠茶，杯中輕霧飄渺，茶芽朵朵、亭亭玉立，或旗槍交錯、上下浮沈，賞心悅目別有風趣。至於紅茶、半發酵茶，最宜用砂陶，用紫砂壺泡茶，香味醇厚，保溫性好，無熟湯味，能保茶之真髓，用來沖泡烏龍茶、鐵觀音等半發酵茶最能展現茶味特色。紫砂壺泡茶因易發散，使茶不餿，久而久之，壺本身便會含香遍體。

紫砂壺另一特點是，使用越久壺身色澤愈發光潤，泅泡的茶愈發香醇。功夫茶的茶壺，不是買來就用，先要以茶水「養壺」，具體來講，其原則方法有六：

> （1）無論是新壺還是舊壺，要徹底將壺身內外油污、茶垢洗淨（2）切忌沾到油污（3）應在使用過程中實實在在的泡茶（4）擦、刷紫砂壺時要適度（5）泡茶完畢，要仔細清除茶渣，洗淨晾乾（6）要讓紫砂壺有休息的時間。〔註10〕

紫砂壺經過適當的養壺，更能增強蘊蓄茶香的功能，而且表面愈發光亮，表現高雅品味。至於潮洲泥壺，養壺最易。一把小壺，買來先以「開茶」之水倒入其中，待「養」上三月有餘，小壺便香滿懷抱了，這時方正式使用。功夫茶杯子也極小，如核桃、杏子一般。壺娘、壺子皆小巧玲瓏，但又不失古樸渾厚。

（二）淨器

有了適當的茶具，接著將茶具以潔淨的水洗滌乾淨，放入茶盤中。這個步驟也包括了「溫壺」，或稱「溫杯燙罐」，溫杯燙罐也叫「治器」。包括：起火，

〔註10〕紫砂壺的養護原則，詳參吳雲著：《紫砂壺精要圖鑑》，頁 133～134。

掏火，扇爐，潔器，候水，淋杯（壺）等六個動作。

功夫茶對擇水極其考究，因為水質和水溫均會影響茶湯的色、香、味、韻。陸羽《茶經》即載沖茶水質的講究：

> 其水，用山水上，江水中，井水下。（《荈賦》所謂：水則岷方之注，挹彼清流。）其山水，揀乳泉、石池慢流者上；其瀑湧湍漱，勿食之，久食令人有頸疾。又多別流於山谷者，澄浸不泄，自火天至霜降以前，或潛龍蓄毒於其間，飲者可決之，以流其惡，使新泉涓涓然，酌之。其江水取去人遠者，井取汲多者。〔註11〕

陸羽認為沖茶的水，最好是出於乳泉、石池天然的山泉水，其次為遠離居民的地方的江水，最下者為井水，井水要從經常汲水的井中使用。瀑布洶湧湍急的水、流蓄於山谷中雖澄清卻不流動的水，都有可能使人致病，自然不宜選擇。另外，用於燒水的爐子和盛水的容器一般都與茶具一起擺放，隨燒隨泡。煮水的燃料，陸羽認為最好用木炭，其次用硬柴。凡沾染了油腥氣味的木炭，和含有油脂的木柴，和腐朽的木器，都不能用。〔註12〕

擇水是功夫茶道重要的原則，水最好是源清、活動、質輕，歷來茶人對此均極講究。《紅樓夢》中對琴棋書畫、食衣住行描述詳盡，全書提及茶室活動有二百六十處之多。〔註13〕第四十一回〈賈寶玉品茶櫳翠庵 劉老老醉臥怡紅院〉中對此亦載：

> 只見妙玉親自捧了一個海棠花式雕漆填金雲龍獻壽的小茶盤，裡面放一個成窯五彩小蓋鍾，捧與賈母。賈母道：「我不吃六安茶。」妙玉笑說：「知道，這是『老君眉。』」賈母接了，又問：「是什麼水？」妙玉道：「是舊年蠲的雨水。」賈母便吃了半盞……。〔註14〕

妙玉用珍藏了五年的雨水烹茶，足見對品茗擇水之講究。這一段章節裡還提到茶葉選用條索如壽星的「老君眉」茶，妙玉拉寶釵、黛玉喝「體己茶」，妙玉另拿出兩個杯，一個「瓟斝」給寶釵，一個「點犀喬」給黛玉，給寶玉的則是自己常用的「綠玉斗」，從用水、茶具到品茗，可說情調風雅、超凡脫俗。

〔註11〕《茶經‧五之煮》。見前揭書，頁13。
〔註12〕《茶經‧五之煮》：「其火用炭，次用勁薪。（謂桑、槐、桐、櫪之類也。）其炭，曾經燔炙，為膻膩所及，及膏木、敗器，不用之。（膏木，謂柏、松、檜也。敗器，謂朽廢器也。）古人有勞薪之味，信哉！」見前揭書，頁13。
〔註13〕其說乃參考陳鈺編著：《中華茶藝》（北京：地震出版社，2010年），頁116。
〔註14〕曹雪芹撰、饒彬校注：《紅樓夢》（臺北：三民書局，2005年），頁457。

功夫茶過去用小炭爐燒水，先起火大約十幾分鐘後，當水聲颼颼作響時，那就是「魚眼水」將成了。唐·白居易愛茶，每當友人送來新茶，往往令他欣喜不已，他在〈謝李六郎中寄新蜀茶〉詩中有云：

> 故情周匝向交親，新茗分張及病身。紅紙一封書後信，綠芽十片火
> 前春。湯添勺水煎魚眼，末下刀圭攪麴塵。不寄他人先寄我，應緣
> 我是別茶人。〔註15〕

詩第五、六句「湯添勺水煎魚眼，末下刀圭攪麴塵。」是吟詠點茶時事，與陸羽《茶經》所記煮茶法是相同的。陸羽《茶經·五之煮》云：「其沸如魚目，微有聲，為一沸。緣邊如湧泉連珠，為二沸。騰波鼓浪，為三沸。已上水老，不可食也。」認為煮茶之水如三沸，已然過老，不可食用。所謂「魚眼」即「魚目」，是指湯沸騰的第一階段，此時水面上浮出如魚目般的小泡泡，並發出些微的聲音。因此，白居易詩中的「煎魚眼」是指自湯一沸的階段到更沸騰的階段，亦即進入二沸、三沸的階段，這時應立即將水壺提起淋罐淋杯。

淋壺，即蓋好壺蓋，再以滾水淋於壺上。淋壺的作用：一是使熱氣內外夾攻，逼使茶香精迅速揮發，追加熱氣；二是小停片刻，罐身水份全乾，即是茶熟；三是沖去壺外茶沫。潮汕人有個風俗，第一遍茶水是不喝的，用來清洗茶葉，同時清洗茶杯。

潮汕人有句俗話說：「燒盅熱罐」，即為洗杯。這是沖功夫茶中最有意思、最富有藝術性的動作，即用一個茶杯豎放於另一個茶杯中，用三隻手指轉動清洗，表示財源滾滾的意思。熟練者可以同時兩手洗兩個杯，動作迅速，聲調鏗鏘，姿態美妙。

（三）投茶

茶樹喜溫暖潮濕的環境，筆者曾至中國西北西安旅遊，品茗當地產茶，當地位處內陸，氣候乾燥，乃唐宋以來歷史悠久的古老茶區；中國華南各省茶區、名茶更是不勝枚舉，可見中國是茶鄉之說真乃名不虛傳。中國南方福建一帶早在唐代就開始產茶，茶類繁多，尤以烏龍茶盛名，烏龍茶是連接閩臺兩地的一條無形紐帶。〔註16〕功夫茶使用的茶葉，一般用烏龍茶，如鐵觀音，因為只有這種半發酵的茶葉才能沖出所需的色香味。鐵觀音茶，原產於中國福建安溪，在臺灣以臺北市木柵指南里所產鐵觀音茶最負盛名。由純正鐵觀音茶樹

〔註15〕《全唐詩》第 13 冊（北京：中華書局，1996 年），頁 4893。
〔註16〕王勇、樂林編著：《中國茶》（北京：當代中國出版社，2009 年），頁 83。

品種的茶菁所製成的「正宗鐵觀音茶」，茶葉外形成球狀捲曲緊密，顏色綠帶褐，有白霜，乾茶具沈濃香氣。茶湯呈清亮琥珀色，味濃醇厚，微澀中帶甘潤，並有種純厚的弱果酸味，俗稱「鐵觀音韻」，香氣顯明深沈，回甘力強，喉韻歷久不褪，名列中國十大名茶。其他的茶葉，如以茶樹品種命名的「大紅袍」、「水仙」、「雞冠」等福建武夷山的岩茶〔註17〕也可以。

另外，功夫茶中的名茶極品，自然非「鳳凰單欉」莫屬。〔註18〕鳳凰單欉是烏龍茶中的名貴品種，產於廣東潮安鳳凰鄉茶區，此茶葉條索粗壯勻整挺直，色澤淺金褐色，油潤有光，泛硃砂紅點。沖泡後有「三黃透」之稱號，即湯色橙黃，葉底邊緣朱紅，葉腹黃亮，片片綠葉紅鑲邊，滋味濃爽回甘，香芳持久，十泡仍有香有味，帶有天然黃梔花香的獨特「山韻」蜜味，有開胃消滯化痰止咳之效。

投茶這個步驟也稱「引龍入宮」，或叫「納茶」。就是將茶葉倒在一張白色的紙上，粗細分開，把最粗的放在罐底和壺嘴處，再將細末放在中層，最後才將粗葉放在上面。這樣，納茶的工夫就完成了。為什麼要這麼做呢？因為茶末（碎茶）是最濃的，茶末多了容易發苦，同時也容易堵塞壺嘴，如果粗細均勻，就可以使茶味逐漸發揮。每一泡茶，乃以茶壺、茶葉的品種為標準，以一般小壺茶而言，若以沖泡五道為原則，茶量方面密實的約四分之一至五分之一壺、球形的三分之一至四分之一壺、蓬鬆的二分之一至三分之二壺。比如，鐵觀音大概以茶壺的五分之二；黃枝香、大紅袍、水仙茶則要以八分滿。如果沒有按茶壺、茶葉的品種來分配，茶葉放多的話，不但泡出的茶太濃，而

〔註17〕王同和指出：「武夷岩茶，產於武夷山市武夷山。山多岩石，茶樹生長於岩縫中，岩岩有茶，故稱『武夷岩茶』。外形條索肥壯緊實勻整，帶扭曲條形，俗稱『蜻蜓頭』，色澤砂綠油潤帶寶光有朱砂紅點，葉背起蛙皮狀砂粒，湯色金黃清亮，似茶油色，香高馥郁帶甜花香，『岩韻顯』，滋味醇厚回甘，潤滑爽口，葉底黃亮，邊緣紅艷，葉質柔軟勻整，耐泡五次以上。……岩茶多數以茶葉品種命名。如極品名茶中名岩名欉有『大紅袍』、『鐵羅漢』、『雞冠』、『水金龜』、『肉桂』等。」見氏著：《茶葉鑑賞》（合肥：中國科學技術大學出版社，2008年），頁136。

〔註18〕「鳳凰單欉」屬烏龍極品，五十年代初便被評為全國十大名茶之一。一九八六年在福建省福州市召開的全國名茶評比會揭曉，「鳳凰單欉」獲得總分 99.85分的優異成績，於送評的五大茶類、一百三十四個品種中獨占鰲頭，雄踞全國名茶榜首（載《汕頭日報》，1986 年 8 月 5 日）。此後，該茶種多次獲獎，堪稱「天、地、人」具備（即最佳天氣採摘、最佳土壤繁殖、最佳人工製作）之佳茗。見陳香白著：《中國茶文化》，頁 162～163。

且味帶苦澀，茶水混濁，甚至有時連水也沖不進去了；相對的，如放得太少就沒有味道。所以投茶納茶時，選擇適合的茶葉品種、茶量多少，是功夫茶的重要步驟之一。

（四）沖茶

沖茶的步驟，或稱「聞聲起羹」，也叫「候湯」。宋・蘇東坡品茶用心不亞於作詩，他對於茶葉、水質、器具、火候等都極其講究，有茶美、水美、壺美之「飲茶三絕」。蘇東坡自己設計了專有的「東坡壺」，所謂「銅腥鐵澀不宜泉」、「定州花瓷琢紅玉」，用銅、鐵壺烹茶會有腥氣，而飲茶時用定州定窯出產的「兔毫盞」最佳，可見他對器具的重視。在〈汲江煎茶〉詩中，他說：「活水還需活火烹，自臨釣石取深清。」〔註19〕〈試院煎茶〉詩中也說：「蟹眼已過魚眼生，颼颼欲作松風鳴。蒙茸出磨細珠落，眩轉繞甌飛雪輕。」〔註20〕也就是說用這時候的水來泡茶是最好的。其他，像宋徽宗趙佶著之《大觀茶論》也說：

> 水以清輕甘潔為美，輕甘乃水之自然，獨為難得。古人第水雖曰中冷，惠山為上，然人相去之遠近，似不常得。但當取山泉之清潔者，其次，則井水之常汲者為可用。若江河之水，則魚鱉之腥，泥濘之汙，雖輕甘無取。凡用湯以魚目、蟹眼連繹迸躍為度。過老則以少新水投之，就火頃刻而後用。〔註21〕

這裡所謂「凡用湯以魚目蟹眼連繹迸躍為度」，也就是說泡功夫茶的水溫，最好是從宛如「魚目」到貌似「蟹眼」的第二沸的水。明・黃龍德《茶說》則提到：

> 湯者，茶之司命，故候湯最難。未熟，則茶浮於上，謂之嬰兒香，而香則不能出。過熟，則茶沉於下，謂之百壽湯，而味則多滯。善候湯

〔註19〕宋・蘇軾〈汲江煎茶〉：「活水還需活火烹，自臨釣石取深清。大瓢貯月歸春甕，小杓分江入夜瓶。茶雨已翻煎處腳，松風忽作瀉時聲。枯腸未易禁三碗，坐聽荒城長短更。」見傅璇琮主編：《全宋詩》，頁9567。

〔註20〕宋・蘇東坡〈試院煎茶〉：「蟹眼已過魚眼生，颼颼欲作松風鳴。蒙茸出磨細珠落，眩轉繞甌飛雪輕。銀瓶瀉湯誇第二，未識古人煎水意。君不見，昔時李生好客手自煎，貴從活火發新泉。又不見，今時潞公煎茶學西蜀，定州花瓷琢紅玉。我今貪病長苦飢，分無玉碗捧蛾眉，且學公家作茗飲，磚爐石銚行相隨。不用撐腸拄腹文字五千卷，但願一甌常及睡足日高時。」見傅璇琮主編：《全宋詩》，頁9160。

〔註21〕宋・趙佶：《大觀茶論》，收入鄭培凱、朱自振主編：《中國歷代茶書匯編校注本》（香港：香港商務印書館，2007年），頁106。

者，必活火急扇，水面若乳珠，其聲若松濤，此正湯候也。〔註22〕明確地說，湯的好壞決定了茶的命運。如若時間火候掌控不好，或擇器取薪烹煮不當，茶水可能淪落為「賊湯」、「魔湯」，〔註23〕不可不慎。

沖茶，也被美稱為「高山流水」。當水二沸時，就可以提水壺沖茶。揭開茶壺蓋，將沸水環壺口，沿壺邊沖入，切忌直沖壺心（如用蓋甌，沖一角，然後再沖各角，同樣忌直沖壺心）。提水壺宜高，正所謂「高沖低斟」。此時水流如「釀泉泄出於兩峰之間」，接著仍壓腕將開水壺靠近茶杯口繼續注水。如此反覆三次，恰好注入所需水量，即提腕斷流收水，這是向來賓鞠躬三次以示歡迎寓意美好祝福的禮儀動作，稱為「鳳凰三點頭」。高沖使開水有力地沖擊茶葉，使茶的香味更快的揮發，茶葉中單寧酸則來不及溶解，所以茶葉才不會澀滯。低斟，則避免茶湯灑濺在客人的身上。所以，沖茶這個步驟是功夫茶中最重要的。

在進行迴轉注水、斟茶、溫杯、燙壺等動作時用雙手迴旋，若用右手則必須按逆時針方向，若用左手則必須按順時針方向，類似於招呼手勢，寓意「來、來、來」表示歡迎，反之則變成暗示揮斥「去、去、去」了。放置茶壺時壺嘴不能正對他人，否則表示請人趕快離開。俗話說：「茶滿欺客」，斟茶時只斟七分即可，暗寓「七分茶三分情」之意，茶滿不便於握杯啜飲，也是對客人不敬。

（五）斟茶

這是功夫茶中另一重要步驟，也稱為「灑茶」，這一步驟是顯示沏泡的功夫。在斟茶前先刮除茶沫，這個步驟美稱為「春風拂面」。沖水一定要沖滿，茶壺水平面如何，這時就可以看到了，好的茶壺水滿後茶沫浮起，決不溢出，左手提壺蓋，右手提水壺，輕輕刮去茶沫，然後蓋定。

斟茶（灑茶）有所謂四字訣：「低、快、勻、盡」。「低」，就是前面所說的

〔註22〕明・黃龍德：《茶說》，收入鄭培凱、朱自振主編：《中國歷代茶書匯編校注本》（香港：香港商務印書館，2007年），頁457。

〔註23〕唐・蘇廙（一作虞）著《十六湯品》一書，將湯依「煎以老嫩言者」、「注以緩急言者」、「以器標者」、「以薪論者」等原則，將茶湯分成「得一湯、嬰湯、百壽湯、中湯、斷脈湯、大壯湯、富貴湯、秀碧湯、壓一湯、纏口湯、減價湯、法律湯、一面湯、宵人湯、賊湯、魔湯」，充分闡述「湯者，茶之司命」的道理。該書收入鄭培凱、朱自振主編：《中國歷代茶書匯編校注本》（香港：香港商務印書館，2007年），頁38～41。

「高沖低斟」的「低」。灑茶切不可高，高則香味散失，泡沫四起，對客人極不尊敬。「快」，也是為了使香味不散失，且可保持茶的熱度。主人行茶時，將四隻小杯子並圍一起，以飽含精茗的小壺巡迴穿梭於四杯之間，直至每杯七分滿，此時二泡之茶水亦應恰好完畢。「勻」，就是均勻，使每一杯茶同色同香同量，也是對每一位客人的同等尊敬。斟茶時更是考究，首先茶壺中茶葉不能落於茶杯中，其次各杯茶的顏色、盈滿程度要求完全一致。為此，沖茶者手執茶壺向手肘內側方向（逆時針方向）快速向各杯迴圈斟茶，此稱為「關公巡城」。「盡」，就是不要讓餘水留在壺中，因為只要沒有水在，單寧酸就不能溶解，茶就不會苦澀。待茶壺中茶水將盡時，以迴圈點擊形式將最後茶滴均勻斟於各杯，此稱為「韓信點兵」。茶杯以七八分滿為宜，茶壺中多餘茶水必須倒掉，不能留於壺中，否則下輪茶會變得苦澀難飲，一般到杯中茶水顏色變淺時換茶葉。

　　潮汕人將茶的精華都滴出來，稱為「韓信點兵」，取「韓信點兵，多多益善」之意，也有纖毫精華都雨露均分的大同精神。「關公巡城」則有優美的技巧，又包含圓滿的中國圓跡哲理。「關公巡城」、「韓信點兵」中的關公、韓信皆古之豪傑，小中見大，纖美中卻又包含雄渾，這套民間茶藝設計真是再巧妙不過了。其他像四杯並圍，象徵主客相聚之意。這時，四隻小杯的茶色若都均勻相等，而每杯又呈深淺層次，方顯出主人是上等功夫。假如由一泡至五泡都又呈不同顏色，便是泡茶高手了。

　　茶入杯後，不能馬上就喝，按功夫茶的規矩，應先舉杯，至於鼻端，聞一下撲鼻而來的濃郁的香味，然後才入口，讓茶湯在口中慢慢迴旋，辨其真味，近年來香港、臺灣的功夫茶更配以徑小壁深的「聞香杯」，以助細賞茶香。此時，口鼻生香，喉吻生津，渾身舒暢。

　　飲功夫茶，重在細細品嘗，功夫茶可謂是中國一種古風猶存的茶道。敬茶有個講究，就是先從左邊的第一個客人開始敬起，從左到右，因為中國的傳統是以左為尊的。主人將巡點完備的小杯茶，雙手依長幼次第奉於客前，先敬首席，然後左右佳賓，最後自己也加入品飲行列。這樣吃過一巡又一巡，飲過一杯又一杯，主客情義、對茶的體會都融融洽洽，到泡至五、六次時，茶便要香發將盡，禮數也差不多了。最後一巡過後，主人會用竹筴〔註24〕將壺中餘葉夾

───────────────

〔註24〕《茶經·四之器》論茶藝使用的器具多達二十八種，其中談到「夾」就有「火筴」、「夾」、「竹筴」三種。「火筴」：「一名筋，若常用者，圓直一尺三寸，頂

出，放在一個不盅內，請客觀賞，此舉稱為「賞茶」，一則讓客人看到葉片原形，回到茶葉的自然本質；二則表示葉味已盡，地主之誼傾心敬獻，客人走後不會泡這些茶葉。

吃這種茶，也講究「吃茶」的「功夫」。無論如何，不能一飲落肚，要讓茶水巡舌而轉，充分體會到茶香方能將茶咽下，這才不算失禮。飲完後還要像飲酒一般，向主人「亮杯底」，一則表示真誠領受主人厚誼；二則表示對主人高超技藝的讚美，這才像功夫茶的真正「吃家」。品茗者喝茶，用右手的拇指和食指端著茶杯的邊沿，中指護著杯底，叫「三龍護寶」，無名指和尾指收緊，不能指向別人，以示對別人的尊重。潮州人飲茶稱「食茶」，功夫茶沖於杯中後，沖茶人邀請客人飲茶時一般說「食」，客人回應之以「食」。有時沖茶人雙手向客人端送茶杯，此時客人應雙手接茶。如沖茶人將茶杯端起擺放於客人面前，客人一般會用食指輕叩桌面以示謝意。此禮是從古時中國的叩頭禮演化而來的，叩指即代表叩頭。早先的叩指禮是比較講究的，必須屈腕握空拳，叩指關節。隨著時間的推移，逐漸演化為將手彎曲，用幾個指頭輕叩桌面，以示謝忱。

三、功夫茶道的文化意涵

（一）品茗的功效與茶道精神

功夫茶道，包括選茗、擇水、茶具、沖茶技術等等，其內容前文已述，不再贅論。在品茗活動中，有所謂淺茶滿酒之成俗，品茗講究淺斟慢飲，若滿杯茶遞給客人，便有欺客逐客失禮之嫌。一杯茶，七分滿，慢飲細品，以顯示文雅與修養。淺茶慢飲，傳遞的是中華文化簡約、含蓄、寬容、自律的處世哲學。

品茗不僅是一種人際互動的社會活動，可以達到情感交流的目的；就品飲茶的功效而言，也是可以使人得到身心康寧。根據陸羽《茶經・六之飲》的記載：「茶之為飲，發乎神農氏，聞於魯周公。」飲茶的歷史可以上溯到中國古代神農氏時代。關於神農氏，《周易・繫辭下》記載：「包犧氏沒，神農氏作，

平截，無蔥臺勾鑘之屬，以鐵或熟銅製之。」顧名思義乃夾取木炭或柴之用。「夾」和「竹筴」最易混淆。「夾」者：「以小青竹為之，長一尺二寸。令一寸有節，節已上剖之以炙茶也。……」其功用極明顯，用以「炙茶」。而「竹筴」：「或以桃、柳、蒲葵木為之，或以柿心木為之。長一尺，銀裹兩頭。」《茶經》中雖然沒有明確說明使用目的，殆為挑去壺中殘渣之用，今日和沏茶量度茶葉用量的「則」合稱為「茶則」組具。

斲木為耜，揉木為耒；耒耨之利，以教天下。」〔註25〕神農氏是中國古代神話傳說中農業和醫藥的發明者，相傳他發明及製造了耒耜等多種農具，教會當時的人們耕作，開啟了中國原始時代從採集、漁獵進步到農業文化的智慧。同時，神農氏又被尊為醫藥之祖，為了知道各種草本的性質，他曾經親自品嚐百草，發明藥物及教人治病。

　　然而，神農氏畢竟是神話人物，不能因此確認具體的飲茶時期。清‧顧炎武在《日知錄》中指出：「是知自秦人取蜀而後，始有茗飲之事。」可知戰國中葉以後，今天四川一帶已有飲茶的習俗。另外，晉‧郭璞注《爾雅》書載記「檟，苦荼」云：「檟，……樹小如梔子，冬生，葉可煮作羹飲。今呼早采者為荼，晚取者為茗。一名荈，蜀人名之苦荼。」〔註26〕《爾雅》一書，非一人一時所作，最後成書於西漢，乃西漢以前古書訓詁之總匯，由《爾雅》最後成書於西漢，可以確定以茶代菜不會晚於西漢。同時由西漢宣帝時曾任諫議大夫的蜀人王褒所著之《僮約》，內有「武都（陽）買茶」及「烹茶盡具」等句，說明在秦、漢時期，四川產茶已初具規模，製茶方面也有改進，茶葉具有色、香、味的特色，並被用於多種用途，如藥用、喪用、祭祀用、食用，或為上層社會的奢侈品，像武陽那樣的茶葉集散市已經形成了，因此西漢時期茶葉已成為主要商品之一了。中國飲茶的信史始於漢代，〔註27〕從三國到南北朝的三百多年時間內，特別是南北朝時期，佛教盛行，佛家利用飲茶來解除坐禪瞌睡，於是在寺院廟旁的山谷間普遍種茶。飲茶推廣了佛教，而佛教又促進了茶灶的發展。

　　雖然，茶在中國很早就被認識和利用，也很早就有茶樹的種植和茶葉的採製。但是，茶在社會中各階層被廣泛普及品飲，大致還是在唐代陸羽的《茶經》傳世以後。由於《茶經》裡詳列了植茶、製茶、烹茶的知識，使得茶飲的內容更為豐富，因此提升了茶飲的精神境界。宋‧梅堯臣〈次韻和永叔嘗新茶雜言〉詩云：

　　　　自從陸羽生人間，人間相學事春茶。當時採摘未甚盛，或有高士燒

〔註25〕魏‧王弼、晉‧韓康伯注，唐‧孔穎達疏：《欽定四庫全書重刻宋本周易注疏附校勘記》（臺北市：藝文印書館，1989 年），頁 167。

〔註26〕《爾雅‧釋木》。晉‧郭璞注、宋邢昺疏：《欽定四庫全書重刻宋本爾雅注疏附校勘記》（臺北市：藝文印書館，1989 年），頁 160。

〔註27〕陳祖槼、朱自振編：《中國茶業歷史資料選輯》（北京：農業出版社，1981 年），導言部分。

竹爰泉為世誇。入山乘露掇嫩觜，林下不畏虎與蛇。近年建安所出
勝，天下貴賤求呀呀。東溪北苑供御餘，王家葉家長白牙。造成小
餅若帶銙，鬥浮鬥色傾夷華。味甘迴甘竟日在，不比苦硬令舌窣。
此等莫與北俗道，只解白土和脂麻。歐陽翰林最別識，品第高下無
欹斜。晴明開軒碾雪末，眾客共賞皆稱嘉。建安太守置書角，青蒻
包封來海涯。清明纔過已到此，正見洛陽人寄花。兔毛紫盞自相稱，
清泉不必求蝦蟇。石絣煎湯銀梗打，粟粒鋪面人驚嗟。詩腸久飢不
禁力，一啜入腹鳴咿哇。〔註28〕

由首二句「自從陸羽生人間，人間相學事春茶」可證。茶由山野鄉徑走入人們
的日常生活，它的營養成份、藥理特徵、養生保健功效無不引人重視。陸羽的
《茶經》裡記載：

《華佗食論》：「苦茶久食，益意思。」

陶弘景《雜錄》：「苦茶輕身換骨，昔丹丘子、黃山君服之。」

《本草‧木部》：「茗：苦茶。味甘苦，微寒，無毒。主瘻瘡，利小
便，去痰渴熱，令人少睡。秋採之苦，主下氣消食。注云：春採
之。」〔註29〕

都說明了飲茶可以提神醒腦、利尿消食，甚至使人輕身換骨、羽化成仙。茶的
功效可保健養生、康樂身心，這是其它飲品所無法替代在生理與心理上的雙重
表現。

如前所言，人們認知到茶葉的許多功效，或將之食用，或將之藥用，漸漸
於唐代形成煮茶之道。在陸羽《茶經》中，已有一套完整的茶道藝術演示程
式，但他雖有茶道之實，卻沒有茶道之名。陸羽的摯友也是詩僧皎然有詩〈飲
茶歌誚崔石使君〉云：

越人遺我剡溪茗，採得金牙爨金鼎。素瓷雪色縹沫香，何似諸仙瓊
蕊漿。一飲滌昏寐，情來朗爽滿天地。再飲清我神，忽如飛雨灑輕
塵。三飲便得道，何須苦心破煩惱。此物清高世莫知，世人飲酒多
自欺。愁看畢卓甕間夜，笑向陶潛籬下時。崔侯啜之意不已，狂歌
一曲驚人耳。孰知茶道全爾真，唯有丹丘得如此。〔註30〕

〔註28〕見傅璇琮主編：《全宋詩》，頁3262。

〔註29〕《茶經‧七之事》。見前揭書，頁14～17。

〔註30〕見《全唐詩》第23冊，頁9260。

詩中描寫了飲茶的三個層次:「一飲滌昏寐,情來朗爽滿天地」、「再飲清我神,忽如飛雨灑輕塵」、「三飲便得道,何須苦心破煩惱」,第三飲也就是第三個層次是品茶悟道。他又慨歎「孰知茶道全爾真,唯有丹丘得如此」,誰能全面的理解茶道的真諦呢?大概只有仙人丹丘子吧!和前述的品茶悟道相呼應,皎然的詩似乎較為接近茶道的概念。

那麼,中國茶道的精神是什麼呢?唐代陸羽可謂中國茶道的始祖,其書《茶經・一之源》載:「茶之為用,味至寒,為飲,最宜精行儉德之人。」陸羽認為精行儉德之人最宜用茶。用「精行儉德」指宜茶之人的品性,也是暗喻茶的特質,可謂茶性、人品相互呼應,互相彰顯。這樣的體會,宋・蘇軾〈次韻曹輔寄壑源試焙新茶〉詩可見:

> 仙山靈草濕行雲,洗遍香肌粉未勻。明月來投玉川子,清風吹破武
> 林春。要知冰雪心腸好,不是膏油首面新。戲作小詩君一笑,從來
> 佳茗似佳人!〔註31〕

蘇軾用「佳人」喻「佳茗」,茶性、人品相輔相成,茶人所追求的道德風骨、精神風範不言而喻。其實,無論對文人雅士,還是尋常百姓,茶都被認為是純潔高尚人格的物質載體。茶生長於高山深谷,受到自然山水寧靜的陶養,秉性高潔不入流俗,啟示了人們虛靜為美、儉以養廉。對尋常百姓而言,生活儉約,在艱苦的勞作中安分守己,不羨慕榮華名利,不趨炎附勢權貴,以清淨處世,持家創業,內心坦然人生無愧。而文人雅士,往往「寒夜客來茶當酒」,以茶代酒招待客人,不僅以廉儉昭示清高,更蘊含「君子之交淡如水」的深刻內涵。

茶道精神,目前專家時賢就其體會明確提出的甚尠。〔註32〕今人陳香白在《中國茶文化》一書,指出中國茶道是生命之美的延伸,中國茶道義理有七:茶藝、茶德、茶理、茶情、茶禮、茶學說、茶導引。中國茶道的核心「和」,讓這七個義理統合稱為「七義一心」,茶道即人道。中國茶道的哲學思想基

〔註31〕見傅璇琮主編:《全宋詩》,頁9428。

〔註32〕如臺灣茶學家林馥泉先生最先提出「敬、雅、潔」三字;臺灣茶藝協會提出「清、敬、怡、真」四字;現任中華茶文化學會理事長的范增平教授提出「和、儉、靜、潔」四字等。大陸方面,莊晚芳先生提出「廉、美、和、敬」四字;程啟坤、姚國坤先生提出「理、敬、清、融」四字;陳香白先生提出「七義一心」說,認為中國茶道的精神核心是「和」;林治先生提出「和、敬、怡、真」四字,都從不同側面反映出中國茶道的精神實質。

礎，「茶道即人道」把茶的精神與人性的道德理想結合一起。〔註33〕誠然，唐代陸羽在《茶經》中提出精行儉德的觀念，就是把茶的地位往上提升到人的精神道德，讓茶不僅僅是解渴的飲料，賦與茶更多的美德。精行，有專注認真、精進不懈之意。至於儉德，《荀子・非十二子篇》曰：「儉然佟然」，楊倞注：「儉然，自卑謙之貌」。〔註34〕《周易・謙》亦云：「謙謙君子，卑以自牧也。」〔註35〕，牧，即「養」之意，以謙卑培養自己的德行。精行儉德就是要精進謙虛，不自高自大，以謙樹德。精行與儉德既相互關聯又有區別，共處於整個茶事活動中，行事要精細、專注、高雅、內斂。筆者從茶人與茶最初始的對應實踐中體會茶道精神，認為茶道在今日社會尤其有一種反璞歸真的精神，它既是含蓄內斂、專注優雅的行為表露，又發揚了真誠和眾的精神，因此「儉、靜、和、真」四字亦庶幾乎可為說明茶道精神。簡言之，今人無論稱「茶藝精神」，或稱「茶道四義」，均可歸屬茶道精神。

（二）具現美善真誠和諧處世的優美文化

如上所言，茶文化存在於一般生活日用之中。茶既可祭天、祭祖、款待客人，又可在婚喪事宜中擔任重要角色，可以說人從生到死，茶都扮演著重要的角色。茶不僅用於喪俗、葬禮，還廣泛用於祭祀中，如祭鬼、祭祖先和祭祀神靈，此舉在民間十分普遍。中國素有事死如生的觀念，因此「人所飲食，必先薦獻」。以茶為祭，大致是在南北朝時逐漸興起的。南北朝時齊武帝蕭頤永明十一年（493年）遺詔說：「我靈上慎勿以牲為祭，唯設餅、茶飲、乾飯、酒脯而已。天下貴賤，咸同此制。」〔註36〕齊武帝蕭頤是南朝少數比較節儉的統治者之一，他提倡以茶為祭，把民間的禮俗，吸收到統治階級的喪禮中，並鼓勵和推廣了這種制度。把茶用作喪事祭品，只是祭禮的一種。其餘的祭祀活動，還有祭天、祭地、祭灶、祭神、祭仙、祭佛，不可盡言。

至於用於婚俗，從唐太宗貞觀十五年文成公主入藏時，按本民族的禮節帶去茶開始，迄今已有一千三百多年了。唐時，飲茶之風甚盛，社會上風俗貴茶，茶葉成為婚姻不可或缺的禮品。宋時，由原來女子結婚的嫁妝禮品演變為

〔註33〕陳香白：《中國茶文化》，頁31～47。

〔註34〕《荀子・非十二子篇》。唐・楊倞注、清・王先謙集解：《荀子集解》（臺北：世界書局，1981年），頁65。

〔註35〕《周易・謙》。見前揭書，頁48。

〔註36〕《南齊書・武帝本紀》。中央研究院歷史語言研究所「新漢籍電子文獻資料庫」：http://hanchi.ihp.sinica.edu.tw/（2010年8月31日上網）。

男子向女子求婚的聘禮。至元明時,「茶禮」幾乎是婚姻的代名詞,女子受聘茶禮稱「吃茶」。茶開始作為聘禮,稱為「下茶」禮,到清代已十分普遍,取其純潔、堅定和多子多福的象徵,姑娘受人家茶禮便是合乎道德的婚姻。清朝仍保留茶禮的觀念,有「好女不吃兩家茶」之說。由於茶性不二移,開花時籽尚在,稱為母子見面,表示忠貞不移。如《紅樓夢》第二十五回〈魘魔法叔嫂逢五鬼 通靈玉蒙蔽遇雙真〉中,王熙鳳送了兩瓶茶葉給林黛玉後,詼諧地說:「你既吃了我們家的茶,怎麼還不給我們家作媳婦兒?」〔註37〕如今,許多地方仍把定婚、結婚稱為「受茶」、「吃茶」,把定婚的定金稱為「茶金」,把彩禮稱為「茶禮」等。江南婚俗中有「三茶六禮」,所謂「三茶」,即定婚時的「下茶」之禮、結婚時的「定茶」之禮、洞房時的「合茶」之禮。此外,新人在婚禮中拜見長輩時,亦要行「獻茶」之禮,表示對長輩的尊敬。類此茶俗,不一而足。

品飲來自自然界的茶葉,代表了人對自然萬物之美的認識與欣賞。自然美欣賞的歷史發展在我國經歷了致用、比德和暢神三個階段。〔註38〕以中國茶文化來說,品茗飲茶既有致用之效,也有比德之旨,更有暢神的意趣。如前所言,茶道的五項環節是選茗、擇水、茶具、烹茶、飲茶方式。功夫茶道精選茶葉、用水、茶具,講究烹茶的技巧,注重飲茶的方式,無論泡茶的動作、茶具、品茗的環境都要美。宋代品茶有一條法則,叫做「三不點」,「點」是點茶,也指鬥茶。「三不」是什麼呢?歐陽修在仁宗嘉祐三年寫下〈嘗新茶呈聖俞〉詩,記他得到別人惠贈的新茶而又用來待客時說:「泉甘器潔天色好,坐中揀擇客亦嘉」,〔註39〕我們可以推知宋人品茗注重三個條件:新茶、甘泉、潔器(茶具)為一;天氣好為一;風流儒雅、氣味相投的佳客為一;是為「三」。反之,茶不新、泉不甘、器不潔,是為「一不」;景色不好,為「一不」;品茶者缺乏教養舉止粗魯又為「一不」,共為「三不」。碰到這種情況,最好是不作藝術的品飲,以免敗興。如斯境界,殆得功夫茶以美揚善

〔註37〕 曹雪芹撰、饒彬校注:《紅樓夢》,頁457。見前揭書,頁267。

〔註38〕 徐曉村指出:「所謂致用,是指人類從實用的、功利的觀點看待自然。比德就是以自然景物本身的某些特徵來比附、象徵人的道德情操,這是儒家的一種文化態度。暢神是指自然景物本身的美可以使欣賞者心曠神怡,精神為之一暢。暢神的審美態度在魏晉時代表現的尤為突出。到了唐代,柳宗元提出『美不自美,因人而彰』的觀點,更是把自然美與人類活動緊密連在了一起。」見氏著:《茶文化學》(北京:首都經濟貿易大學出版社,2009年),頁186。

〔註39〕 見傅璇琮主編:《全宋詩》,頁3646。

之三昧。

品茗飲茶，亦能陶冶性情、人際和諧。唐・盧仝〈走筆謝孟諫議寄新茶〉詩云：

> 日高丈五睡正濃，軍將打門驚周公。口云諫議送書信，白絹斜封三道印。開緘宛見諫議面，手閱月團三百片。聞道新年入山裡，蟄蟲驚動春風起。天子未嘗陽羨茶，百草不敢先開花。仁風暗結珠蓓蕾，先春抽出黃金芽。摘鮮焙芳旋封裹，至精至好且不奢。至尊之餘合王公，何事便到山人家？柴門反關無俗客，紗帽籠頭自煎吃。碧雲引風吹不斷，白花浮光凝碗面。
>
> 一碗喉吻潤，二碗破孤悶。三碗搜枯腸，惟有文字五千卷。四碗發輕汗，平生不平事，盡向毛孔散。五碗肌骨清，六碗通仙靈。七碗喫不得也，唯覺兩腋習習清風生。
>
> 蓬萊山，知何處？玉川子乘此清風欲歸去。山中群仙司下土，地位清高隔風雨。安得知百萬億蒼生命，墮在顛崖受辛苦。便為諫議問蒼生，到頭合得蘇息否？〔註40〕

除寫謝孟諫議寄新茶，其餘寫的是煮茶和飲茶的體會，和對採製茶葉的辛勤人民的深厚同情。這首詩，中間一段「一碗喉吻潤，二碗破孤悶。三碗搜枯腸，惟有文字五千卷。四碗發輕汗，平生不平事，盡向毛孔散。五碗肌骨清，六碗通仙靈。七碗喫不得也，唯覺兩腋習習清風生。」最為人所熟知。它說盡品茗之妙，不僅潤喉解悶，簡直讓人飄然若仙了。然而，筆者認為盧仝這首詩不單只是表達敬謝孟諫議送茶和飲茶的好處。因為，盧仝感恩孟諫議對自己的關顧與盛情之餘，更希望世人體會感受到採製茶葉的辛勤與勞苦。這不僅是盧仝表露了視採茶人民如己、民胞物與的襟懷；更是茶人之間真誠情感的交流、人際和諧處世文化的表現。

茶的特質，表現了「喜隨眾草長，得與幽人言」〔註41〕的真誠謙和之行，茶以其謙卑至誠之美德寄託人的情操。品茶猶如品味人生，它使我們在看待現實人生時，抱持一種感恩與寬容的心情，對人生的得失也能釋懷，並以一種謙沖為懷的眼光觀照世界萬物，和諧共存。因此，我們可以說，飲茶的意境不僅

〔註40〕見《全唐詩》第 12 冊，頁 4379。

〔註41〕唐・韋應物〈喜園中茶生〉詩云：「潔性不可汙，為飲滌塵煩。此物信靈味，本自出山原。聊因理郡餘，率爾植荒園。喜隨眾草長，得與幽人言。」見《全唐詩》第 13 冊，頁 4893。

能孕育出良好的心態、淨化並滋潤人的生命，更重要的是能達到人倫和調。茶在親朋好友人際間擔任橋樑與促進和睦的角色，品茗活動其實蘊含傳揚了美善真誠和諧處世的文化意涵。

四、結語

中國品茗用茶時代極早，所謂「柴米油鹽醬醋茶」，飲茶本來就是生活的一部分。到唐代陸羽著書《茶經》，形成煮茶之道，由唐宋元明清迄今，飲茶文化表現於婚喪喜慶人生禮俗之中，茶和人生實密不可分。潮汕式功夫茶道在廣東潮州及福建的漳、泉一帶最為盛行，極具特色。功夫茶道，其內涵包括選茗、擇水、茶具、沖茶技術、環境的選擇創造等等，相當費時費工與講究。然而，這種表現茶葉品評的技法、茶藝操作的鑑賞，乃至整個過程呈現美好的情境，文化底蘊深厚，形成了獨特的文化現象。其次，在茶道活動進行中，茶人所體現或追求的精神境界，將茶道的功能提升至最高的層次。飲茶品茗猶如品味人生，當我們泡茶由濃烈轉為淡泊，讓人感受人生由絢爛歸於平淡，從而釋去了得失計較之心，轉而以寬容感恩之心關照萬物。再者，茶道不僅是一種生活型態休閒雅趣，功夫茶道既有優美的茶器及品茗方式；又表現了中國傳統明倫序、盡禮儀和諧處世的精神；吾人可以藉由飲茶得到身心康寧；也在品茗中達到人倫和睦。綜言之，藉由茶道活動的進行，不啻是追求真善美的心靈精神境界的完成；而這些過程與內涵，恰恰足以彰顯功夫茶道的精神與優美文化。

參考文獻

（一）傳統文獻

1. 魏‧王弼、晉‧韓康伯注，唐‧孔穎達疏：《欽定四庫全書重刻宋本周易注疏附校勘記》，臺北市：藝文印書館，1989 年。

2. 晉‧郭璞注、宋‧邢昺疏：《欽定四庫全書重刻宋本爾雅注疏附校勘記》，臺北市：藝文印書館，1989 年。

3. 唐‧陸羽：《茶經》，收入鄭培凱、朱自振主編：《中國歷代茶書匯編校注本》，香港：香港商務印書館，2007 年。

4. 《全唐詩》，北京：中華書局，1996 年。

5. 唐‧蘇廙：《十六湯品》，收入鄭培凱、朱自振主編：《中國歷代茶書匯編校注本》，香港：香港商務印書館，2007 年。

6. 唐‧楊倞注、清‧王先謙集解：《荀子集解》，臺北市：世界書局，1981 年。

7. 傅璇琮主編：《全宋詩》，北京：北京大學出版社，1991 年。

8. 宋‧趙佶：《大觀茶論》，收入鄭培凱、朱自振主編：《中國歷代茶書匯編校注本》，香港：香港商務印書館，2007 年。

9. 宋‧計有功：《唐詩紀事》，臺北市：木鐸出版社，1982 年。

10. 明‧許次紓：《茶疏》，收入鄭培凱、朱自振主編：《中國歷代茶書匯編校注本》，香港：香港商務印書館，2007 年。

11. 明‧黃龍德：《茶說》，收入鄭培凱、朱自振主編：《中國歷代茶書匯編校注本》，香港：香港商務印書館，2007 年。

12. 曹雪芹撰、饒彬校注：《紅樓夢》，臺北市：三民書局，2005 年。

（二）近人論著

1. 王勇、樂林編著：《中國茶》，北京：當代中國出版社，2009 年。

2. 王同和：《茶葉鑑賞》，合肥：中國科學技術大學出版社，2008 年。

3. 吳雲：《紫砂壺精要圖鑑》，北京：中國輕工業出版社，2009 年。

4. 徐曉村：《茶文化學》，北京：首都經濟貿易大學出版社，2009 年。

5. 陳香白：《中國茶文化》，太原：山西人民出版社，2002 年。

6. 陳鈺：《中華茶藝》，北京：地震出版社，2010 年。

7. 陳祖槼、朱自振：《中國茶業歷史資料選輯》，北京：農業出版社，1981 年。

（三）電子資源

1. 中央研究院歷史語言研究所「新漢籍電子文獻資料庫」：
   http://hanchi.ihp.sinica.edu.tw/

2. 廣東省汕頭市圖書館潮汕民俗網：
   http://www.chaofeng.org/article/detail.asp?id=7607

清代世俗親民茶事文化

摘　要

　　茶為人們日常生活中不可或缺的飲品，本篇論文從中華茶文化有文獻記載的年代談起，由唐宋到明清，飲茶方式從煎茶法、點茶法到明代所發展出來的瀹茶法迄今，茶進入我們的生活形成歷史悠久的茶文化。清代，飲茶是一種生活方式和文化傳播，茶館也在此風氣中形成，它變成了聊天休憩的地方，成為各種故事八卦的源頭，茶更加親民，不分貴賤貧富，成為全民的飲料。茶館的風俗興盛後，功能變得更加多元。茶的製程穩定後，人們開始專精於品飲的技術與藝術，「功夫茶」於是應運而生。透過功夫茶，傳達了和諧圓融的茶道茗理，追溯古源更進階探討人生智慧，增進人倫關係，乃至培育文化素養。

關鍵詞：清代、世俗親民、茶館文化、功夫茶、文化素養

一、前言

　　茶在中國已經有數千年的歷史，中國是發現、利用、栽培與加工茶葉最早的國家。《神農食經》記載：「茶茗久服，令人有力、悅志。」〔註1〕、《華佗食論》中記載：「苦茶久食，益意思。」〔註2〕秦漢時期已知茶可以解毒、解渴，展現出茶在食物外的藥用價值。除了醫藥價值，唐代開始，茶風大盛，

〔註 1〕　唐・陸羽著：《茶經・七之事》引《神農食經》，收入鄭培凱、朱自振主編：《中國歷代茶書匯編校注本上》（香港：商務印書館，2007年），頁14。以下所引，皆據此書。

〔註 2〕　唐・陸羽著：《茶經・七之事》引《華佗食論》。見前揭書，頁15。

陸羽〔註3〕是關鍵性人物。所著《茶經》一書，記錄著唐代煎煮茶的各種事宜，包括茶的起源、製茶工具、製茶過程、茶器、煎茶方法、品茗、茶葉的歷史、產地，為第一部有系統、完整的茶文獻。茶進入我們的生活之中，民間許多習俗，婚喪喜慶，都少不了茶。

　　飲茶方式，唐代初期還是延續以前的煮茶方法，不同的是古代使用新鮮茶葉，而唐代使用的是乾茶葉。《茶經・六之飲》提到：「飲有觕茶、散茶、末茶、餅者，……或用蔥、薑、棗、橘皮、茱萸、薄荷之等，煮之百沸，或揚令滑，或煮去沫。斯溝渠間棄水耳，而習俗不已。」〔註4〕由此可知，陸羽反對放入蔥、薑、桂皮等佐料的芼茶法。他把煮茶的茶湯比喻成溝渠裡的廢水，但當時人們還是習慣這種方式，隨著飲茶風氣的盛行，飲茶的風格從百草茶般的煮茶轉為細煎慢品的煎茶。到了宋代，盛行點茶法。與煎茶法最大的不同在於點茶法是將熱水沖入茶末中，而非將茶末投入滾水中。宋代喫茶比唐人更講究，如果說唐人煎茶重於技藝，那麼宋人點茶著重意境，茶的製作也更精細。宋代由於皇帝喜愛提倡飲茶，並且做為餽贈官員使節的禮物，使得宮廷團茶最為著名珍貴。普遍來說，宋人偏好喝團茶，由於團茶製作需耗費大量工時，也是彰顯地位的一種方式。明代，自朱元璋廢龍團茶提倡散茶後，茶葉的製作方法也自費時費工昂貴的茶餅轉為芽茶，也就是散茶。瀹茶法省去將茶餅輾成粉末的步驟，直接將炒青的條形散葉放入壺中以開水沖泡而成。瀹茶法由唐代煎茶法和宋代點茶法演變而來，相較於前面兩種，瀹茶法更為簡便，且能保留茶的清香。

　　從唐代的煎茶、宋代的點茶、明代的瀹茶，發展至今，在歷史洪流中，飲茶方式雖不斷改變，卻從未從人們的生活消失。宋・王安石說：「夫茶之為民用，等於米鹽，不可一日以無。」〔註5〕茶的盛行普及，在生活日用之中，成為「柴米油鹽醬醋茶」開門七件事之一，雖然平凡，卻一日不可或缺。儘管時代巨輪不斷前行，各式飲品花樣百出，茶被列為世界三大無酒精飲料之一，近

〔註3〕　陸羽（733～804），字鴻漸，一名疾，字季疵，復州竟陵（今湖北天門）人。陸羽的傳記資料，主要見於他生前撰寫的《陸文學自傳》（《文苑英華》卷七九三）、《新唐書》卷一九六《隱逸傳》、《唐才子傳》卷三和《唐國史補》。見前揭書，頁5。

〔註4〕　《茶經・六之飲》。見前揭書，頁13。

〔註5〕　宋・王安石：〈議茶法〉，《臨川先生文集》卷七十論議、雜著。中國哲學書電子化計劃：https://ctext.org/wiki.pl?if=gb&chapter=471584（2022年8月23日檢索）。

現代影響最深的非清代莫屬。本篇論文將觀察探討茶事文化發展到清代，如何在民間持續發揮世俗親民的特色；民間用茶品茗，功夫茶藝的發展與講究；和從茶理中體現的人生智慧與人情之美。

二、清代茶館的發展與功能

（一）明清飲茶方式的變革

瀹茶法形成於明代，完善於清代。所謂「瀹」茶，其法是入半湯以後加入茶，再加湯注滿。泡茶要先將少許滾水注入壺中祛蕩冷氣，而後傾出，再來分上、中、下三種投法：「投茶：投茶有序，毋失其宜。先茶後湯，曰下投；湯半下茶，復以湯滿，曰中投；先湯後茶，曰上投。春、秋中投，夏上投，冬下投。」〔註6〕上投為先將水注入壺中至半壺，再來將茶投入，為中投，接下來再將壺注滿，為下投。現今依然盛行於閩、粵、臺，稱為「功夫茶」。主要以烏龍茶為主，沖泡過程極具藝術內涵，包含白鶴沐浴（洗杯）、觀音入宮（落茶）、懸壺高沖（沖茶）、春風拂面（刮泡沫）、關公巡城（倒茶）、韓信點兵（點茶）、鑑賞湯色（看茶）、品啜甘霖（喝茶）幾個步驟。明代非常重視瀹茶技巧和藝術品味，是達官貴人的雅趣，非常費時費工。尋常百姓就沒那麼注重，一般都是使用最簡單的瀹茶法，就是將茶葉放入壺中，沖入開水。

明代張源的《茶錄》和許次紓的《茶疏》皆記載著明代製茶、茶器及泡茶的方法，從兩書中歸納出瀹茶的程序是：備器、擇水、取火、候湯、泡茶、酌茶、啜飲。擇水，歷代依然依循著「山水上，江水次，井水最下矣。」〔註7〕的原則。至於候湯，「烹茶旨要，火候為先。爐火通紅，茶瓢始上。扇起要輕疾，待有聲，稍稍重疾，斯文武之候也。過於文，則水性柔；柔則水為茶降；過於武，則火性烈，烈則茶為水制。」〔註8〕取火，從熱爐開始，木炭雖然比起新鮮樹木更不容易起煙，但只要有煙，茶的味道就會受到影響，所以一定要等爐火通紅時茶瓢才能放上，剛開始輕扇小火煮，待有聲，也就是冒泡時，把火加大，這就是「文武候」，火候是平衡茶跟水的重要關鍵，火太小煮不出茶的味道，火太大茶又苦澀。候湯，明代候湯分得很細，分出了三大辨、十

〔註6〕《茶錄·投茶》。明·張源：《茶錄》，收入鄭培凱、朱自振主編：《中國歷代茶書匯編校注本上》（香港：商務印書館，2007年），頁253。

〔註7〕見明·張源《茶錄·井水不宜茶》與明·許次疏《茶疏·擇水》。見前揭書，分見頁254與頁271。

〔註8〕《茶錄·火候》。明·張源：《茶錄》，頁252。

五小辨,前者為「形辨、聲辨、氣辨」,後者如「初聲、轉聲、振聲、驟聲」等〔註9〕,足見明人對茶的重視。

　　泡茶,習慣先熱壺,「茶重則味苦香沉,水勝則色清氣寡」〔註10〕,水和茶葉的比例要合宜,茶葉太多會苦澀而失去香氣,水多則會使茶平淡無味。酌茶,「釃不宜早,飲不宜遲。」〔註11〕釃茶時刻太早,茶葉未開,香氣淡淺,時刻太晚,茶葉悶久了,苦味蔓延。啜飲,客少為貴,一般不會超過四個,一壺不超過四杯是最好的狀況,泡出來的茶品質最好,人多壺大,那就得等久點,茶氣就沒小壺集中,釃茶時機也難以拿捏,通常超過四人就會拿兩壺同時淪茶,再者,人多喧嘩,就喪失「靜」的雅趣了。

　　《茶錄》也提出香、色、味三點;將茶香分為「真香、蘭香、清香、純香」,分別為「雨前神具、火候均停、不生不熟、表裡如一」,還有其他香,但除了這幾種以外,其他都列為不純正的香;色方面,茶青翠為勝,茶具則以藍白為佳;而味則以甘潤為上,苦澀為下;此時的茶流行原味,喝出茶的本質,所以加入其他料的茶湯或染上茶以外的氣味就成了失真的茶湯。擇器上,茶壺以小為貴,小壺香氣氤氳,大壺則散漫,材質上偏好紫砂,紫砂透氣性好,泡茶時茶香瀰漫,坯體也會吸收茶香,就算裡面沒有放茶,依然茶味久久不散。擇水同煎茶法、點茶法,「山頂泉」是第一的選擇,口感較佳。酌茶,通常一壺配四杯,杯盞以雪白為上,其次為藍白;在啜飲方面,旋注旋飲。〔註12〕

(二)茶館的發展與演變

　　清代飲茶,基本上沿習明代風俗。茶館原是由路邊賣茶的小舖子或小店面逐漸發展而成一種地點普及、具一定規模、提供人們休閒品茗的地方。茶館的雛形是單純以賣茶水或簡單茶點營利,到後期服務項目逐漸多元,商品除了有形的「茶」及「茶具」外,也販賣無形的中國茶文化及品茶的那份安適。

　　各家茶館採取不同策略吸引顧客,比如在位置上將茶館建在湖光山色、風

〔註9〕　《茶錄·湯辨》:「湯辨:湯有三大辨、十五小辨:一曰形辨,二曰聲辨,三曰氣辨。形為內辨,聲為外辨,氣為捷辨。如蝦眼、蟹眼、魚眼連珠,皆為萌湯,直至湧沸如騰波鼓浪,水氣全消,方是純熟。如初聲、轉聲、振聲、驟聲,皆為萌湯,直至無聲,方是純熟。如氣浮一縷、二縷、三四縷,及縷亂不分,氤氳亂繞,皆為萌湯,直至氣直沖貫,方是純熟。」明·張源:《茶錄》,頁252～253。

〔註10〕《茶錄·泡法》。明·張源:《茶錄》,頁253。

〔註11〕《茶錄·泡法》。明·張源:《茶錄》,頁253。

〔註12〕《茶錄》〈香、色、味、品泉、茶盞〉諸條。明·張源:《茶錄》,頁253～254。

景優美處，裝潢佈置文人書畫、奇松異檜；服務人員稱茶博士，是一群具有文化素養，諳熟飲茶之道的服務人員，她們舉足投手間散發出專業素養和氣質，對提升茶館的質感功不可沒；說唱藝術的引入，茶館邀請師傅吹拉彈唱供茶人欣賞，南方的評彈、北方的鼓書在茶館內大顯身手，博得廣大茶人的歡迎；茶點的進入，中國自古就有「茶果並食」的文化，《水滸傳》中王婆茶坊就是茶與合湯之類兼營，而不同地區有不同飲茶習慣。

茶館發展後期為了迎合不同階層的顧客需求，逐漸演變出各式各樣的茶館，有供富商巨賈洽談生意的茶館、供文人雅士會友敘談吟詩作對的一般茶館、供農民旅客飲茶解渴的茶亭子、專門接待國外旅客推廣中國文化的西式茶館。清代茶館多種多樣，比如以賣茶為主的清茶館；設置在郊外的野茶館；兼賣茶、茶食、甚至酒類的葷鋪式茶館；兼營說書、演唱的書茶館。

茶館除了是品茗、敘舊、洽談、閒聊、賞景的好去處外，基於茶館的普及、及人們生活的習慣，茶館遂成為一個最密集的百姓聚集地。至清末，生意交談、民事評理、新聞傳播、資訊交流、文化娛樂等均在茶館舉行，茶館基本上集經濟、文化、娛樂、政治、乃至觀光於一體。清末民初震鈞撰《茶說》提到：

> 大通橋西壩下，舊有茶肆，乃一老卒所闢，並河有廊，頗具臨流之勝。秋日葦花瑟瑟，令人生江湖之思。余數偕友過之，茗話送日。惜其水不及昆明，而茶尤不堪。大抵京師士夫，無知茶者，故茶肆亦鮮措意於此。而都中茶，皆以末麗雜之，茶復極惡。南中龍井，絕不至京，亦無嗜之者。余在南頗留心此事，能自煎茶，曾著《茶說》，今錄於此，以貽好事云。〔註13〕

此時的茶館，茶與水都不特別講求，茶人至此的目的是「茗話送日」。的確，清末民初時，社會動盪不安，人們需要一個獲取消息、謀求職位、甚至發發牢騷的地點，這也是使茶館數量大增的助力，甚至革命戰爭年代，地下工作者經常在茶館接頭。

三、世俗親民的飲茶習俗

（一）《儒林外史》記錄了清初茶館的社會功能

飲茶自唐中葉以後，逐漸普及全國，成為上自皇室公卿、下自士庶無分

〔註13〕清末明初‧震鈞：《茶說》，收入鄭培凱、朱自振主編：《中國歷代茶書匯編校注本上》（香港：商務印書館，2007年），頁1095。

貴賤的日常生活中不可缺少的七件事之一。《儒林外史》本是一部批判清代科舉制度下士人醜陋的小說，並無心刻意記錄當代飲茶生活，但茶已與百姓生活密不可分，因此從《儒林外史》我們能看到最親民的「茶生活」。透過《儒林外史》一書，可見清初茶館排難解紛、安頓流寓、同行聚會、閒坐敘舊等數項社會功能。

《儒林外史·三回·周學道校士拔真才　胡屠戶行兇鬧捷報》中提到一位苦讀多年卻一再失意於科場，靠坐館維生卻又被辭館的老書生周進，隨姊夫進省城，看到一生無緣的貢院，一時百感交集，遂撞死在地上，經眾人搶救，傷心不住嚎啕大哭了起來，一直哭到口吐白沫，被眾人抬到貢院前「茶棚」子歇息，啜了一口茶後，方才平復心情，眾人見他可憐，遂捐納他一個貢生的名義，好讓他一圓進貢院的心願，沒想到從此改變周進的一生。《儒林外史·五十四回·病佳人青樓算命　呆名士妓館獻詩》也說到一個姓陳的和尚和丁言志發生口角，竟在路上扭打了起來，一位讀書人陳木南見狀連忙前來和解，說到：「你們自家人，何必如此？要是陳思老就會擺名士臉，當年那虞博士、莊征君怎樣過日子呢？我和你兩位吃杯茶，和和事，下回不必再吵了。」當下拉到橋頭間壁一個小茶館里坐下，吃著茶。茶館內各色人等眾多，由於礙於在眾人面前丟人，所以人們往往會聽從仲介和解，因此茶館具有排難解紛的功能。

清代的科舉試場對經年累月潛於八股的窮書生來說是非常殘酷的，一旦無成就，年紀徒長，經商無資，重活不能，口袋只有幾個錢，當家鄉已不可久留，只好留在外地打拼，這時消費低廉的茶館便是很好的落腳處，《儒林外史·十四回·蓬公孫書坊送良友　馬秀才山洞遇神仙》中的馬二先生落腳「文海樓」便是一個例子。

《儒林外史·二十四回·牛浦郎牽連多訟事　鮑文卿整理舊生涯》：「他（鮑文卿）到家料理了些柴米，就把家裏笙簫管笛，三弦琵琶，都查點了出來；也有斷了弦，也有壞了皮的，一總塵灰寸壅。他查出來放在那裏，到總寓傍邊茶館內去會會同行。」及《儒林外史·二十六回·向觀察陞官哭友　鮑廷璽喪父娶妻》：「次日，走到一個做媒的沈天孚家。沈天孚的老婆也是一個媒婆，有名的沈大腳。歸姑爺到沈天孚家，拉出沈天孚來，在茶館裏喫茶，就問起這頭親事。沈天孚道：『哦！你問的是胡七喇子麼？他的故事長著哩！你買幾個燒餅來，等我喫飽了和你說。』歸姑爺走到隔壁買了八個燒餅，拿進茶館

來，同他喫著，說道：『你說這故事罷。』」都提到當時人們習慣到固定的茶館，與同行會面喫茶，以茶館作為媒介、商議的場所，而規模較大的老牌茶館甚至可以作媒或介紹工作。閒居無事，又不知如何安頓一天時，便會上茶館喫茶閒坐。

在《儒林外史》中這樣的例子特別多，如：《儒林外史・二十三回》、《儒林外史・二十七回》、《儒林外史・二十八回》等都有描寫人物於茶館中閒話家常的場景。〔註14〕

（二）老舍《茶館》反映出清代茶館的文化興衰

茶館經過長期的演化以後逐漸精緻化，不論有形的裝潢，或無形的服務，文化涵養均提高了一個層次。基於社會經濟、文化發展的需要，「茶藝館」便應運而生。以北京的「老舍茶館」為例，它融合大眾化的大碗茶和多種傳統民俗藝術形式於一體，被譽為「民間藝術的櫥窗」。之後，各地茶藝館如雨後春筍般出現。茶藝館的辦館方向大致可分為加強民族認同、振奮向心力；研究推廣茶藝；普及健康之飲、振興茶業經濟；提倡茶德、促進社會風氣好轉；樹立國家形象、促進國際交流幾點。

古語有云：「君子之交淡如水」，這裡的水應解釋為「茶水」，中華茶道就滲透了儒家「和為貴」的精神。茶有自然純樸的屬性，以茶傳情、以茶會友，這樣結交的朋友自然情深意篤、真摯持久。茶藝館，簡言之就是「茶」與「藝」的綜合體，也是茶館的各項延伸。這裡的「藝」就是與茶有關的文化、學問、深意等，如：陸羽《茶經》、名家字畫、精美茶具等，當然亦包括前述所言之說唱藝術等。

〔註14〕《儒林外史・二十三回・發陰私詩人被打　歎老景寡婦尋夫》：「牛浦同道士喫了早飯。道士道：「我要到舊城裏木蘭院一個師兄家走走。牛相公，你在家裏坐著罷。」牛浦道：「我在家有甚事，不如也同你去頑頑。」當下鎖了門，同道士一直進了舊城，一個茶館內坐下。茶館裏送上一壺乾烘茶，一碟透糖，一碟梅豆上來。」《儒林外史・二十七回・王太太夫妻反目　倪廷珠兄弟相逢》：「那少年道：『我便是王老爹的孫女婿，你老人家可不是我的姑丈人麼？』鮑廷璽笑道：『這是怎麼說？且請相公到茶館坐坐。』當下兩人走進茶館，拿上茶來。儀征有的是肉包子，裝上一盤來喫著。」《儒林外史・二十八回・季葦蕭揚州入贅　蕭金鉉白下選書》：「季葦蕭道：「先生大名，如雷灌耳。小弟獻醜，真是弄斧班門了。」說罷，喫了茶，打恭上轎而去。……住了幾日，鮑廷璽拿著書子尋到狀元境，尋著了季恬逸。季活逸接書看了，請他喫了一壺茶，說道：『有勞鮑老爹。這些話，我都知道了。』鮑廷璽別過自去了。」中國哲學書電子化計劃：https://ctext.org/rulin-waishi/28/zh（2022年8月30日上網）。

以下僅以社會功能及文化傳播兩方面來分析兩者之差別：社會文化方面，茶藝館仍然是一個品茗閒話、陶冶性情、洽談商務的場所；不同的是，茶藝館檔次、消費較高，無形中形成一道篩選顧客的門檻。文化傳播方面，茶藝館不以營利為目的，而把傳播弘揚華夏茶文化為己任，對外行銷文化、對內淨化風氣。其差異，表列如下：

	茶　館	茶藝館
文化深度	一般	較深
經營策略	單一店面	逐漸發展成成熟的連鎖企業模式
以營利為主要目的	是	否
政府資援	否	否
國際化	少數	較全面

在《茶館》一書中，老舍將劇本分成三幕，時代背景從一到三幕分別為戊戌年初秋，康梁維新失敗、袁世凱死後的軍閥割據時期，以及抗日戰爭勝利後的初秋。此三幕並不是接續的，而是彼此間都相隔好些年，這樣的安排，可以讓我們了解這幾十年間茶館文化的興衰，以及時空背景如何影響茶館的生存。

第一幕完整的反映了上述所列之「茶館功能」：「……商議事情的、說媒拉牽的，也到這裡來……出頭給對方調解的；三五十口子打手，經調人東說西說，便都喝碗茶、吃碗爛肉麵，就可以化干戈為玉帛了」〔註15〕再者，「現在這種大茶館已經不見了，以前每城起碼有一處」〔註16〕、「……告訴你，過了這個村可沒有這個店了、耽誤了事（賣丫頭）別怨我！」〔註17〕說明在動蕩的清末，茶館著實生存不易。

第二幕不同的地方是，裕泰茶館已不再是傳統的茶館，而是順應時局轉型成為茶館兼旅店（前方茶館依舊、後方則改為旅店），書中特別提到，裕泰茶館的掌櫃王利發反應靈敏，不但說話圓滑，更懂得觀察時局，不斷將裕泰茶館轉型，使得裕泰茶館成為碩果僅存的一家。地點同前幕於「北京裕泰大茶館」內，透過茶館內熙來攘往的舊雨新知反映了當時敏感不安的社會氛圍。「茶」雖貴為「開門七件事」之一，但當時局不定的時候，瀰漫別離愁苦的社會，陷於飢寒病殘的人民是無暇發展或精緻茶文化的。《茶館》一書，除了刻畫清末

〔註15〕老舍：《茶館》（臺北市：書林出版有限公司，2004年），頁27。
〔註16〕老舍：《茶館》。見前揭書，頁27。
〔註17〕老舍：《茶館》。見前揭書，頁45。

民初的茶館文化外，更是老舍傷國感民的體現，因此，此幕並無過多的茶文化流程或細節內容。

最終幕在開頭裕泰茶館就有驚人的發展，年邁的老掌櫃王利發望了挽救凋零的茶館生意，竟透過人口販仔小劉麻子仲介一個十來歲的姑娘當「女招待」。當時的時局比前兩幕更亂，在上位者非但不主持公道，反而官商勾結、欺壓良民，有心人士覬覦裕泰茶館的地點及名聲，欲強收茶館改為紅花綠柳之地。老掌櫃無奈氣憤之際，自縊身亡。死前，曾說：「……賣茶不行，開公寓。公寓沒啦，添評書！評書也不叫座呀，……想添女招待！人總得活著吧……。」﹝註18﹞可見，將茶館改為非傳統茶館用途並非老掌櫃的本意，但由中可窺知，清末的茶館還是承襲著中國傳統的說書賣藝的傳統，裕泰茶館的改良只是不得已的例外。

在《茶館》一書中，故事地點皆在北京的裕泰大茶館內，藉由全劇所有演員的對話、故事，真實的反應出了清末民初的社會。在茶館裡上演的，正是一個社會的縮影。藉由本劇，可發現茶館幾乎是一個國民休閒場所，而裕泰茶館能算是一個通俗的茶館，因此，只有基本的飲茶、茶食、評書等活動。出入者也幾乎為平民百姓，全劇幾乎沒有知識分子。裕泰茶館牆上斗大的「莫談國事」四字，反映當時緊張的政治社會氣氛，因此，裕泰茶館終究沒能發展壯大，甚至消失，令人惋惜。

（三）從仕紳到道庶的飲茶習俗

清代，茶葉的生產，因產地、烘焙方式、嗜好的不同，遂有各種名色茶品。伴茶而生的茶食，也因階層、喜好的緣故，而產生花樣繁多的各種變化。

1. 南京秦淮的飲茶與茶品

《儒林外史・二十四回・牛浦郎牽連多訟事　鮑文卿整理舊生涯》：「這南京乃是太祖皇帝建都的所在，裏城門十三，外城門十八，穿城四十里，沿城一轉足有一百二十多里。城裏幾十條大街，幾百條小巷，都是人煙湊集，金粉樓臺。城裏一道河，東水關到西水關，足有十里，便是秦淮河。水滿的時候，畫船簫鼓，晝夜不絕。城裏城外，琳宮梵宇，碧瓦朱甍，在六朝時，是四百八十寺；到如今，何止四千八百寺！大街小巷，合共起來，大小酒樓有六七百座，茶社有一千餘處。不論你走到一個僻巷裏面，總有一個地方懸著燈籠賣茶，插

﹝註18﹞老舍：《茶館》。見前揭書，頁231。

著時鮮花朵,烹著上好的雨水。茶社裏坐滿了喫茶的人。」提到「茶社有一千餘處」、「茶社裏坐滿了喫茶的人」,茶館普及親民可見一斑。「話說南京城裏,每年四月半後,秦淮景致,漸漸好了。那外江的船,都下掉了樓子,換上涼篷,撐了進來。船艙中間,放一張小方金漆桌子,桌上擺著宜興沙壺,極細的成窯、宣窯的杯子,烹的上好的雨水毛尖茶。那遊船的備了酒和餚饌及果碟到這河裏來游,就是走路的人也買幾個錢的毛尖茶在船上煨了喫,慢慢而行。」〔註19〕這一則記事,是《儒林外史》裡面描述茶品、茶食、茶器三者合一的唯一記錄,文簡而事繁。

2. 僧道庶民的飲茶與茶品

在《儒林外史》中,沒有特殊意義或不需強調時,都用泛稱的「茶」字表示,值得注意的一點是,許多描寫僧道庶民的情節中,都不經意的提到「茶」,可見茶在清人的生活中,已經混融一體。〔註20〕清代茶的低廉多產,使茶成功的融入百姓的生活,然而茶品的提升與精緻化,則有待仕紳階級來推廣。

3. 仕紳階級的飲茶與茶品

茶藝的提升,有賴仕紳階級的推廣及包裝,由於仕紳階級是社會的領導分子,品味高級茶品、總結茶飲經驗、記錄茶藝文獻、刊行茶書等任務,自然由仕紳階級來擔負。「眾人都作過揖坐下。只有周、梅二位的茶杯裏有兩枚生紅棗,其餘都是清茶。喫過了茶,擺兩張桌子杯箸,尊周先生首席,梅相公二席,眾人序齒坐下,斟上酒來。」〔註21〕由此可知當時社會認為在茶中添加生紅棗,是對地方仕紳等有社會地位人士的一種禮貌。其他記載,比如:

> 傳杯換盞,喫到午後,杜慎卿叫取點心來,便是豬油餃餌,鴨子肉包的燒賣,鵝油酥,軟香糕,每樣一盤拿上來。眾人喫了,又是雨水煨的六安毛尖茶,每人一碗。杜慎卿自己只喫了一片軟香糕和一碗茶,便叫收下去了,再斟上酒來。蕭金鉉道:「今日對名花,聚良朋,不可無詩。我們即席分韻,何如?」杜慎卿笑道:「先生,這是而今詩社裏的故套。小弟看來,覺得雅的這樣俗,還是清談為妙。」

〔註19〕《儒林外史・四十一回・莊濯江話舊秦淮河　沈瓊枝押解江都縣》,中國哲學書電子化計劃:https://ctext.org/rulin-waishi/41/zh(2022 年 8 月 30 日上網)。

〔註20〕以「茶」檢索《儒林外史》一書,包含字詞「茶」符合次數 348,出現共 172 段落。

〔註21〕《儒林外史・二回・王孝廉村學識同科　周蒙師暮年登上第》,中國哲學書電子化計劃:https://ctext.org/rulin-waishi/2/zh(2022 年 8 月 30 日上網)。

說著，把眼看了鮑廷璽一眼。鮑廷璽笑道：「還是門下效勞。」便走進房去，拿出一隻笛子來，去了錦套，坐在席上，嗚嗚咽咽，將笛子吹著；一個小小子走到鮑廷璽身邊站著，拍著手，唱李太白《清平調》。真乃穿雲裂石之聲，引商刻羽之奏。〔註22〕

兩公子請遍了各位賓客，叫下兩隻大船，廚役備辦酒席，和司茶酒的人另在一個船上；一班唱清曲打粗細十番的，又在一船。此時正值四月中旬，天氣清和，各人都換了單夾衣服，手執紈扇。這一次雖算不得大會，卻也聚了許多人。在會的是：婁玉亭三公子、婁瑟亭四公子、蘧公孫駪夫、牛高士布衣、楊司訓執中、權高士潛齋、張俠客鐵臂、陳山人和甫，魯編修請了不曾到。席間八位名士，帶挈楊執中的蠢兒子楊老六也在船上，共合九人之數。當下牛布衣吟詩，張鐵臂擊劍，陳和甫打鬨說笑，伴著兩公子的雍容爾雅，蘧公孫的俊俏風流，楊執中古貌古心，權勿用怪模怪樣：真乃一時勝會。兩邊船窗四啟，小船上奏著細樂，慢慢遊到鶯脰湖。酒席齊備，十幾個闊衣高帽的管家，在船頭上更番斟酒上菜，那食品之精潔，茶酒之清香，不消細說。〔註23〕

由以上兩段記事，可窺知當時上至仕紳下至庶民皆喜遊湖備茶、船行飲茶。在點心之餘，以雨水煨六安毛尖茶，及習吹笛唱曲，說明茶與娛樂之間的關係。再者，如：

次日，大爺備了八把點銅壺、兩瓶山羊血、四端苗錦、六簍貢茶，叫人挑著，一直來到萬來官家。敲開了門，一個大腳三帶了進去。……對著那河裏煙霧迷離，兩岸人家都點上了燈火，行船的人往來不絕。這萬來官喫了幾杯酒，紅紅的臉，在燈燭影裏，擎著那纖纖玉手，只管勸湯大爺喫酒。大爺道：「我酒是夠了，倒用杯茶罷。」萬來官叫那大腳三把螃蟹殼同果碟都收了去，揩了桌子，拿出一把紫砂壺，烹了一壺梅片茶。〔註24〕

〔註22〕《儒林外史·二十九回·諸葛佑僧寮遇友　杜慎卿江郡納姬》，中國哲學書電子化計劃：https://ctext.org/rulin-waishi/29/zh（2022年8月30日上網）。

〔註23〕《儒林外史·十二回·名士大宴鶯脰湖　俠客虛設人頭會》，中國哲學書電子化計劃：https://ctext.org/rulin-waishi/12/zh（2022年8月30日上網）。

〔註24〕《儒林外史·四十二回·公子妓院說科場　家人苗疆報信息》，中國哲學書電子化計劃：https://ctext.org/rulin-waishi/42/zh（2022年8月30日上網）。

> 虞華軒在書房裏擺著桌子，同唐三痰、姚老五，和自己兩個本家，
> 擺著五六碗滾熱的餚饌，正喫在快活處。見成老爹進來，都站起身。
> 虞華軒道：「成老爹偏背了我們，喫了方家的好東西來了，好快活！」
> 便叫：「快拿一張椅子與成老爹那邊坐，泡上好消食的陳茶來與成老
> 爹喫。」小廝遠遠放一張椅子在上面，請成老爹坐了。那蓋碗陳茶，
> 左一碗，右一碗，送來與成老爹。〔註25〕

由以上兩段記事可以推知以六簍貢茶贈戲子，說明以戲劇維生的伶人，都雅好
飲茶，固然是因為習慣與職業需求養成，實際上也是因依存仕紳過活，久之遂
都精於茶事。官家觀劇的娛樂必備有茶飲，是一種習尚也是一種傳統。

4. 各階層飲茶的傳統茶食

國人傳統習俗在飲茶的同時，必有茶食相配合。因茶有消食的功能，所以
必須有茶食來緩和。《儒林外史》中較常提及的茶食，散見於諸多章節，歸類
如下：瓜果類：瓜子、紅棗、黑棗、栗子。糕餅類；雲片糕、橘糕、蜜橙糕、
核桃酥。糖果類：雜色糖、芝麻糖。點心類：豆腐乾、燒餅、粽子、處片。其
他：軟香糕、鵝油酥、餃餌、燒賣、龍眼、梅豆、透糖等。

四、清代茶藝與茶理

（一）清代茶器

明清的茶具，呈現反璞歸真的趨向，由唐代的崇金貴銀，轉為推尚陶瓷，
但這些陶瓷茶具之精巧，不是唐人可及的。不過，清代茶器最為後人稱道的不
是白瓷，而是宜興紫砂壺陶盞的創制和普及。

陶壺最早見於北宋，如宋詩中的「紫甌、紫泥」〔註26〕指的便是紫砂壺。
紫砂壺的風行，與明代散茶興起有關，從實用層面來看，因散茶不易淪出茶
香，但陶壺體小壁厚、保溫性能好，有助於淪發與保持茶香。再者，從文化風
氣來看，明中葉以後，文人學子反對前後七子浮華不實的假骨董風氣，竭力追
求一種「平淡」的、回歸自然的審美情趣，這股思潮不僅影響文學、藝術、繪

〔註25〕 《儒林外史·四十七回·虞秀才重修元武閣　方鹽商大鬧節孝祠》，中國哲學
　　　　書電子化計劃：https://ctext.org/rulin-waishi/47/zh（2022 年 8 月 30 日上網）。
〔註26〕 「紫甌」一詞，見北宋·歐陽修〈和梅公儀嘗茶〉。陸彬良：《全宋詩》第五冊
　　　　（北京市：北京大學出版社，1998 年），頁 3700。「紫泥」一詞，見北宋·梅
　　　　堯臣〈依韻和杜相公謝蔡君謨寄茶〉，《全宋詩》第六冊，頁 3046。

畫層面，更暈染到了集藝術、生活於一體的茶文化中，宜興紫砂壺就是在這個時候生產發展的。

宜興紫砂壺的藝術化，「供春」〔註27〕是一代宗師，供春之後，造壺業有所謂「四名家」，即：董翰、趙梁、時朋、玄錫。〔註28〕四家之中，董翰「工巧」，其餘多「古拙」。鑑賞紫砂壺六字訣「形、泥、火、工、紋、用」〔註29〕：形，形用並重；泥，講究優質；火，不過不欠；工，鉅細皆實；紋，紋銘畫款；用，高雅實用。總體來說：壺之源，起於宜興；壺之工，鉅細靡遺；壺之形，樸實規矩；壺之飾，古樸自然；壺之匠，匠心獨運；壺之鑒，藏於細節；壺之藏醞，意境深遠。

清代是我國陶瓷史上的黃金時期，就茶具而言，紫砂壺在藝術方面得到了極大進展，而瓷茶具則在技術上臻於成熟，產品質量盡於完美，就現存清代各個時期的瓷器來看，既有共同風格，又有不同時代特徵。經過明末清初短時間的沒落後，瓷器生產很快就恢復發展，康雍乾三朝是瓷器發展的最高峰。康熙瓷造型古樸、敦厚、釉色溫潤；雍正瓷輕巧媚麗、多白釉；乾隆瓷造型新穎、製作精緻。此後，隨著飲茶的日益世俗化，民間的茶具生產漸趨繁榮，內雖有精品，但也夾雜鄉土味、市井氣。

較之明代瓷器，清代瓷器可以從造型、釉彩、紋樣及裝飾等方面明顯看出不同。在釉色方面，清代創造出幾十種帶中性的間色釉，使得瓷繪藝術更能發揮獨特的裝飾特點。據乾隆時期景德鎮所立「陶成記事碑」記載，當時掌握的釉彩已多達五十多種。清瓷取材廣泛，或以花草樹木、或以民間風俗、或以歷

〔註27〕相傳有一位文人名叫吳頤山，他的書僮小名叫「供春」，其真實姓名不得而知，吳頤山到金沙寺借住讀書，供春閒暇之餘遂模仿起老和尚做茶壺的技術，供春心靈手巧，以掏選過的細土做坯，用茶匙按壓內壁、手指壓外壁，反覆不斷，直到壺坯非常密實為止，燒成後，質地異常，這便是「供春壺」的起源。而供春的後世亦以製陶為業，且改姓「龔」，以致後人物以為供春壺是姓龔名春的人發明的。

〔註28〕董翰，號後溪，嘉靖至隆慶年間制壺高手，生卒年不詳。多做菱花壺，所造茗壺，一改寺僧、供春以來古拙風格，以精巧著稱，是最早創造菱花式砂壺的名手。作品以文巧著稱，為後人所喜愛，並加以模仿和改造。趙梁，嘉靖、萬曆年間宜興制壺高手，生卒年不詳。所制茗壺，多提梁式，以古拙樸實見長。據傳，趙梁是提梁式砂壺的創製人之一。時朋，亦作時鵬，嘉靖至隆慶間宜興制陶名家，宜興人，時大彬之父，筋紋器的代表人。他擅制砂壺，以古拙見長。玄錫，嘉靖、隆慶年間制壺高手，以古拙見長，是明代繼供春而起的紫砂名家，作品造型古樸凝重。

〔註29〕吳雲著：《紫砂壺精要圖鑑》（北京市：中國輕工業出版社，2009年），頁103。

史故事作為繪製內容。就工法來說，或用工筆，或用寫意，內容豐富，技法亦相當嫻熟。

清代，青花瓷茶具在茶具中獨佔鰲頭，成了彩色茶具的主流。青花瓷茶具樹於彩瓷茶具之列，是彩瓷茶具中最重要的花色品種，始於唐，元代開始興盛，清朝達到頂峰。景德鎮是我國青花瓷茶具的主要生產地，據史料記載明代景德鎮所產瓷器「諸料悉精、青花最貴」，特別是明永樂、宣德、成化時期的青花瓷茶具，清新秀麗達到無與倫比的境界。到了清代康雍乾時期，青花瓷茶具在古陶瓷發展史上又進入了一個高峰，它超越前代，影響後代。尤其是康熙年間燒製的青花瓷器，史稱「清代之最」。較之明代，康熙年間，青花瓷茶具的燒製以民窯為主，數量非常可觀。這一時期的青花瓷器被稱之為「糯米胎」，以其胎質細膩潔白、純淨無瑕，似於糯米也。主要品種有茶壺、茶盒、茶碗、茶盅等。

清代瓷業燒造，江西景德鎮獨領風騷。清代景德鎮發展最盛時期從業人員達二十萬人，成為「二十里長街半窯戶」的製瓷中心。除民窯外，清代官窯產量成就也不小，清官窯可分御窯、官窯、王公大臣窯三種。在景德鎮官窯中，藏窯、郎窯、年窯、唐窯影響最大。

在對外貿易中，青花瓷功不可沒。中西貿易也間接促成了文化交流，受西方文化影響，康熙年間會使用西洋進口的琺瑯彩料繪製瓷胎，創制出風格奇特的「琺瑯瓷」。在十八世紀，景德鎮開始燒製墨彩琺瑯，以纖細的墨彩勾勒圖紋，有摹仿歐洲銅版畫和蝕刻畫的效果。這些外銷的瓷器統稱為「外銷瓷」，外銷瓷因訂製者的喜好不同分為兩大類——外銷南洋、中東一帶，外形古樸的外銷瓷；以及外銷歐美、鮮豔華麗的外銷瓷。

綜觀清代陶瓷的發展，尤其是瓷茶具製造的昌盛繁榮，其原因是多方面的。一是製瓷技術的提高與社會經濟的發展，二是對外出口的擴大。但最重要的原因還是飲茶的大眾化，和飲茶方式的改變。清代茶類，除綠茶外，又出現了紅茶、烏龍茶等發酵茶類，在色彩上對茶具提出了更高的要求，從而刺激了瓷茶具的快速發展。

（二）潮汕功夫茶史

功夫茶流行於中國東南福建的漳、泉一帶與廣東潮州府（即現今潮汕地區）等地，潮汕地區的人們喜愛品飲功夫茶，可以說是已經到達了「嗜茶成性」的程度了。功夫茶所指的功夫，今人陳香白認為有四種含義：1. 工程和勞

力 2. 素養 3. 造詣，成就的功夫 4. 空閒時間。〔註30〕功夫茶成形於唐代，發展於宋元，鼎盛於明代，中心區遷移及完成於清代〔註31〕，以下分述之：

1. 唐代——成形期

中國茶盛行於盛唐，《茶經》總其大成，是潮州功夫茶的烹法之本，但是與《茶經》煎茶法比較，兩者仍有些微不同。首先，潮州功夫茶改用葉茶沖泡，省略了炙茶、碾末的步驟；由煎煮而沖泡，茶具也因此有所差異。在炭火方面，唐代「用炭，次用勁薪（謂桑、槐、桐、櫪之類也）其炭，曾經燔炙，為膻膩所及，及膏木、敗器不用之。」〔註32〕潮州功夫茶在烹煮茶湯時，多用絞只炭，以其堅硬之木，入窯窒燒。木脂燃盡，煙嗅無存，敲之有聲，碎之瑩黑，用來泡茶，為上乘。最上乘的是用橄欖核炭，以烏欖剝肉去仁之核，入窯窒燒，逐盡煙氣，儼若煤屑。以之燒茶，焰活火勻，更為特別。在選水方面，《茶經》中提到：「其水，用山水上，江水中，井水下。……其江水取去人遠者，井取汲多者。」〔註33〕潮州功夫茶的選水標準本於《茶經》，而功夫茶更為講究，山水一項等級區分更為細致，其標準是「山頂泉輕清，山下泉重濁，石中泉清甘，沙中泉清冽，土中泉渾厚；流動者良，負陰者勝，山削泉寡，山秀泉神，其水無味。」〔註34〕此外，還有天泉、天水、秋雨、梅雨、雪水、敲冰之別。

2. 宋元——發展期

宋代飲茶，蔡襄《茶錄》論茶指出「色、香、味、藏茶、炙茶、碾茶、羅茶、候湯、熁盞、點茶」〔註35〕，對茶飲藝術應立足於「色、香、味」有精到的分析，並及如何藏茶、點茶，也論述了茶器的使用，為品茶之道奠下理論基礎。宋代點茶用茶餅，改鍋中熬煮為盞中點茶，開創了「撮泡」先河。點茶法的重點在於比試茶湯，也就是將沸水沖入放置有適量茶末的茶盞中時，盞面上浮起的白色湯花，色澤鮮白而能持久者為勝，為唐代煎茶法的發展與延伸。元代的潮州功夫茶，最大的改變是不再將茶葉碾末使用，而是煎煮茶葉。元人楊維楨著有《煮茶夢記》，書中提到「命小芸童汲白蓮泉，燃槁湘竹，授以凌霄

〔註30〕陳香白：《中國茶文化》（太原市：山西人民出版社，2002 年），頁 94。
〔註31〕陳香白：《中國茶文化》。見前揭書，頁 75～99。
〔註32〕《茶經‧五之煮》。見前揭書，頁 13。
〔註33〕《茶經‧五之煮》。見前揭書，頁 13。
〔註34〕陳香白：《中國茶文化》。見前揭書，頁 76。
〔註35〕《茶錄‧上篇論茶》。宋‧蔡襄：《茶錄》，收入鄭培凱、朱自振主編：《中國歷代茶書匯編校注本》（香港：商務印書館，2007 年），頁 77。

芽，為飲供道人。」〔註36〕如何「為飲供道人」，雖未具體說明，但汲泉燃竹極有可能就是用來煎煮凌霄芽，這種將末茶改為葉茶去煎煮的方法，更貼近後代的撮泡法。

3. 明代——鼎盛期

明代是潮州功夫茶最鼎盛的時期，明人將茶藝推進到盡善盡美的階段，最大的革新是將葉茶採用沖泡的方式，兼善了宋、元的優勢而獨創撮泡法，明·張源對於水的選擇提出了一套標準：「山頂泉清而輕，山下泉清而重，石中泉清而甘，砂中泉清而冽，土中泉淡而白。流於黃石為佳，瀉出青石無用。流動者愈於安靜，負陰者勝於向陽。真源無味，真水無香。」〔註37〕對於水更是講究。除了原先對於擇水有一定的條件準則外，根據明·屠隆《茶箋》中所記載：「取白石子甕中，能養其味，亦可澄水不淆。」〔註38〕此種養水的方式，使水能夠澄清不混濁，沖泡出更好的茶湯。

茶具方面，發展出了出遊茶具、茶寮茶具兩種。明·許次紓《茶疏·出遊》中記載：「士人登山臨水，必命壺觴。乃茗碗薰爐，置而不問，是徒遊於豪舉，未託素交也。余欲特製遊裝，備諸器具，精茗名香，同行異室。茶罌一，注二，銚一，小甌四，洗一，瓷合一，銅爐一，小面洗一，巾副之，附以香奩、小爐、香囊、匕箸，此為半肩。薄瓷貯水三十斤，為半肩足矣。」〔註39〕出遊茶具，乃為因應明代士人出外登山喝茶的習慣，而發展出了便於攜帶的茶具，使他們在登山臨水時，仍能品茗享受藝術之美。明代發展出的茶寮，指的是專門用作品茶、進行茶儀式的私家房間或獨立小屋。明·高濂《遵生八箋·起居安樂箋上卷·茶寮》中的記載：「側室一斗，相傍書齋，內設茶灶一，茶盞六，茶注二，餘一以注熟水。茶臼一，拂刷、淨布各一，炭箱一，火鉗一，火箸一，火扇一，火斗一，可燒香餅。茶盤一，茶橐二，當教童子專主茶役，以供長日清談，寒宵兀坐。煎法另具。」〔註40〕可見當時的文人在茶寮中品茶頗為講

〔註36〕見元·楊維楨：《煮茶夢記》。收入鄭培凱、朱自振主編：《中國歷代茶書匯編校注本》（香港：商務印書館，2007年），頁156。

〔註37〕明·張源：《茶錄》。見前揭書，頁254。

〔註38〕《茶箋·養水》。明·屠隆：《茶箋》，收入鄭培凱、朱自振主編：《中國歷代茶書匯編校注本》（香港：商務印書館，2007年），頁239。

〔註39〕明·許次紓：《茶疏》，收入鄭培凱、朱自振主編：《中國歷代茶書匯編校注本》（香港：商務印書館，2007年），頁274。

〔註40〕明·高濂：《遵生八箋·起居安樂箋上卷》。見中國哲學書電子化計劃：https://ctext.org/wiki.pl?if=gb&chapter=73912（2022年6月21日上網）。

究。此外，由於中國的經濟中心不斷南移，到了明代，江浙地區遂成為功夫茶中心區。

4. 清代——完成期

明清易代，社會出現了空前激烈的大動盪局面。〔註41〕到了清代中葉以後，江浙地區便失去了功夫茶中心的地位。因此，功夫茶中心開始遷移至潮州地區，並且經過長時間的發展後，成為現今我們熟悉的，烹製程序繁複、技術細膩的潮州功夫茶。

功夫茶在清代時已經完成遷移，然而，功夫茶的流行區域除了潮州外，還有福建一帶，根據乾隆時期，袁枚所品飲的武夷茶，就地理位置而言，其實較接近江浙地區，因此，更客觀的說，清初功夫茶的中心區應該是在閩粵，但仍呈現「中心移動」的現象。然而，光緒年間，功夫茶具體的區域為閩之汀、漳、泉，可知清末功夫茶的盛行區域已經侷限在閩南地區，但隨著時間的推進，閩南功夫茶區越見縮小，逐漸演變為以潮州地區為主而發展出的潮州功夫茶。潮州功夫茶以「品」為主的井然有序的飲茶方式，是潮州功夫茶藝的總結性文獻，也是潮州功夫茶藝成熟、完善的標誌。〔註42〕

（三）功夫茶藝與功夫茶理

1. 功夫茶藝

如前所言，功夫茶的「功夫」，所代表的是一種費時費工的茶藝，功夫茶的主要內涵在於：茶人的素養、茶藝的造詣、沖泡的空閒時間。功夫茶道的主要程序為選茶、選水、活火、茶具、烹茶、品茶這幾項環節，功夫茶的烹煮程序極為繁複，基本上為備器、淨器、投茶、沖茶、斟茶等幾個主要步驟，前篇〈潮汕式功夫茶道及其文化意涵研究〉已論及，不再贅述。

2. 功夫茶理

今人陳香白認為，中國茶道涵蓋了七種主要義理，即所謂的「七義」：茶

〔註41〕清初思想家如顧炎武、黃宗羲、王夫之等人，以其深厚的實學根柢，積極倡導「經世致用」，本著「君子之為學，以明道也，以救世也」的精神，號召士子踴躍從事「治生」經濟活動，為了維護自己的人格尊嚴，鼓勵士人從商，作為經濟活躍地區的江浙地區一帶，受到了影響，人們的注意力急遽轉向重商，到了乾隆年間，重商的程度之大，人心浮動，一心只想著要賺取更多金錢，自然無暇顧及「功夫茶」的品飲。

〔註42〕今人陳香白譽翁輝東著《潮州茶經‧功夫茶》之語。陳香白：《中國茶文化》。見前揭書，頁98。

藝、茶德、茶禮、茶理、茶情、茶學說、茶導引。〔註43〕其中，茶藝、茶德、茶禮突出人在與自然物的會合中修養情性，以便契合天道。而茶理、茶情則強調對立事物的相濟兼容，以形成和樂境界。茶學說顯揚茶道，茶導引直接催發天人溝通的道義追求。中國茶道精神的核心，即所謂的「一心」，也就是「和」。〔註44〕這個「和」，是中和，是一個哲學、美學的範疇，是先民乞求與天地融合以求實現生存、幸福目標的文化意識，「和」能使相互矛盾對立的事象在相成、相濟的關係中化為和諧整體，這個「和」的內涵是豐富的，囊括了所謂「敬」、「清」、「寂」、「廉」、「儉」、「美」、「樂」、「靜」等意義。「七義一心」為中國茶道主要的核心精神，其主要源於潮州功夫茶。〔註45〕

透過喝茶所體現的文化，稱為茶理，不同於茶藝的是，在講求形式之外更重視精神。以下簡述潮州功夫茶之「理」：

（1）潮州功夫茶與「三」

潮州人有「茶三酒四遊玩二」之說，意味著品飲功夫茶的最理想人數是三人、飲酒四人、遊玩二人。因此會出現主客四人卻只有三個杯子的情形，這是為了體現潮州人禮讓精神。沖茶時，將水壺提高，利用手腕的力量，上下提拉注水，反覆三次，沿著茶壺邊注入恰好所需的水量，這個被稱為「鳳凰三點頭」的舉動，是中國傳統禮儀的體現，水注三次衝擊茶湯，激發更多茶性；三起三落，姿態優美，這是形式美；更重要的是表達了一種茶人的心態：三點頭就像是對客人鞠躬行禮，表達主人對客人有敬意善心，更重要的是對茶的虔誠之心，因此不能以表演或做作心態去對待，才會心神合一，做到更佳。

斟茶時，因為茶船的設計最多放置三個茶杯，因此將三個茶杯圍一起，擺放成一個「品」字，再進行「關公巡城」及「韓信點兵」等過程，使每杯茶杯內的茶湯味道皆相同，如此便能凸顯潮州人品德。「品」字是由三個「口」組成的，所以品茶要分成三口，一口啜，二口品，三口回味，直至充分體驗到茶香，才能落肚。此外，洗杯時用拇指、食指、中指操作，端茶時一樣用這三指持杯。由以上可以得知，在潮州功夫茶的沖泡中，基本上都與「三」有關，也可看出「三」在潮州功夫茶中所代表的重要意義。

〔註43〕陳香白：《中國茶文化》。見前揭書，頁42。
〔註44〕陳香白：《中國茶文化》。見前揭書，頁42。
〔註45〕陳香白、陳叔麟：《潮州工夫茶》。見前揭書，頁90。

（2）潮州功夫茶與「圓道」

功夫茶的洗杯，在淋杯之後，將一茶杯側置於另一茶杯上，中指勾住在上方茶杯的杯腳，拇指抵住杯口，不斷地向上推撥、使茶杯滾動旋轉，與下方的茶杯碰撞發出清脆鏗鏘聲響，食指則始終輕按杯身，若即若離，使轉動的小茶杯能夠適當地維持平衡，這一連串的動作稱為「滾杯」，也是功夫茶中典型的「圓道」運動。除了滾杯外，灑茶時，與圓道運動有關的便是「關公巡城」及「韓信點兵」這兩個動作。這兩者皆是在灑茶時，將茶壺口對準茶杯口，循環往復地將茶湯均勻地灑入各茶杯中，這一連串迴返往復的灑茶動作，也是屬於功夫茶中的圓道運動。

圓道這個觀念，是中國傳統文化中最根本的觀念之一。《周易・泰》記載：「無平不陂，無往不復」〔註46〕，這是《周易》解釋圓道此一觀念的敘述，代表圓道這個思想，是表示萬物萬事無不處於往復循環狀態之中。由此可知，在潮州功夫茶中，圓道這個概念也是具有特別意義的。人們在飲茶的過程中，進行一系列的圓道運動，體悟《周易》中任何事物都是會循環往復的道理，而這個道理，同時也可以表現在我們的日常生活中，就如同我們在與人相處時，應該如圓道般的圓融，因為人與人之間的交際也是一種往復，應當以圓融的態度去與人交際，建立良好的人際關係，這種圓融的處世態度，也是華人文化中很重要的一種人倫精神。

五、結語

古今茶文化的變遷從夏商周文獻記載唐代煎茶、宋代點茶、明代瀹茶至今，都深深體現出每個時代的風俗民情，飲茶不僅是一種生活方式亦是一種文化傳播、精神傳承的媒介；飲茶也從達官貴族的高貴茶飲，變成市井小民們的日常飲茶；從茶的製作到追求口感的技術，延伸至傳承精神的藝術，「茶」的層次被提升到一個新的境界。

茶文化一直是中華文化重要一環，歷代也發展出不同的飲茶方式，在了解不同飲茶方式後，理解茶在中國文化中重要性之緣故，再透過小說的呈現，從另一種視野，去了解清代發展出的茶館文化，由《儒林外史》我們可以得知茶館的社會功能，小說中的百姓們在茶館中排解糾紛、安頓流寓、商議聚會、閒話敘舊等，可以見得茶已經融入了百姓的生活之中，另外，從老舍的《茶

〔註46〕黃壽祺、張善文編：《周易譯注》（上海：上海古籍出版社，2016年），頁135。

館》中，描寫了茶館的轉型，從中可以見得，清代的茶館已然發展出另一種風貌，茶館與傳統民俗藝術結合，發展出了茶藝館，小說可以說是社會的縮影，藉由兩部小說的呈現，我們可以了解茶館在當時社會的發展與演變。

因為茶館的出現，使得茶更貼近百姓、更為普及，從文人雅士到平民百姓，茶逐漸地成為人民生活中的一部份，成為日常中的一種習慣，無論是個人獨處或與人交際時，都喜歡飲茶談天，不管是平民百姓還是達官貴人，生活中都離不開茶。喜愛飲茶的文人們，將茶寫入作品之中，作品在流傳之後，使得飲茶風氣更甚，文人們透過品飲茶湯使心情平靜，在飲茶時體悟人生哲理，透過飲茶而有靈感可以寫作，也因為文人的作品，使得寫作與茶密不可分，文人對茶的喜愛與寫作，使得茶更有價值與地位。

經過爬梳潮州功夫茶的發展，可以發現，透過功夫茶對於烹煮及品飲在程序上的講究，茶道的精神與義理變得更加鮮明，品飲清香的茶湯，使身心逐漸放鬆，進而達到平靜和諧的心理狀態，這種和諧的心理狀態也是功夫茶最主要追求的精神，也就是中國茶道精神的核心——「和」，代表著人與自然的天人合一的理想狀態。功夫茶重視「三」與「圓道」，因此功夫茶許多步驟都與「三」有關，「三」在華人社會中代表的是「天」「地」「人」三者合一，因此功夫茶特別能體現天人合一的精神。而功夫茶重視的「圓道」運動，其中的義理除了任何事物都是會循環往復外，更有著啟示作用，透過品飲功夫茶，讓我們明白人生應該圓融處事的道理。透過品飲功夫茶，實踐圓融的人倫精神，體現中國茶道的精神核心，使得茶不僅僅是一種休閒雅趣，也能是一種可以提升精神層面的調劑，這便是茶文化得以長久流傳的重要原因。

參考文獻

（一）傳統文獻

1. 唐·陸羽：《茶經》，收入鄭培凱、朱自振主編：《中國歷代茶書匯編校注本》，香港：香港商務印書館，2007 年。

2. 宋·蔡襄：《茶錄》，收入鄭培凱、朱自振主編：《中國歷代茶書匯編校注本》，香港：香港商務印書館，2007 年。

3. 元·楊維楨：《煮茶夢記》，收入鄭培凱、朱自振主編：《中國歷代茶書匯編校注本》，香港：商務印書館，2007 年。

4. 明·張源：《茶錄》，收入鄭培凱、朱自振主編：《中國歷代茶書匯編校注

本》，香港：商務印書館，2007 年。

5. 明・屠隆：《茶箋》，收入鄭培凱、朱自振主編：《中國歷代茶書匯編校注本》，香港：香港商務印書館，2007 年。

6. 明・許次紓：《茶疏》，收入鄭培凱、朱自振主編：《中國歷代茶書匯編校注本》，香港：香港商務印書館，2007 年。

7. 清末民初・震鈞：《茶說》，收入鄭培凱、朱自振主編：《中國歷代茶書匯編校注本》，香港：商務印書館，2007 年。

（二）近人論著

1. 老舍：《茶館》，臺北市：書林出版有限公司，2004 年。

2. 陸彬良：《全宋詩》，北京市：北京大學出版社，1998 年。

3. 吳雲：《紫砂壺精要圖鑑》，北京市：中國輕工業出版社，2009 年。

4. 陳香白：《中國茶文化》，太原市：山西人民出版社，2002 年。

5. 陳香白、陳叔麟：《潮州工夫茶》，臺灣：黃山國際出版社有限公司，2017 年。

6. 黃壽棋、張善文編：《周易譯注》，上海：上海古籍出版社，2016 年。

（三）電子資源

1. 宋・王安石：《臨川先生文集》，中國哲學書電子化計劃：
   https://ctext.org/wiki.pl?if=gb&chapter=471584

2. 明・高濂：《遵生八箋・起居安樂箋》，中國哲學書電子化計劃：
   https://ctext.org/wiki.pl?if=gb&chapter=73912

3. 清・吳敬梓：《儒林外史》，中國哲學書電子化計劃：
   https://ctext.org/rulin-waishi/zh

附錄一　茶的種類概說

一、前言

　　唐代以前，對茶的稱呼，用得最多的是「荼」。唐代陸羽《茶經‧一之源》中說茶的稱呼：「其名，一曰茶，二曰檟，三曰蔎，四曰茗，五曰荈」。另外還有：詫、皋蘆、瓜蘆、水厄等異名。此外，古代茶的代名詞還有：槚、選、過羅、物羅等。唐代以後，陸羽撰寫《茶經》，一律將「荼」字減去一劃，寫成「茶」，茶才有了專用字。而茶葉的分類名稱，在學術研究上的「學稱」系統可分成綱、目、群、型等。「綱」：不發酵茶屬綱。「目」：綠茶、黃茶、黑茶屬目。「群」：蒸菁綠茶、炒菁綠茶屬群。「型」：圓珠形的蝦目、珠茶及扁條形的龍井屬型。除了「學名」外，一般也有通俗的稱呼，即稱之為「俗稱」。

二、茶的分類

　　唐代，陸羽《茶經》以烹茶方法的不同將茶分為：觕茶、散茶、末茶、餅茶（相對應的方法是斫切細、熬炒乾、煬烘焙、舂碾碎）四類。宋代，馬端臨《文獻通考》記述宋代的茶葉依外型不同分為三類：片茶、散茶、臘茶。元代，在茶葉分類上多依據鮮葉的老嫩不同，而分為兩類：芽茶、葉茶。明代，進入散茶時代，將茶分成：綠茶、黃茶、黑茶、紅茶。清代，製茶技術向前發展，相繼出現了：白茶、青茶、花茶。現代，已故當代茶界泰斗陳椽先生提出了一種全新的茶葉系統分類法：以茶葉初加工工藝中鮮葉是否經過酶性氧化以及酶性氧化程度為標準，而分為六大類：綠茶、黃茶、黑茶、白茶、青茶、紅茶。

三、茶的種類

依據製程中發酵程度之不同，可分以下三類：不發酵茶、半發酵茶、全發酵茶。以下分述之：

（一）不發酵茶

所有綠茶類屬之，依殺青方式可分為炒青綠茶和蒸青綠茶。炒青綠茶：用鍋炒方式乾燥製成的綠茶。如：龍井、碧螺春、信陽毛尖。蒸青綠茶：鮮葉經高溫蒸氣殺青、揉捻、乾燥製成綠茶，茶條緊直略扁。如：綠抹茶、煎茶、玉露。除以上，珠茶、眉茶、輕發酵（後發酵）之普洱茶、沱茶亦屬之。

1. 龍井茶

是中國著名綠茶。產於浙江杭州西湖一帶，已有一千二百年以上歷史。龍井茶色澤翠綠，香氣濃郁，甘醇爽口，形如雀舌，即有「色綠、香郁、味甘、形美」四絕的特點。龍井茶因其產地不同，分為西湖龍井、錢塘龍井、越州龍井三種，除了西湖產區的茶葉叫作西湖龍井外，其他兩地產的俗稱為浙江龍井茶。

2. 三峽龍井茶

位於臺灣新北市西南方，連接文山茶區，與新店、土城、樹林、鶯歌、大溪相鄰，三峽茶區分佈在安坑、竹崙、插角及有木等里，山上雲霧蒙密，氣候涼爽，土質良好，極適合茶樹生長，當地農民開墾種茶已有二百餘年歷史，目前已有茶園面積約四百公頃，種植品種以青心烏龍、青心柑仔為主，尚有臺茶12號、13號及14號等，分別製造包種茶、龍井茶，碧螺春等；前北縣縣長尤清訪三峽茶區，將三峽茶區所生產的茶葉命名為「海山茶」；海山茶包括三峽茶區當地所生產的「包種茶」、「龍井茶」、及「碧螺春綠茶」等。三峽的海山龍井茶，採摘青心柑仔品種的一心二葉嫩芽，不經發酵直接殺菁揉捻，製成外型扁平具白毫的茶葉，外觀新鮮碧綠帶油光，茶湯呈黃綠色，明亮清澈，滋味活潑，有清新爽口之感。海山碧螺春則於每年春茶萌芽清明前採摘臺茶14號、青心烏龍或青心柑仔之一心二葉嫩芽，不發酵直接殺菁揉撚，製成外觀新鮮碧綠，芽尖白毫多，形狀細緊彎曲似螺旋形而名之為「碧螺春」，乾茶香氣清醇自然，茶湯滋味與龍井茶相似。

3. 碧螺春

主產於中國江蘇省蘇州市吳縣太湖的洞庭山，所以又稱「洞庭碧螺春」。

碧螺春茶始於明代，俗名「嚇煞人香」，到了清代康熙年間，康熙皇帝視察並品嚐了這種湯色碧綠、捲曲如螺的名茶，倍加讚賞，但覺得「嚇煞人香」其名不雅，於是題名「碧螺春」，從此成為年年進貢的貢茶。碧螺春茶條索纖細，卷曲成螺，滿披茸毛，色澤碧綠。沖泡後，味鮮生津，清香芬芳，湯綠水澈，葉底細勻嫩。尤其是高級碧螺春，可以先沖水後放茶，茶葉依然徐徐下沈，展葉放香，這是茶葉芽頭壯實的表現，也是其他茶所不能比擬的。因此，民間有這樣的說法：碧螺春是「銅絲條，螺旋形，渾身毛，一嫩（指芽葉）三鮮（指色、香、味）自古少」。目前大多仍採用手工方法炒製，其工藝過程是：殺青—炒揉—搓團焙乾。三個工序在同一鍋內一氣呵成。

4. 珠茶

亦稱圓茶，原產浙江省平水茶區。浙江平水產茶，歷史非常悠久，遠在一千多年前，平水茶區包括浙江省紹興、嵊縣、蕭山、諸暨、天臺、奉化等十餘縣市，境內山嶺盤結，峰密起伏，雲霧繚繞，溪流縱橫，氣候溫和，適於茶葉生產。品質特徵是：根外形細圓緊結，顆粒重實，宛如珍珠，珠形越細品質越佳，故名珠茶。珠茶是中國最早出口的商品之一，十八世紀珠茶以「貢熙茶」風靡世界茶壇，且售價甚高，茶價之高不亞於珠寶，曾被譽為「綠色珍珠」。

5. 信陽毛尖

亦稱「豫毛峰」。產於河南大別山區的信陽市信陽縣，因條索緊直鋒尖，茸毛顯露，又產於河南信陽，故取名「信陽毛尖」。信陽毛尖外形細秀勻直，顯峰苗，色澤翠綠，白毫遍佈。湯色嫩綠、鮮亮，香氣鮮嫩高爽，葉底嫩綠明亮、細嫩、勻齊。特級品展開呈一芽一葉初展，為中國十大名茶之一。

6. 眉茶

中國各產茶省均有眉茶生產，其中以浙江、安徽、江西三省為主。是中國產區最廣、產量最高、銷區最穩、消費最普遍的茶類。眉茶英文名：Mee，屬綠茶類珍品之一。外形條索緊結、勻整、灰綠起霜、油潤、香高味濃。因其條索纖細如仕女之秀眉而得名。眉茶以嫩、翠、香、鮮為特色，其色澤翠綠烏潤，湯色碧綠清澈，滋味幽香醇厚，甘腴芬芳，口齒留香。

7. 普洱茶

中國雲南省特有的地方名茶。以雲南原產地的大葉種曬青茶及其再加工而成兩個系列：直接再加工為成品的生普，和經過人工速成發酵後再加工而成的熟普，型制上又分散茶和緊壓茶兩類；成品後都還持續進行著自然陳化

（後發酵）過程，具有越陳越香的獨特品質。普洱散茶其外形條索粗壯肥大，色澤烏潤或褐紅，俗稱像豬肝色。滋味醇厚回甘，具有獨特的陳香味兒，有「美容茶」之聲譽。茶湯的透明度很重要，無論新茶或老茶，茶湯的透明度都代表製作與存放的優良；若茶湯顏色暗黑或混濁不見杯底，必屬劣品。「渥堆」是雲南普洱茶最具特色的製茶工藝，主要應用於普洱茶熟茶的製作，目的是透過添加菌種的呼吸作用產生水份及溫度，使茶葉中的葉綠素破壞、氧化產生茶黃素及茶紅素、並將蛋白質水解成為味道甘甜的胺基酸，使之能夠及早適合飲用。這道工序亦被稱為發酵。市場流行存放乾倉優於濕倉的說法，這「乾」應是指「乾淨」的倉，消費者應以此作為判斷標準。凡是存放在乾淨倉裡的老茶，是沒有「倉味」的；而存放良好的生茶餅會有引人入勝的「豆乳香」，熟餅則飄著「糯米香」。直接聞茶面，茶有陳香，但有霉味不宜。品質好的普洱茶入口應滑順，齒頰生津，無論茶有所謂的「蘭香」或「樟香」，茶湯入喉之後稍等一、兩分鐘，若出現「鎖喉」之感，讓喉嚨不張，有乾澀之感，此茶必有詐。

（二）半發酵茶

根據多酚類物質氧化程度分類；依發酵與焙火程度區分如下：

1. 輕發酵、輕焙火（發酵程度約 8～12%）

文山包種茶、凍頂烏龍茶屬之。文山包種茶產於北臺灣文山茶區，外形成條索狀，色澤翠綠，湯色蜜綠金黃，洋溢多種自然花香，滋味清爽甘醇。花茶、白茶〈白毫銀針、白牡丹、壽眉〉也屬輕發酵茶。

文山包種茶：文山包種茶為輕發酵的茶類，在臺茶風味輪的歸納中隸屬於清香型條形包種茶，茶樹品種主要為青心烏龍及臺茶 12 號，產區分布於新北市坪林區、石碇區、深坑區、平溪區、汐止區、新店區及三峽區，臺北市南港區及木柵區等。文山包種茶葉質柔軟、葉肉肥厚色呈淡綠者為佳，並避免採用過嫩茶菁致使成茶品質苦澀、香氣不揚。文山包種茶外觀芽葉自然捲曲、條索緊結整齊，色澤墨綠帶油光。茶湯水色蜜黃碧綠，入口滋味圓滑甘醇有活性，香氣則以具新鮮、幽雅撲鼻的清香為上品，是特別注重香氣品質的一種茶類。飲用文山包種茶，除了茶湯滋味滑潤、入口生津帶活性，同時也能享受其撲鼻的花香味，其「香、濃、醇、韻、美」的五大特色，是茶中極品。

凍頂烏龍茶：生產於臺灣南投縣鹿谷鄉的烏龍茶，茶區大多分佈在海拔600 至 1200 公尺的山坡地上。茶葉採摘自茶樹頂端的嫩葉，茶樹的品種有青

心烏龍、武夷種、四季春、臺茶 12 號、臺茶 13 號，屬於半發酵茶。凍頂烏龍茶製茶特殊處在於殺菁乾燥後，要再以布包成球狀揉捻茶葉，壓迫使茶成半球狀，稱為「布揉製茶」。茶葉色澤墨綠油潤，葉展開後葉片為淡綠色，葉底邊緣鑲紅邊，被稱為「綠葉紅鑲邊」，亦稱「青蒂、綠腹、紅鑲邊」。凍頂烏龍茶俗稱凍頂茶，典型凍頂烏龍茶的特徵是茶湯水色呈金黃偏琥珀色且澄清明亮，熟香、果香或花香撲鼻，茶湯入口生津，滋味圓滑甘潤，落喉韻味十足，飲後回韻無窮，且經久耐泡為凍頂烏龍茶之特色。因為在臺灣茶市場中時常處於領先地位，也被稱為「臺灣茶中之聖」。

白茶：白茶屬輕發酵茶，是中國六大茶類的一種，主要產於福建省福鼎市、政和縣、建陽縣、建甌縣等地。茶芽重萎凋，讓其自然消失大部分水分，做手（攪拌）很輕，促其輕微發酵、烘乾製成。因鮮葉原料不同，可分為白毫銀針、白牡丹、貢眉、壽眉及新白茶五種。特點為乾茶外表滿披白色茸毛，茶條鬆弛不緊結，顏色灰白、湯色清淡、味鮮醇、有毫香。有：單芽（芽尖）—白毫銀針、蘭花型（一心一葉）—白牡丹。

2. 中發酵（發酵程度約 15～30%）

鐵觀音茶、武夷水仙茶、佛手屬之。主產於臺灣北部中高海拔山區及中國福建省安溪。外形成半球捲曲，焙火後，水色紅亮，滋味淳厚甘潤，香沈而濃，回甘悠長。有天然「蘭花香」和特殊「鐵觀韻」。焙火分輕焙火（清香烏龍茶）與中焙火（濃香烏龍茶）。

鐵觀音茶：木柵鐵觀音茶樹於臺灣日治時期，由木柵茶葉公司派茶師張迺妙、張迺乾兄弟遠赴中國福建安溪取回，種植於木柵茶區，而有木柵鐵觀音茶的開始。鐵觀音原是茶樹品種名，由於它適製烏龍茶，其烏龍茶成品遂亦名為鐵觀音。正欉鐵觀音葉面多數向陽，所以茶葉含單寧及各種成份均高，苦澀味較重，用鐵觀音傳統製法布包團揉，文火烘焙，二度輕醱酵，中長時間、中高溫焙火，使茶葉苦澀味相對減少產生之弱果香，為木柵鐵觀音之獨特茶香。優質鐵觀音茶條捲曲、壯結、沉重，呈青蒂綠腹蜻蜓頭狀。色澤鮮潤，砂綠顯，紅點明，葉表帶白霜。鐵觀音湯色金黃，濃艷清澈，葉底肥厚明亮，具綢面光澤。泡飲茶湯醇厚甘鮮，入口回甘帶蜜味；香氣馥郁持久，有「七泡有餘香」之譽。經國內外試驗研究表明，安溪鐵觀音所含的香氣成分種類最為豐富，而且中、低沸點香氣成分所佔比重明顯大於用其他品種茶樹鮮葉製成的烏龍茶。因而安溪鐵觀音獨特的香氣令人心怡神醉，一杯鐵觀音，杯蓋開啟立即芬芳撲

鼻，滿室生香。

3. 重發酵（發酵程度約 45〜50%）

東方美人茶屬之，主產於臺灣桃竹苗等縣與新北市石碇區等茶區，外觀白毫肥大，葉呈紅、黃、綠、白、褐色相間，色澤艷麗，茶湯呈澄紅，水色明亮，具蜂蜜味與熟果香。飲茶時滴一點香檳，風味特佳。又稱白毫烏龍，或香檳烏龍茶。

東方美人茶：俗稱膨（椪）風茶，聞名於英國，被稱為東方美人茶或白毫烏龍茶或香檳烏龍茶，為該類發酵程度最深的茶類。膨（椪）風茶名字的由來，據說是一位茶農用遭「茶小綠葉蟬」刺吸危害的茶樹嫩芽，加以製成茶葉後，拿出去賣，卻意外的大受歡迎。當這位茶農將銷售的情形向附近茶農說起時，卻被其他人說他在膨風（吹牛），而使得該茶農的茶葉被稱為「膨風茶」。又相傳百年前，英國商人將此茶呈現給英國女皇品嚐，女皇對其獨特果香與蜜香的口感，以及外表炫麗斑斕、宛如絕色佳人，愛不釋手，加上因產於東方的福爾摩莎寶島臺灣，故賜名為「東方美人茶」。十九世紀末，烏龍茶因為外銷上的需求，種植的範圍由北部的南港文山茶區，往南向桃竹苗地區移動，這些茶大都透過洋行銷往海外，臺灣人稱這些茶為「番庄茶」或「番庄烏龍」。番庄烏龍為臺灣最早出現的烏龍茶，外形為條索狀，外銷開始後，一度滯銷，直到廿世紀初膨風茶出現才被打破。番庄烏龍是白毫烏龍的基礎，而白毫烏龍又是膨風茶的基礎，膨風茶的製程與白毫烏龍完全一樣，唯一差異處，在於這種新式烏龍利用了茶園中的小綠葉蟬叮吮茶樹芽嫩部位，產生帶有類似熟果與蜜糖香味，這個「著涎」技術讓白毫烏龍成為擁有自己風味記號的茶種，從此，烏龍茶是否帶有小綠葉蟬叮吮產生的風味，就成了白毫烏龍與膨風茶的分野區別，這點也決定了膨風茶重大的市場價值。

（三）全發酵茶

所有紅茶類屬之。按外型分：分條型紅茶和紅碎茶。功夫紅茶如滇紅（雲南紅茶）、祈紅（安徽祈門紅茶）。小葉種紅茶如正山小種（福建省崇安縣桐木地區）。最原始小葉種在中國福建省武夷山桐木關，而後英國人將其技術於印度種大葉種。

1. 紅玉紅茶

日人在 1925 年從印度引進大葉種阿薩姆紅茶，在南投縣的蓮華池育種後，分別在埔里、水里、魚池等地區試種，結果發現日月潭高溫多濕，終年雨

量多，濕度大，栽培環境與印度阿薩姆茶區相仿，試種的效果最好，造成日月潭地區成為臺灣唯一的阿薩姆紅茶產地。日月潭以栽培阿薩姆品種與臺茶 18 號為主，以手工摘採製成，茶葉經長時間室內萎凋，再經揉捻過程使葉片細胞劇烈破壞，促使茶多酚與氧化酵素進行反應，最後補足發酵，令葉底完全變紅。湯色紅豔、澄清明亮泛油光；香氣以清純濃郁者為佳；滋味醇和、濃強鮮爽；葉底肥軟鮮活且紅勻明亮。紅玉紅茶，由臺灣原生種野生山茶為父和緬甸大葉種阿薩姆為母育成，具天然薄荷及淡淡的肉桂香，世界紅茶專家讚譽此獨特香氣為「臺灣香」。

2. 紅韻紅茶

是以祁門茶種與印度大葉種配種而成。茶湯色金紅明亮，滋味甘甜鮮爽，茶葉香氣極為突出，帶有濃郁柚子花與柑橘花香氣，是具有高香氣之紅茶新品種。2008 年 10 月 17 日審查通過，正式命名為「臺茶 21 號」。

3. 滇紅

是雲南紅茶的統稱，分為滇紅功夫茶和滇紅碎茶兩種。滇紅功夫茶芽葉肥壯，金毫顯露，湯色紅豔，香氣高醇，滋味濃厚。滇紅功夫茶於 1939 年在雲南鳳慶首先試製成功。

四、茶葉的外型

（一）枝葉連理的龍井茶

主要特色是植物新鮮味，製作上盡量保留原有特色外形，要枝葉連理，製後泡開要一心二葉地舒展，有如一朵花，所以製造時多壓揉成劍片狀，減少破壞。

（二）自然彎曲的碧螺春

清茶要求清雅，香、味一濁便糟了。高香是其特性，所以採摘發育成熟的對口開面葉，製作時只要輕輕地揉捻，不求捲曲，成茶的外觀為自然彎曲。

（三）邊揉邊焙成捲曲狀的鐵觀音

揉捻的工夫是製造的特點，一面烘焙一面揉，直到茶葉定形為捲曲狀。茶風味持重，揉焙越多次的茶，泡水溫度要越高。

（四）半球形的凍頂烏龍茶

介乎前述兩種之間，揉成半球形，初揉以後依需要包布團揉，不必像鐵觀

音揉那麼多次，不必焙、揉兼施，這種茶兼具清茶和鐵觀音的特色，香、味並重，人見人愛。

五、結語

　　凍頂烏龍茶和文山包種茶、東方美人茶、松柏長青茶、木柵鐵觀音、三峽龍井茶、阿里山珠露茶、臺灣高山茶、龍泉茶和日月潭紅茶並稱為「臺灣十大名茶」。茶葉成分黃金比例，是由兒茶素、咖啡因、胺基酸等主要成分及組成香氣化學物質組成。同一塊茶園在不同的季節，也會造成茶葉化學成份的黃金比例改變。臺灣擁有各種發酵程度不等的茶類，除了特色茶，因應商用茶飲的崛起，在茶園和製茶端都針對不同的茶葉發展技術，生產更符合大眾化口味的黃金比例茶葉。在製茶技術中，有一種工法叫做「拼配」。在傳統製茶中，經驗豐富茶師為了讓每批茶葉有穩定的品質與風味，會將不同口味與香氣的茶葉配在一起，透過不同特色的茶葉截長補短。另外，國人喜歡飲用的香片等花茶，也是透過加工技術，將花的香氣薰入茶葉中。講求穩定的品質與風味的商業茶，更需要透過「拼配」的方式讓每批茶葉口感、茶香調整一致。最後，特別值得一提的是，全世界有果香的茶有三種，分別是大吉嶺紅茶、東方美人茶、蜜香紅茶，三種中臺灣有其二，東方美人茶最為人熟知，蜜香紅茶發酵度95～98%，產於臺灣花蓮瑞穗，意者不妨品嚐賞味。

附錄二　品茗的禮儀與文化

一、前言

　　品茗時有哪些禮儀需要注意？以筆者所知，在服飾上並沒有特別的限制，以得體大方但不暴露為原則。頭髮需梳洗乾淨，避免答禮時頭髮向前傾，散落到前面，或掉落到茶器與操作臺。手上不宜配戴太出色或太大的手飾，避免喧賓奪主，或撞擊到茶器，或打破茶器。臉上淡妝，香水清淡較宜，口紅不宜鮮豔，避免唇印和香氣留在杯上，不擦最好。考慮季節與場合的變化：春天穿著新鮮的淡色衣服，冬天改穿溫暖的深色衣料。雖說並未形成條規，大抵茶人約定成俗了然於胸。茶在我們的生活中形成怎樣的文化，各地因俗而成，以下分述之。

二、飲茶時應注意的禮儀

（一）奉茶與喝茶的禮節

　　奉茶時，雙手握住茶盤的後半部，高度要在客人伸手不必高舉的地方，眼睛可以很自然看到盤面而不必仰頭。還要留意左右手臂會不會妨礙到客人，自己身體的姿勢，是否彎曲的太厲害。泡好茶，茶湯都倒進杯子裡，如果發現有一杯量特別少，或不小心倒進了茶渣，可以把這一杯先端下來放在壺組的左下方自己用，或全部端出去讓客人取用，剩下的一杯才是自己的。當兩三個人促膝而談，伸手就可拿到茶，這時倒好茶，說聲「請喝茶」，大家自行取用。如是短距離的圍坐，站在原地端起奉茶即可。如果距離較大，就必須走出去，送茶到每個客人前面。先向長輩奉茶，同為平輩時，以左為尊從左邊開始。主人奉茶，客人應行禮表示謝意。杯子有把手，將把手調向客人的右

手邊（一般原則），若明知客人為左撇子，把手則調向左手邊。倒茶時避免將茶渣倒入杯內，以七、八分滿為原則。量的多寡可配合天氣，天熱，量不妨多一些；天冷，半杯不算少。如人多壺小，每杯少倒一點。一般而言，泡一種茶，沖泡三到五次算一回合，就可結束。建議沖泡另一種茶葉時，另換一組新杯使用。新杯的顏色、式樣最好有點變化，除可增加品茗的樂趣，還可增加談話的資料。

（二）鞠躬禮

分為站式、坐式和跪式三種。根據行禮的情況分成「真禮」（用於主客之間）、「行禮」（用於客人之間）與「草禮」（用於說話前後）。站立式鞠躬與坐式鞠躬比較常用，其動作要領是：兩手平貼大腿徐徐下滑，上半身平直彎腰，彎腰時吐氣，直身時吸氣。彎腰到位後略作停頓，再慢慢直起上身。行禮的速度宜與他人保持一致，以免出現不諧調感。「真禮」要求行九十度禮，「行禮」與「草禮」彎腰程度較低。

（三）伸掌禮

這是品茗過程中使用頻率最高的禮節，表示「請」與「謝謝」，主客雙方都可採用。兩人面對面時，均伸右掌行禮對答。兩人並坐時，右側一方伸右掌行禮，左側方伸左掌行禮。伸掌姿勢為：將手斜伸在所敬奉的物品旁邊，四指自然併攏，虎口稍分開，手掌略向內凹，手心中要有含著一個小氣團的感覺，手腕要含蓄用力，不至顯得輕浮。行伸掌禮同時應欠身點頭微笑，講究一氣呵成。

（四）叩指禮

此禮是從古時中國的叩頭禮演化而來的，叩指即代表叩頭。早先的叩指禮是比較講究的，必須屈腕握空拳，叩指關節。隨著時間的推移，逐漸演化為將手彎曲，用幾個指頭輕叩桌面，以示謝忱。用五個手指並拳，拳心向下，五個手指同時敲擊桌面，相當於五體投地跪拜禮，那是晚輩向長輩、下級向上級行的禮；敲桌面可以敲三下，相當於三拜，如果是遇到特別尊敬的人，可以敲九下，相當於三跪九拜。用食指和中指並攏，同時敲擊桌面，相當於雙手抱拳作揖，是平輩之間行的禮；敲桌面必須敲三下，相當於三作揖。用食指或中指敲擊桌面，相當於點點頭，長輩對晚輩或上級對下級行的禮；敲桌面只須敲一下，相當於點一下頭。

（五）寓意禮

這是寓意美好祝福的禮儀動作，最常見的有：鳳凰三點頭。用手提壺把，高沖低斟反覆三次，寓意向來賓鞠躬三次，以示歡迎。高沖低斟是指右手提壺靠近茶杯口注水，再提腕使開水壺提升，此時水流如釀泉洩出於兩峰之間，接著仍壓腕將開水壺靠近茶杯口繼續注水。如此反覆三次，恰好注入所需水量，即提腕斷流收水。在進行回轉注水、斟茶、溫杯、燙壺等動作時用雙手迴旋。若用右手則必須按逆時針方向，若用左手則必須按順時針方向，類似於招呼手勢，寓意「來、來、來」表示歡迎。反之則變成暗示揮斥「去，去、去」了。放置茶壺時壺嘴不能正對他人，否則表示請人趕快離開。斟茶時只斟七分即可，暗寓「七分茶三分情」之意。俗話說：「茶滿欺客」，茶滿不便於握杯啜飲。

三、茶文化

「文化」Culture 一詞，源自於拉丁文的動詞 Colere，本意是栽培或耕種土地。就社會學來說，文化是由任何一群人中每個成員的經驗，以及引導其行為的各種信仰、價值和表達符號所構成，並為該群人共同持有。中國人一向以禮為先，這一特點亦同時反映在民間的飲茶風俗之中，貫徹於日常生活、婚喪嫁娶、人生禮俗、日常交往之內。因此，茶既可敬天、祭祖、款待客人，又可在婚嫁事宜中擔任重要角色。

（一）以茶待客

「以茶待客」是中國的傳統禮儀，自宋代起已十分流行，表示對客人的歡迎和尊重。中國是多元族群國家，各地風俗習慣不同，敬茶的方式、待客的茶類、禮儀亦不盡相同。因此，飲茶禮俗亦呈現出濃厚的民族特色。比如：雲南大理白族以「三道茶」待客，江南地區春節時會奉上「元寶茶」，湖南有「擂茶」、湖北有「爆米花茶」、潮州閩南地區有「功夫茶」，而邊疆山區則有西藏的「酥油茶」、蒙古的「奶茶」、侗族的「打油茶」和西北回族的「蓋碗茶」。

（二）三道茶

流行於雲南大理白族居住區，起源於公元八世紀南詔時期。是白族節慶婚嫁時敬獻賓客的民俗茶飲。品飲同時，伴以白族的詩、樂、歌、舞表演，是白族待客交友的高雅禮儀。三道茶依次為一苦、二甜、三回味。頭道茶，苦茶

〈又稱雷響茶〉：上等茶葉〈慣用大理產感通茶〉放入土陶罐中用文火烤，邊烤邊抖，直至茶葉微黃並發出清香味，然後注入開水，茶罐內即發出聲響並冒出水泡。待水泡沫散去，陶罐內即留下少許又苦又香的濃濃茶汁。二道茶，甜茶：先將核桃仁片與烤乳扇（牛奶製成的扇狀食品）和紅糖等配料放入茶杯，然後冲入煮沸的茶水〈用下關沱茶〉即可敬獻客人。茶湯香甜可口，且有乳香味。三道茶，回味茶：先將蜂蜜、花椒、薑片、桂皮末等按比例放入瓷杯，然後冲入熱水即成。此道茶集甜、麻、辣、茶香於一體，飲時別有風味，故名回味茶。

三道茶另有一說，指的是福建武夷山御茶園（按：御茶園位於福建武夷山九曲溪的四曲溪畔，是元、明兩代官府督制貢茶的地方。）民間飲茶習俗，也可以說是一種現代的飲茶方式（一般適用於茶館）。「三道茶」包括「迎賓茶」、「留客茶」、「祝福茶」。迎賓茶是為遠道而來的客人送上的第一盞茶，並配有茶點。茶點是具有武夷山區特色的米焦、芝麻果、鹹筍乾、芋果等。香醇的茶和甜美的茶點，表示歡迎客人的到來。留客茶是讓客人既能看到泡茶的技巧又能品嘗到茶的色、香、味。一邊品茶，一邊交談，無拘無束，其樂無比。祝福茶呈送時間在客人告辭時，送上一杯桂花金桔茶，並送上祝福的吉言。

（三）元寶茶

「元寶茶」飲用的時間，從正月初一飲到正月十五元宵節為止。元寶茶是在泡茶葉茶時，在茶水中放進三隻青橄欖，因橄欖形似元寶，而稱之「元寶茶」。飲元寶茶一是人們祈望生活家景興盛，二是青橄欖有解油膩、助消化、平肝去塞的功能，特別適宜在春節期間飲用。

（四）擂茶

擂茶為客家人招待貴賓的一種茶點，擂即研磨之意，以陶製擂碗將茶葉、芝麻、花生等多種原料研磨成粉，加入冷熱開水冲泡調勻後飲用。擂茶能充飢解渴，也能當保健飲料飲用。擂茶別名三生湯，相傳三國時代的張飛帶領官兵進攻武陵時，官兵將士都感染瘟疫無力作戰，當時有位草藥醫師前輩，有感於蜀君紀律嚴明，便奉獻祖傳的除疫秘方，以生茶、生薑、生米共同磨成糊漿後煮熟而飲用，結果是湯到病除，擂茶之名便由此相傳下來。目前在東南亞印尼、馬來西亞、新加坡等地客家人及移民，以及中國湖南廣東福建等地區的民眾皆有飲擂茶的習慣。在臺灣地區則以臺北、桃園、新竹、苗栗、花蓮、高

雄、屏東……等地區的客家庄仍然保留這種美味文化。客家人的擂茶，茶味純、香氣濃，不僅能生津止渴，清涼解暑，而且還有健脾養胃，滋補長壽之功能。一般推測，擂茶之所以成為客家飲食，可能是因為擂茶的主原料「米仔」和茶葉等材料輕巧容易攜帶，且食用方便，不易長米蟲，為客家人逃難中發展出的特殊飲食。

擂茶是宋元明的通俗茶飲，盛行在茶中加果加料。宋・梅堯臣〈次韻和永叔嘗新茶雜言〉：「此等莫與北俗道，只解白土和脂麻。」、宋・蘇轍〈和子瞻煎茶〉：「君不見閩中茶品天下高，傾身事茶不知勞，又不見北方俚人茗飲無不有，鹽酪椒薑誇滿口。」南宋・吳自牧《夢梁錄》：「蓋人家每日不可闕者，柴米油鹽醬醋茶。」記南宋臨安（杭州）茶館，賣各種奇茶異湯，香花拌茶，還有「七寶擂茶」。關於七寶擂茶，明初朱權的《臞仙神隱》書中記有「擂茶」一條：是將芽茶用湯水浸軟，同炒熟的芝麻一起擂細。加入川椒末、鹽、酥油餅，再擂勻。假如太乾，就加添茶湯。假如沒有油餅，就斟酌代之以乾麵。入鍋煎熟，再隨意加上栗子片、松子仁、胡桃仁之類。明代日用類書《多能鄙事》也有同樣的記載。可見一般老百姓喝茶，雖然得不到建茶極品，倒是有不少花樣翻新。

（五）潮汕地區的功夫茶

功夫茶起源於唐，發展於宋、元，鼎盛於明、清，在廣東潮州府（即現今潮汕地區）及福建的漳州、泉州一帶最為盛行。功夫兩字，依陳香白先生之意有幾解：1. 工程和勞力 2. 素養 3. 造詣，成就的程度 4. 空閒時間。功夫茶在日常飲用中從落座開始點火燒水到置茶、備器（一般有三個杯要求擺放成品字形），再到沖水、洗茶、沖茶有時也同時是洗杯（俗稱第一沖），再沖水、浸泡、沖茶稍候片刻才端杯慢慢細飲（俗稱第二沖），之後再添水燒煮重複第二沖的過程，數沖以後（從六、七沖到十多沖）換茶再泡，其間的過程是很花費時間的。

（六）西藏的酥油茶

酥油茶是將磚茶用水煮好，加入酥油（氂牛的黃油）和鹽，放到一個細長的木桶中，用一根攪棒用力攪打，使其成為乳濁液。另一種方式是將酥油和茶放到一個皮袋中，紮緊袋口，用木棒用力敲打，所以叫「打」酥油茶，是女主人招待客人的一項非常費力的工作，現在也可以用電動攪拌機配置。由於磚茶含鞣酸多，刺激腸胃蠕動加快消化，單喝極易飢餓，必須加酥油或牛奶，蒙古

人一般喝奶茶，西藏氂牛產奶量不大，普遍用酥油茶招待客人。

（七）侗族的打油茶

油茶，是侗族人民喜愛的飲食。清香甘甜的油茶，提神醒腦，煥發精神，兼有祛除濕熱，防治感冒、腹瀉之效。打油茶的程序：首先將「陰米」（蒸熟晾乾的糯米，有的還染了五彩色）用茶油炸成米花撈出，再炒花生米、黃豆等副食品。最後把糯米炒焦，再放些茶葉稍炒一下，馬上添溫水入鍋，加鹽煮沸，即是油茶水。吃的時候碗裡放點蔥花、茼蒿、菠菜等，盛入油茶水，加些炸好的米花、花生、黃豆、豬肝、瘦肉等配料，有的還在油茶水中煮上小小的糯米粉湯團，就是色、香、味俱全的油茶了。每次打油茶，每人至少要吃三碗，否則會被認為對主人不尊敬。

（八）宮廷茶宴

宮廷茶宴源於唐朝。每年貢茶製成後，便送到京師供皇室設「清明宴」之用，在宗廟拜祭過後，便賞賜群臣。宋朝時候，宮廷茶風更盛，宋徽宗不但親自作《大觀茶論》，還在宴會中親自烹茶。至清代，茶宴更多，茶宴一般在元旦後三日舉行，以飲茶賦詩為主。據記載，這類茶宴在清代舉行多達六十次。到康熙乾隆年間還舉行過數次「千叟宴」，參與人數達千人之多，開宴時還有隆重的「進茶之儀」，向皇帝及王公大臣獻茶。可見，此類茶宴規模龐大，且非常隆重。

四、茶與婚俗、祭儀

（一）茶與婚俗

結婚是人生大事，在中國人的婚俗中，茶扮演著重要角色。茶與婚禮的關係，簡單來說，就是在婚禮中應用茶作為禮儀的一部分。它起於何時？根據《舊唐書‧吐蕃傳》記載，從唐太宗貞觀十五年（641），文成公主入藏時，按本民族的禮節帶去茶開始，至今已有一千三百多年了。唐時，飲茶之風甚盛，社會上風俗貴茶，茶葉成為婚姻不可少的禮品。宋時，由原來女子結婚的嫁妝禮品演變為男子向女子求婚的聘禮。茶開始作為聘禮，稱為「下茶」禮，到清代已十分普遍，取其純潔、堅定和多子多福的象徵。至元明時，「茶禮」幾乎為婚姻的代名詞。女子受聘茶禮稱「吃茶」。姑娘受人家茶禮便是合乎道德的婚姻。清朝仍保留茶禮的觀念，有「好女不吃兩家茶」之說。由於茶性不二移，開花時籽尚在，稱為母子見面，表示忠貞不移。如《紅樓夢》第二十五回〈魘

魔法叔嫂逢五鬼　通靈玉蒙蔽遇雙真〉中，王熙鳳送了兩瓶茶葉給林黛玉後，詼諧地說：「你既吃了我們家的茶，怎麼還不給我們家作媳婦兒？」如今，我國許多農村仍把定婚、結婚稱為「受茶」、「吃茶」，把定婚的定金稱為「茶金」，把彩禮稱為「茶禮」等。江南婚俗中有「三茶六禮」，所謂「三茶」，即定婚時的「下茶」之禮、結婚時的「定茶」之禮和洞房時的「合茶」之禮。此外，新人在婚禮中拜見長輩時，亦要行「獻茶」之禮，表示對長輩的尊敬。這些美好而歡樂的茶俗，部分沿襲至今，為美滿婚姻祝願。在婚禮中用茶為禮的風俗，也普遍流行於各民族。蒙古族定婚，說親都要帶茶葉表示愛情珍貴。回族、滿族、哈薩克族定婚時，男方給女方的禮品都是茶葉。回族稱定婚為「定茶」，「吃喜茶」，滿族稱「下大茶」。至於迎親或結婚儀式中用茶，有作禮物時，主要用於新郎、新娘的「交杯茶」、「和合茶」，或向父母尊長敬獻的「謝恩茶」、「認親茶」等儀式。總之，從古到今，我國的許多地方，在締婚的每一個過程中，往往都離不開茶來作禮儀。

（二）茶與祭祀

　　茶作為隨葬品由來已久，在中國湖南長沙出土的馬王堆漢墓中，就發現竹簡木牌上刻有「櫃一笥」、「櫃笥」字樣。也就是茶葉一箱，證明早於漢朝，貴族已用茶作為隨葬品。另外，茶亦用作祭品供於佛前、祖先前和靈位前，此舉在民間十分普遍。不過，在民間喪葬禮俗中用茶，就有很多傳說，認為茶能使人清醒，用茶陪葬或在靈前供茶，可以使死者不喝陰間鬼役的迷魂湯，靈魂就不會迷失。時至今日，每逢清明、冬至和春節，江南一帶仍流行祭祖時用茶的習俗。我國以茶為祭，大致是在魏晉南北朝時逐漸興起的。南北朝時南朝齊武帝蕭衍永明十一年遺詔說：「我靈上慎勿以牲為祭，唯設餅、茶飲、乾飯、酒脯而已，天下貴賤，咸同此制。」齊武帝蕭衍是南朝少數比較節儉的統治者之一，他提倡以茶為祭，把民間的禮俗，吸收到統治階級的喪禮中，並鼓勵和推廣了這種制度。把茶用作喪事祭品，只是祭禮的一種。我國的祭祀活動，還有祭天、祭地、祭灶、祭神、祭仙、祭佛，不可盡言。古代用茶作祭，一般有這樣三種形式：在茶碗、茶盞中注以茶水；不煮泡只放以乾茶；不放茶，只置茶壺、茶盅作象徵。其它民族，也有以茶為祭品的習慣。如雲南麗江的納西族，無論男女老少，在死前快斷氣時，都要往死者嘴裏放些銀末、茶葉和米粒，他們認為只有這樣死者才能到「神地」。祭祀活動中的以茶作祭品，可以說真實地反映了人類的歷史現象。

五、飲茶禮儀與美育、教育

（一）飲茶禮儀與美育

數千年的中國飲茶史中，有著深厚的禮儀文化。這種禮儀文化是人格魅力的重要因素。中國的飲茶禮儀是大眾化的，以茶敬客，是每個中國人待人接物的起碼禮節，客來敬茶，充分體現了中國人熱情好客、注重友情的傳統美德。中國自古便有淺茶滿酒之俗，飲茶講究淺斟慢飲。若滿杯茶遞與客人，便有欺客逐客之嫌，謂之不禮或失禮，淺淺一杯茶，濃鬱著人情美，反映了賓主之間和諧溫馨。一杯茶，七分滿。宜慢飲細品，以顯示文雅與修養。淺茶慢飲，含有我們東方文化中簡約、含蓄、寬容、自律的處世哲學。飲茶禮儀之美，可以高雅人的氣質，規範人的言行舉止，優化人的藝術教養，達到美育之目的。

茶藝是以茶為載體，經茶人和藝人審美加工使二者珠聯璧合之產物。它以茶音樂、茶詩畫、茶藝表演等多種藝術形式來表現茶對人的思想感情、生活情趣、道德觀念和價值觀念的影響。是一種對人產生精神鼓勵，情感愉悅並具審美效應等文化功能的藝術。茶音樂是以茶為內容創作的詞曲，借以抒發情思引起聽眾共鳴的藝術形式，如《採茶撲蝶》、《茶之舞曲》等。清茶一盞香自幽，悠揚樂曲常相伴，盧仝七碗蕩詩腹，《茶中雜咏》流百世。歷來的文士茶客對茶進行了出神入化的品飲活動，以吟詩作賦狀茶之妙言茶之功，留下了大量的藝術精品，成為我國博大精深的茶藝大觀園中一支極富特色的奇葩。茶藝之美，美在一種濃濃的藝術氛圍，聽茶歌、觀茶畫、吟茶詩、品茶味，使人對茶的享受由生理延伸到心理，從而提高人的精神生活，以美啟真，樂趣無窮。飲茶雅稱為品茶，茶人一直有意識地將品茶作為一種顯示高雅素養，寄託感情，表現自我的美的藝術活動來刻意追求、欣賞和創造，因此品茗不啻是一種意境與美育的提昇。

具體而言，品茶可「雅志」，在品茶的意境中，能使人跨越時空，擺脫人生煩惱，不為名利所累，在超凡脫俗中享受人生的美麗。其次，品茶可「純情」，一杯清茶，平淡而磊落，沒有杯來盞去的油膩與嘈雜，更無世俗勢利的虛枉和矯飾，如同茶一樣的品味純正，真切實在。茶昭示了賓主的修養與品行，以誠摯純化人際溫情。在品茶美的意境中品味出歲月的艱辛、人生之真諦、生活的美麗，它對於我們的品格修養具有極豐實的內涵。

（二）飲茶禮儀與教育

當人們以審美的方式飲茶時，特別欣賞茶的內質。茶韻各異，均味濃香永。茶香寓於味中，茶味以濃、鮮、甜、醇為特點，這種絕妙的滋味純屬天然，難以合成，愛茶之人常將不同茶所獨具的風味稱為韻味。茶之韻味，美在不同品種，各有千秋。綠茶味濃烈而後回甘，紅茶味濃厚，黑茶味醇清甘，白茶清涼甜爽，花茶芬芳清雅。飲茶之風尚獨領風騷數千年，全在於茶之靈味的誘惑。茶味先苦澀而後回甘，恰如人生之壯美，它啟示我們恪守這樣的人生信條，人生之旅程不是一帆風順，總會有風浪與挫折相伴。年少時辛勤打拼，壯老年後得到回饋，品茶過程猶如體驗人生。

宋・蘇軾〈次韻曹輔寄壑源試焙新芽〉詩云：「戲作小詩君一笑，從來佳茗似佳人！」無論在文人雅士的視野裡，還是在普通百姓的民俗風情中，茶都被認為是純潔高尚人格的象徵。人生如茶，有淡淡的愁苦，亦有咀嚼不盡的溫馨甘甜，茶味不管有過怎樣濃郁的甘甜或苦澀，最後終會歸於平淡，正如同人生無論有過怎樣的壯觀輝煌，最終總不失質樸與平凡的本真。茶味之美，啟示人們把苦澀吞噬在心田，以濃鬱的清香與甘甜怡人，以美啟智，創意出樂觀向上奉獻的高尚情操。唐・韋應物〈喜園中茶生〉詩云：「潔性不可汙，為飲滌塵煩。此物信靈味，本自出山原。聊因理郡餘，率爾植荒園。喜隨眾草長，得與幽人言。」茶性之美諭示吾人謙和之重要。茶出自深山幽谷，得益於山野寧靜的自然造化，秉性高潔，不入俗流，告誡人們「靜以養身，儉以養德」。尋常百姓家，行廉儉之道，信奉粗茶淡飯，清靜為懷。在艱苦的勞作中安守本分，不慕榮華富貴的虛榮，面對物欲得失的誘惑，不計較更不趨炎附勢，清淨處世，持家創業，內心無愧人生坦然，諭示吾人儉約之德。人我交往，「寒夜客來茶當酒」，文人雅士清茶待客無須酒，彰顯出廉儉清高和「君子之交淡如水」的深沉內涵，茶性之美諭示吾人淡泊之志。

六、結語

宋・蘇軾：「仙山靈草濕行雲，洗遍香肌粉未勻。」茶由山野鄉徑走向人們的日常生活。它的營養成份，藥理特徵，養生保健價值及美容功效，日趨受到現代人的歡迎。茶以其藝術的魅力進入人們的精神家園，迎合人們求真向善的心理需要，使整天在快節奏的生活和工作中奔波的人們得以遣興消閒，以達心理輕鬆，忘憂去煩。茶德之功在保健養生，康樂身心，正是其它飲料

所不可替代的物質和精神雙重效應的體現。飲茶的意境能孕育出良好的心態，淨化並滋潤人的生命，以美揚善。茶香常伴人情味，茶品人格兩相宜。茶韻致得人緣，它使我們在看待現實人生時，抱持一種感恩的心態、理性的寬容，以一種愛心永存的審美眼光觀照世界、敬愛為人，追求人類友愛的本性，和誠處世。

附錄三　茶與文學舉隅

一、前言

　　中國是詩歌的國度，也是茶樹的原鄉，又是最先開始飲茶的國家，因此茶和詩很早便發生了聯繫，茶詩可以說是茶和詩歌聯姻的結晶。然而，先秦的文獻中找不到「茶」字的蹤影，倒是「荼」字頻頻出現。唐代以前，茶之異名甚多，陸羽《茶經·一之源》便舉了五種稱呼：「茶者，南方之嘉木也。……其名，一曰茶，二曰檟，三曰蔎，四曰茗，五曰荈。」直到陸羽撰著《茶經》，一律將「荼」字減去一畫，寫成「茶」字，從此以後，茶的形、音、義才確定下來。先秦周代的作品《詩經》中便有關於「荼」的描寫，有些學者解作「茶葉」；而能夠完全肯定為描述茶事的詩歌，是西晉時代的作品；至於茶詩的大興與專意詠茶之詩的出現，則要到飲茶蔚然成風的唐代了。其實，無論茶詩、茶聯、茶謎、茶畫，均數量龐大，囿於篇幅所限，各類舉隅一二。

二、茶詩

　　自古以來，多少英雄豪傑，與酒作伴；多少文人雅士，與茶結緣。在中國文學藝術寶庫中，以茶為題材的文學藝術作品琳瑯滿目。「荼」字最早見於《詩經》，〈大雅·綿〉：「周原膴膴，堇荼如飴。」、〈邶風·谷風〉：「誰謂荼苦，其甘如薺。」、〈豳風·七月〉：「採荼薪樗，食我農夫。」、〈豳風·鴟鴞〉：「予手拮据，予所捋荼。」、〈鄭風·出其東門〉：「出其闍闍，有女如荼。雖則如荼，匪我思且。」這些作品，借茶為題，用茶抒懷，寫人、寫物、寫情，充分反映

當時人們的現實生活與思想情感，深受人們喜愛。千百年來，茶詩、茶詞，不下數千首。歷代茶詩、茶詞，名人佳作，林林總總，而且體裁多樣，情趣橫生。茲以唐·盧仝〈走筆謝孟諫議寄新茶〉詩為例：

> 日高丈五睡正濃，軍將打門驚周公。口云諫議送書信，白絹斜封三道印。開緘宛見諫議面，手閱月團三百片。聞道新年入山裡，蟄蟲驚動春風起。天子未嘗陽羨茶，百草不敢先開花。仁風暗結珠琲蕾，先春抽出黃金芽。摘鮮焙芳旋封裹，至精至好且不奢。至尊之餘合王公，何事便到山人家？柴門反關無俗客，紗帽籠頭自煎吃。碧雲引風吹不斷，白花浮光凝碗面。

> 一碗喉吻潤，二碗破孤悶。三碗搜枯腸，惟有文字五千卷。四碗發輕汗，平生不平事，盡向毛孔散。五碗肌骨清，六碗通仙靈。七碗喫不得也，唯覺兩腋習習清風生。

> 蓬萊山，知何處？玉川子乘此清風欲歸去。山中群仙司下土，地位清高隔風雨。安得知百萬億蒼生命，墮在顛崖受辛苦。便為諫議問蒼生，到頭合得蘇息否？

作者煎茶連喝七碗，仔細品味出每一碗茶之不同感受，對每一碗茶也都點出文人品評意境。一碗喉吻潤，他喝第一碗茶時，溫潤了乾枯已久的喉嚨。二碗破孤悶，喝第二碗茶時，把壓抑在心裡的鬱悶之氣都給抒解開來了。三碗搜枯腸，唯有文字五千卷，當他喝到第三碗茶時，肚子裡腸子的脹氣也都舒解了。這個時候身體的感受非常舒坦，得要用到五千卷的筆墨，才能把它書寫形容出一點點的意境出來。四碗發輕汗，平生不平事，盡向毛孔散，喝到第四碗時，這時候身體已經開始有點輕微的發熱，散發出一點輕汗的感覺，人生有太多不如意之事，在這個時候開始往外發散出去了。五碗肌骨清，喝到第五碗時，身心完全感到舒暢，身體也得到了輕鬆感受。六碗通仙靈，喝到第六碗時，身心寬敞就如同神仙般之暢快意境，身子也感覺輕鬆愉快，兩臂腋下還都有點飄飄然的感覺。品茶到此，已經可以說是達到了最高的意境。七碗吃不得也，唯覺兩腋習習清風生，至於第七碗茶嘛，吃得與吃不得，都已經無甚大差別了。與陸羽同一時期的盧仝，他寫出各種不同的飲茶感受，對提倡飲茶產生深遠的影響。唐以後盧仝和〈走筆謝孟諫議寄新茶〉詩每每被後人傳誦，因此被尊奉為愛茶詩人。

三、茶聯

（一）西湖竹仙庵茶聯

西湖的天竺山頂的「竹仙庵」庵門口有一聯，相傳是庵中有兩個和尚，常在此飲茶，用庵旁的「漓仙」泉水來泡煮香茶，興中寫下此聯。聯曰：

上聯為：品泉茶三口白水，

下聯為：竹仙庵兩個山人！

此聯是根據漢字的特點，拆字組合而成，上聯「品」字拆成「三口」，「泉」字拆為「白水」；下聯「竹」字拆為「二個」，「仙」字拆為「山人」，讀了令人感覺妙趣橫生，回味無窮。

（二）東坡三遇題茶聯

北宋神宗熙寧四年（1071），蘇軾任杭州通判。在杭州為官三年中，他經常微服出遊。某日，他到某寺遊玩，方丈不知來者身分，把他當作一般的客人招待，簡慢說道：「坐」，叫小沙彌：「茶」。小和尚端上一碗很一般的茶。方丈和這位來客稍事寒暄後，感到這人談吐不凡，並非等閒之輩，便急忙改口道：「請坐」，重叫小沙彌：「泡茶」，小和尚趕忙重新泡上一碗茶。最後，方丈明白來人就是本州的官長、大名鼎鼎的蘇軾，便忙不迭地起座恭請道：「請上座」，轉身高叫小沙彌：「泡好茶」。這一切，蘇軾都看在眼裡。臨別，方丈捧上文房四寶向蘇軾乞字留念。蘇軾心裡一轉，即爽快地答應了，提筆信手寫了一副對聯。

上聯為：坐　請坐　請上座

下聯為：茶　泡茶　泡好茶

方丈見此，羞愧、尷尬之色，一言難盡。客來敬茶本是表達一種尊敬、友好、大方和平等的意思，而這位方丈不是不明蘇軾之身份，而是不明這一「茶道」之理，故為蘇軾所譏。

四、茶謎

紀昀，字曉嵐，一字春帆，直隸獻縣（今屬河北）人，乾隆朝進士，官至禮部尚書、協辦大學士。他是清代著名學者和文學家，乾隆年間輯修《四庫全書》，他任總纂官，並主持寫定《四庫全書總目》二百卷，論述各書大旨及著作源流，考辨文字得失，為代表清代目錄學成就的巨著。由於負責纂修《四庫全書》，使他經常要與乾隆皇帝論談嚼舌頭，這也使他具備了機敏善辯的素

質，有清一代學者中，長於應變者罕有其比。他以一個「茶謎」作暗示，救了親家盧見曾的故事，便是他機智敏捷的一個典型例子。盧見曾，字抱孫，號雅雨，德州（今屬山東）人，康熙朝進士。他和紀昀是親家，紀昀在京做官，他則放外任職。其性愛才好客，喜聚四方名士，後來任兩淮轉運使時，更是廣交名流，義結豪傑，家中常是賓客盈門，座無虛席，鋪張揮霍，一擲千金，極一時之盛。後來漸漸財力不濟，以至鹽稅發生虧空。朝廷得悉這一消息後，決定對他抄家處罰，沒收全部資財。紀昀知道這件事後，急忙派遣一位心腹漏夜趕往盧府送信。盧見曾收到來信，拆開一看，只見一空信封內裝著少許茶葉和鹽，此外別無他物。盧見曾略作沉思，便悟親家所示，急忙發動全家人將家財轉移寄放他處。不數日，朝廷派來抄家的人趕到時，盧府之中資財已寥寥無幾。原來，紀昀這一「茶謎」的「謎底」是：以茶指「查」，意謂「茶（查）鹽（鹽帳）空（虧空）」。盧見曾知道已東窗事發，便趕忙轉移財產，終於未遭傾家蕩產。

五、茶畫

（一）宮樂圖

圖片來源：臺北故宮博物院故宮典藏資料檢索

（唐）作者不詳，絹本設色，縱 48.7 公分，橫 69.5 公分，現藏臺北故宮博物院。描繪宮廷仕女坐長案娛樂茗飲的盛況。圖中十二人，或坐或站於條案

四周，長案正中置一大茶海，茶海中有一長柄茶杓，一女正操杓，舀茶湯於自己茶碗內，另有正在啜茗品嘗者，也有彈琴、吹簫者，神態生動，描繪細膩。本幅沒有作者名款，《石渠寶笈續編》及初版《故宮書畫錄》中，均按原籤定為元人畫，《書畫錄》再版時，則依從學者之見，改定成五代人所畫。然近年研究，〈宮樂圖〉中，舉凡人物開臉、服飾、樂器及什物等，莫不與晚唐時尚相侔，故新版之《故宮書畫圖錄》已更名為〈唐人宮樂圖〉。幅中畫後宮女眷十二人環案適坐，或品茗，或行酒令；中四人，並吹樂助興，所持用的樂器，自右而左，分別為胡笳（又名篳篥）、琵琶、古箏與笙。侍立的二人中，復有一女擊打拍板，以為節奏。唐朝以寫仕女畫而蔚成時代典型者，當推張萱（活躍於西元 713～742）、周昉（活躍於西元 713～804）二家，他們均長於觀察宮苑女子的日常行止，傳世畫作，亦盡屬豐腴豔冶的華貴形象。時序相隔千餘載，〈宮樂圖〉的絹底也呈現了多處破損，然畫面的色澤卻依舊十分亮麗，諸如婦女臉上的胭脂，身上所著的猩紅衫裙、帔子等，由於先施用胡粉打底，再賦予厚塗，因此，顏料剝落的情形並不嚴重；至今，連衣裳上花紋的細膩變化，猶清晰可辨，充份印證了唐代工筆重彩一格的高度成就！

（二）蕭翼賺蘭亭圖

故畫 000975N000000000
唐閻立本畫蕭翼賺蘭亭圖　卷　　國立故宮博物院

圖片來源：臺北故宮博物院故宮典藏資料檢索

　　（唐）閻立本，縱 27.4 公分，橫 64.7 公分，絹本，工筆著色，無款印。臺北故宮博物院收藏南宋摹本；遼寧省博物館收藏北宋摹本。該畫描繪了唐太

宗遣蕭翼賺蘭亭序的史事。東晉大書法家王羲之於穆帝永和九年（353）三月三日同當時名士謝安等四十一人會於會稽山陰（今浙江紹興）之蘭亭，修祓禊之禮。當時王羲之用絹紙、鼠鬚筆作蘭亭集序，計二十八行，三百二十四字，世稱蘭亭帖。王羲之死後，蘭亭序由其子孫收藏，後傳至其七世孫王法吉，出家號智永，智永圓寂後，傳與至親弟子辨才和尚，辨才得序後在梁上鑿暗檻藏之。唐太宗喜歡書法，酷愛王羲之的字，唯得不到蘭亭序而遺憾，後聽說辨才和尚藏有蘭亭序，便召見辨才，可是辨才卻說見過此序但不知下落，太宗苦思冥想不知如何才能得到，一天尚書右僕射房玄齡奏薦，監察御史蕭翼，此人有才有謀，由他出面定能取回蘭亭序，太宗立即召見蕭翼，蕭翼建議自己裝扮成普通人，帶上王羲之雜帖幾幅，慢慢接近辨才，可望成功。太宗同意後便照此計畫行事，騙得辨才好感和信任後，在談論王羲之書法的過程中，辨才拿出了蘭亭帖，蕭翼故意說此字不一定是真貨，辨才不再將蘭亭帖藏在梁上，隨便放在几上，一天趁辨才離家後，蕭翼藉故到辨才家取得蘭亭帖，後蕭翼以御史身份召見辨才，辨才恍然大悟，知道受騙但已恨晚，蕭翼得蘭亭帖後回到長安，太宗予以重賞。

（三）韓熙載夜宴圖

局部圖片來源：維基百科

（五代）顧閎中（宋摹本），絹本，設色，縱 28.7 公分，橫 335.5 公分，現藏北京故宮博物院。表現當時貴族們的夜生活重要內容——品茗聽琴。畫中幾個茶壺、茶碗和茶點散放賓客面前，主人坐榻上，賓客有坐有站。左邊有一婦人彈琴，賓客們一邊飲茶一邊聽曲，從畫面上人物神態來看，幾乎所有的人都被那美妙的琴聲迷住了。

（四）文會圖

圖片來源：臺北故宮博物院故宮典藏資料檢索

　　（北宋）趙佶，絹本設色，縱 184.4 公分，橫 123.9 公分，現藏臺北故宮博物院。作者宋徽宗趙佶，在朝二十九年，輕政重文，一生愛茶，嗜茶成癖，常在宮廷以茶宴請群臣、文人，有時興至還親自動手烹茗、鬥茶取樂。親自著有茶書《大觀茶論》，致使宋人上下品茶盛行。喜歡收藏歷代書畫，擅長書法、人物花鳥畫。描繪了文人會集的盛大場面。在一個豪華庭院中，設一巨榻，榻上有各種豐盛的菜餚、果品、杯盞等，九文士圍坐其旁，神志各異，瀟灑自如，或評論，或舉杯，或凝坐，侍者們有的端捧杯盤，往來其間，有的在炭火桌邊忙於溫酒、備茶，其場面氣氛之熱烈，其人物神態之逼真，不愧為中國歷史上一個「鬱鬱乎文哉」時代的真實寫照。

（五）茗園賭市

圖片來源：臺北故宮博物院故宮典藏資料檢索

（南宋）劉松年，縱 27.2 公分，橫 25.7 公分，現藏臺北故宮博物院。劉松年（活躍於 1174～1224 年），浙江錢塘人，南宋孝宗至理宗年間，供職畫院。這幅畫生動地描繪了民間鬥茶的情景。畫面上有六個平民裝束的人物，似三人為一組，各自身旁放著自己帶來的茶具、茶爐及茶葉，左邊三人中一人正在爐上煎茶，一捲袖人正持盞提壺將茶湯注入盞中，另一人手提茶壺似在誇耀自己茶葉的優異。右邊三人中兩人正在仔細品飲，一赤腳者腰間帶有專門為盛裝名茶的小茶盒，並且手持茶罐作研茶狀，同時三人似乎都在注意聽取對方的介紹，也準備發表鬥茶高論。

（六）攆茶圖

（南宋）劉松年，縱 44.2 公分，橫 61.9 公分，現藏臺北故宮博物院。該畫為工筆白描，描繪了宋代從磨茶到烹點的具體過程、用具和點茶場面。畫中左前方一僕設坐在矮几上，正在轉動碾磨磨茶，桌上有篩茶的茶羅、貯茶的茶盒等。另一人佇立桌邊，提著湯瓶點茶，他左手邊是煮水的爐、壺和茶巾，右手邊是貯水甕，桌上是茶盞和盞托。一切顯得十分安靜整潔，專注有序。畫面

右側有三人，一僧伏案執筆作書，傳說此高僧就是中國歷史上的書聖懷素。一人相對而坐，似在觀賞，另一人坐其旁，正展卷欣賞。畫面充分展示了貴族官宦之家講究品茶的生動場面，是宋代品飲的真實寫照。

圖片來源：臺北故宮博物院故宮典藏資料檢索

（七）鬥茶圖

圖片來源：維基百科

　　（元）趙孟頫，字子昂，號松雪道人，元書畫家。本為宋宗室（宋徽宗第十二代孫），降於元朝，累官至翰林學士承旨。工於書法，尤善行楷，亦善畫山水、人物、墨竹和花鳥，皆以筆墨圓潤蒼秀見長。著有松雪齋集，卒贈魏國公，諡文敏，或稱為「趙承旨」。鬥茶的源頭可溯至唐，盛行於宋，以茶的湯色（以純白為上）、湯花（泡沫勻細咬盞為勝）、茶味為評判標準。民間鬥茶更注重茶的色香味。圖中設四位人物，兩位為一組，左右相對，每組中的有長髯者皆為鬥茶營壘的主戰者，各自身後的年輕人在構圖上都遠遠小於長者，他們是「侍泡」或徒弟一類的人物，屬於配角。圖中的這兩組人物動靜結合，交叉構圖，人物的神情顧盼相呼，栩栩如生，人物與器具的線條十分細膩潔淨。

（八）陸羽烹茶圖

圖片來源：臺北故宮博物院故宮典藏資料檢索

　　（元）趙原，紙本設色，縱 27 公分，橫 78 公分，現藏於臺北故宮博物院。該畫以陸羽烹茶為題材，用水墨山水畫反映優雅恬靜的環境。遠山近水，有一山岩平緩突出水面，一軒宏敞，堂上一人，按膝而坐，傍有童子，擁爐烹茶。畫前上首押「趙」字，題「陸羽烹茶圖」，後款以「趙丹林」。畫題詩：「山中茅屋是誰家，兀會閑吟到日斜，俗客不來山鳥散，呼童汲水煮新茶。」

（九）品茶圖

　　（明）文徵明，紙本設色，縱 88.3 公分，橫 25.2 公分，現藏臺北故宮博物院。畫中茅屋正室，內置的矮桌，主客對坐，桌上只有清茶一壺二杯，看來

相談甚歡。側尾有泥爐砂壺，童子專心候火煮水。根據書題七絕詩，末識：「嘉靖辛卯，山中茶事方盛，陸子傅過訪，遂汲泉煮而品之，真一段佳話也。」該畫作於嘉靖年間（1531），屋中品茶敘談者正是文徵明、陸子傅二人。這就如當今拍照留念一樣。

圖片來源：臺北故宮博物院故宮典藏資料檢索

（十）惠山茶會圖

圖片來源：北京故宮博物院

　　（明）文徵明，縱 21.9 公分，橫 67 公分，現藏北京故宮博物院。〈惠山茶會圖〉描繪的是明代文人聚會品茗的境況，展示茶會即將舉行前茶人的活

動，它是可貴的明代茶文化資料。畫面景致寫的是無錫惠山一個充滿閒適淡泊氛圍的幽靜處所：高大的松樹，崢嶸的山石，樹石之間有一井亭，山房內竹爐已架好，侍童在烹茶，正忙著佈置茶具，亭榭內茶人正端坐待茶。畫面人物共有七人，三僕四主，有兩位主人圍井欄坐於井亭之中；一人靜坐觀水，一人展卷閱讀。還有兩位主人正在山中曲徑之上攀談。1518 年清明節，文徵明偕同好友蔡羽、湯珍、王守、王寵等遊覽江蘇無錫惠山，在惠山山麓的「竹爐山房」品茶賦詩。此畫記錄了他們在山間聚會暢敘友情的情景。觀賞這幅名畫令人領略到明代文人茶會的藝術化情趣，可以看出明代文人崇尚清韻追求意境的茶藝風貌來。

六、結語

茶文學，乃指以茶為主題而創作的文學作品。包含了作品中的主題不一定是茶，但是有歌咏茶或描寫茶的優美片段，都可視為茶文學。茶文學的內容包括了：茶詩、茶詞、茶文、茶的對聯、茶的小說……等等。我國有關茶文學的作品據統計：就茶詩詞來計算：唐代約有五百首，宋代約有一千首，金、元、明清和近代也有五百首，總共加起約有兩千首以上，實乃卷帙浩繁，不勝枚舉。囿於篇幅，無法一一列舉，本篇以舉隅方式略論，雖為浩海之一瓢，然亦可見其幽微與精深。

附錄四　茶葉的鑑賞

一、前言

　　當我們有了茶的相關知識背景，買茶送茶是生活日常，也是人情之常。這個附錄主要是提供買茶過程中，如何去鑑別新茶與陳茶？其次，平地茶與高山茶價差甚多，如何鑑別其間差異，以下內容或可為參考。再者，一年四季春夏秋冬，四季的茶有甚麼差別？必須瞭解。有時會碰到混茶的情況，混茶有兩說，其一是不同發酵程度的茶去調配，目的是拚配出更爽口的滋味；其二是以低價茶混入高價茶，目的在牟利。瞭解臺灣茶的特色，庶幾乎可以區別和外國產茶葉的差別。最後提到如何保存茶葉與如何購買茶葉，對新手進入茶人的世界提供指引。

二、如何鑑別新茶與陳茶？

　　有三個方法可以辨別，第一茶色：新茶清翠碧綠或有油光寶色，茶湯清澈明亮度高；陳茶枯灰無光，茶湯黃褐不清、沉澱物多。第二茶感：新茶滋味醇厚鮮爽、甘甜華潤，略帶輕微澀味活力，入喉後有回甘感覺者為上品；陳茶較淡薄而味道滯鈍。第三香氣：新茶清香，陳茶低悶。

三、如何鑑別高山茶與平地茶？

　　「高山茶」是指海拔 1000 公尺以上之茶園所產製的半球型包種茶（俗稱高山烏龍茶）。高山茶的特色：芽葉肥厚，節間長，顏色綠，經製成茶葉，條索緊結肥碩，香氣馥郁，滋味濃厚。平地茶的特色：芽葉較小，葉底堅薄，葉色黃綠欠光潤，製成茶葉後，條索較細瘦，身骨較輕，香氣稍低，滋味和淡。

差異極明顯。

四、如何鑑別春茶、夏茶、秋茶、冬茶？

（一）各季茶之特色

1. 春茶：由於春季溫度適中、雨量充沛，加上茶樹經秋冬季之休養生息，使得春茶芽葉肥壯，色澤翠綠，葉質柔軟，滋味鮮爽，香氣濃烈。中國歷代文獻中都有「以春茶為貴」之記載。

2. 夏茶：由於天氣炎熱，茶樹芽葉生長迅速，能溶解於茶湯的浸出物相對減少，使得茶湯滋味不及春茶鮮爽，香氣不如春茶濃郁，而且滋味較為苦澀。但夏茶所含兒茶素及咖啡因較高，適合製造紅茶及白毫烏龍茶等滋味強烈、色澤鮮麗的茶。

3. 秋茶：品質介於春茶與夏茶之間，茶樹經春、夏兩季生長採摘，芽葉之內含物質相對減少，茶葉滋味、香氣顯得比較平和。

4. 冬茶：水色及香味較春茶淡薄，然製成清香型之烏龍茶與包種茶，香氣細膩少苦澀為其特點。

（二）由乾葉判別

1. 春茶：條索緊結，芽葉梗肥壯重實，香氣馥郁，偶而夾雜如綠豆般大小之幼果者，乃是春茶特徵。

2. 夏茶：條索鬆散，茶葉輕飄鬆大，嫩梗瘦長，茶果實如念珠大小，芽尖常帶茸毛，香氣略帶粗老。

3. 秋茶：茶葉大小不一，葉張輕薄瘦小，香氣平和，偶而夾有茶花蕾、花朵。

4. 冬茶：茶葉外觀顏色略呈淺翠綠，毛茶黃片稍多，整體顏色較不均勻。

（三）沖泡後聞香、嚐味、看葉底

1. 春茶：沖泡時茶葉下沈較快，香氣濃烈持久，滋味醇厚，湯色清澈明亮，葉底柔軟厚實，正常芽葉多，葉脈細密，葉緣鋸齒不明顯者。

2. 夏茶：沖泡時茶葉下沈較慢，香氣欠高，味帶苦澀，葉底薄而較硬，對開葉（頂芽不明顯）相對較多，葉脈較粗，葉緣鋸齒明顯。

3. 秋茶：香氣不高，滋味淡薄稍澀，對開葉多，葉緣鋸齒明顯，葉張大小不一。

4. 冬茶：香氣較偏淡香型，滋味柔順較春茶淡薄。

五、如何區分臺灣茶與進口茶？

　　有四個方向提供思考，第一、從價格區分：常言道：一分錢一分貨，價錢絕對是個很主要因素。臺灣茶只有少數地方用機器採收，如松柏嶺或少數海拔不高的地方以外，其餘均用手採。臺灣的工資跟肥料都比進口茶區價格高，因此在成本上，臺灣茶就比進口茶高出數倍。在路邊或夜市，常看到三斤一千的臺灣高山茶，鹿谷茶一斤五佰，還有電視購物臺推銷的大禹嶺、梨山、杉林溪、阿里山高山茶，平均一斤不用一千元，還送很多贈品。成本其實就不只這些了，可想而知這些茶從何而來。第二、從茶質去分：臺灣因地理位置特殊，加上海島型氣候，又有高海拔，所產的茶是世界一流的。臺灣擁有這些得天獨厚的條件，因此臺灣茶本身的茶水較為厚實，香氣也較特殊，泡水也較耐長，這是一大特色。一般臺灣茶六七泡都沒問題，進口茶第三四泡後茶水會淡很多，這些都是進口茶所無法比擬的。第三、從茶的粒子區分：一般人們都會認為茶的粒子，較漂亮較呈墨綠色是比較好，這是人們的誤解，它只是賣相較好而已，但並不能代表它就是臺灣茶。因為進口茶，它們的技術一樣能做到同樣的程度。一般進口茶的粒子都會比臺灣茶好，最主要它們採的較嫩，茶葉葉子較薄，茶梗也較軟，揉捻起來粒子會較小，碎粒可能也較多。尤其以臺灣高海拔冬茶最為容易區分，因為海拔夠高，茶葉葉面厚實，茶梗會紅枝，因此揉捻過程往往無法包住茶梗，粒子會感覺枝很長，賣相不好。第四、以泡開葉面區分：臺灣茶葉面比較厚，搓揉不易破，如海拔足夠，葉面會呈黃色或黃綠色。這是臺灣得天獨厚的氣候造成的，進口茶的先天條件無法達到。

六、如何保存茶葉？

（一）影響茶葉變質的環境因素

　　影響茶葉變質、陳化的主要環境條件是溫度、水分、氧氣、光線和它們之間的相互作用。第一、溫度：溫度愈高、茶葉外觀色澤越容易變褐色，低溫冷藏（凍）可有效減緩茶葉變褐及陳化。第二、水分：茶葉中水分含量超過 5% 時會使茶葉品質加速劣變，並促進茶葉中殘留酵素之氧化，使茶葉色澤變質。第三、氧氣：引起茶葉劣變的各種物質之氧化作用，均與氧氣之存在有關。第四、光線：光線照射對茶葉會產生不良的引響，光照會加速茶葉中各種化學反應之進行，葉綠素經光線照射易褪色。

（二）金屬罐儲存法

可選用鐵罐、不銹鋼罐或質地密實的錫罐。如果是新買的罐子，或原先存放過其他物品留有味道的罐子，可先用少許茶末置於罐內，蓋上蓋子，上下左右搖晃輕擦罐壁後倒棄，以去除異味。市面上有販售兩層蓋子的不銹鋼茶罐，簡便而實用，如能配合以清潔無味之塑膠袋裝茶後，再置入罐內蓋上蓋子，以膠帶黏封蓋口則更佳。裝有茶葉的金屬罐應置於陰涼處，不要放在陽光直射、有異味、潮溼、有熱源的地方，如此鐵罐才不易生銹，亦可減緩茶葉陳化、劣變的速度。另錫罐材料緻密，對防潮、防氧化、阻光、防異味有很好的效果。

（三）低溫儲存法

將茶葉儲存的環境保持在 5℃以下，也就是使用冷藏庫或冷凍庫保存茶葉，使用此法應注意：儲存期六個月以內者，冷藏溫度以維持 0～5℃最經濟有效；儲藏期超過半年者，以冷凍（－10 至－18℃）較佳。儲茶以專用冷藏（冷凍）庫最好，如必須與其他食物共冷藏（凍），則茶葉應妥善包裝，完全密封以免吸附異味。冷藏（冷凍）庫內之空氣循環良好，以達冷卻效果。一次購買多量茶葉時，應先予小包（罐）分裝，在放入冷藏（凍）庫中，每次取出所需沖泡量，不宜將同一包茶反覆冷凍、解凍。由冷藏（冷凍）庫內取出茶葉時，應先讓茶罐內茶葉溫度回升至與室溫相近，才可取出茶葉，否則驟予打開茶罐，茶葉容易凝結水氣而增加含水量，使未泡完之茶葉加速劣變。

（四）茶葉長期儲存再處理方法

茶葉含水量控制在 3～5%才能長時間的保存，焙火及乾燥程度與茶葉貯藏期限有相當重要關係；一般而言，焙火較重，含水量較低者可儲存較久。茶葉最適儲存期屆滿時，應取出再焙火。可洗淨電鍋至無味，拭乾後倒茶葉於瓷盤或鋁箔紙上置入電鍋內，開關切至「保溫」位置，鍋蓋半掩，適時翻動，約半天時間，茶葉由陳舊味轉清熟香，以食拇指捏之即碎為宜，俟降溫冷卻後，始可再行包裝儲藏。有人以微波爐乾燥、烘焙茶葉，唯其加熱時間短，且爐門需緊閉，火侯不易控制，常導致茶葉表面炭化或陳舊味未能逸散之缺點，技術上仍待克服。最穩當的方法是將珍藏的茶葉委請熟識的茶師或茶農代為焙火。適合放成老茶的有凍頂、鐵觀音、武夷岩茶及普洱茶類，可存放 5～20年，變成「老茶」。存放期間不能受潮，否則要再度「覆火」。部分茶商提供「陳

放」、「後熟」的服務，但這種茶必須製作得較為完善，最後的乾燥最好分數次重複進行，使茶性穩定下來。

七、如何選購茶葉？

　　茶師鑑定茶葉品質經常採用的方法有七：第一、乾燥是否良好：以手輕握茶葉微感刺手，用姆指與食指輕捏會碎的，表示乾燥程度良好，茶葉含水量在5%以下；如用力重捏不易碎，則是茶葉已受潮回軟，品質會受到影響。第二、外觀色澤：各種茶葉成品都有其標準的色澤，一般以帶有油光寶色或有白毫的白毫烏龍及部份綠茶為佳，包種茶以呈現有灰白點之青蛙皮顏色為貴。而茶葉的外型條索則隨茶葉種類而異，龍井呈劍片狀，文山包種茶為條型自然捲曲，凍頂茶呈半球型緊結，鐵觀音茶則為球型，白毫烏龍自然捲曲而色澤帶五種顏色（白、綠、黃、紅、黑），香片與紅茶呈細條或細碎型。第三、葉片整齊度：葉片形狀、色澤整齊均勻的較好，茶梗、茶角、茶末和雜質含量比例高者，大多會影響茶湯品質，以少為佳。第四、聞香氣：這是決定茶葉品質的主要條件之一，各類茶由於製法及發酵程度不同，乾茶的香氣也不一樣，綠茶取其清香，包種茶具花香，烏龍茶則具特有之熟果香，紅茶帶有一種焦糖香，花茶則應有薰花之花香和茶香混合之強烈香氣，茶湯香氣以純和濃郁為上。另外茶如有油臭味、焦味、菁臭味、陳舊味、火味、悶味或其他異味者為劣品。第五、嚐滋味：由於各類茶之不同，其滋味亦異，有的需清香醇和，有的著重入口要刺激而稍帶苦澀，有的則講究甘潤而有回味。總之，以少苦澀、帶有甘滑醇味，能讓口腔有充足的香味或喉韻者為好茶。若苦澀味重、陳舊味或火味重者則非佳品。第六、觀湯色：茶葉因發酵程度重而呈現不同的水色，一般綠茶呈蜜綠色，紅茶鮮紅色，白毫烏龍呈琥珀色，凍頂烏龍金黃色，包種茶呈蜜黃色，除其標準水色外，茶湯要澄清鮮亮帶油光，不能有混濁或沈澱物產生。第七、看葉底（泡後茶渣）：葉面展開度：沖泡後很快開展的茶葉，大都是粗老之茶，條索不緊結，泡水甚薄，茶湯多平淡無味且不耐泡。泡後茶葉逐次開展者，係幼嫩鮮葉所製成，且製造技術良好，茶湯濃郁，沖泡次數亦多。葉面不開展或經多次沖泡仍只有小程度之開展的茶葉，則不是焙火失敗就是已經放置一段時間之陳茶。但白毫烏龍或龍井茶係以茶芽為重，因揉捻輕微，泡後葉底自然較易展開。葉形整碎：葉底形狀以整齊為佳，碎葉多為次級品。茶身彈性：以手指捏葉底，一般以彈性強者為佳，表示茶菁幼嫩，製造得宜。葉脈突

顯，觸感生硬者為老茶菁或陳茶。葉之新舊：新茶葉底顏色新鮮明澈，陳舊茶葉底黃褐色或暗黑色。發酵程度：紅茶係全發酵茶，葉底應呈紅鮮豔為佳；烏龍茶屬半發酵茶，綠茶鑲紅邊以各葉邊緣都有紅邊，葉片中部成淡綠為上；清香型烏龍茶及包種茶為輕度發酵茶，其葉在邊緣鋸齒稍深位置呈紅邊，其他部份呈淡綠色為正常。

八、結語

　　這個單元是茶葉的鑑賞，個人鑑別、保存、選購茶葉的相關知識可謂完備。茶是嗜好性商品，如果要以茶為饋禮，必須先了解對方所喜愛之茶的種類，選其所好贈之。如果不明白對方喜愛的茶葉種類，或對方尚無飲茶習慣，通常選購具清香的包種茶最容易被一般人接受。贈送外國人或旅居國外者，除慎選其所好外，可選購臺灣最具特色的白毫烏龍茶、凍頂烏龍茶或包種茶；日本朋友常偏好國內鐵觀音及凍頂烏龍茶。最後，要特別注意茶葉包裝之美觀衛生、防潮與效期。

附錄五　如何泡好一壺茶

一、前言

　　唐以前的飲茶方式是粗放式的，北方不太飲茶、南方則從四川，沿長江而下，發展到荊楚吳越一帶。三國魏・張揖《廣雅》：「荊、巴間採葉作餅，葉老者，餅成，以米膏出之。」唐・皮日休：「必渾而烹之，與夫瀹蔬而啜者無異。」開始製作餅茶，研碎使用，湯煮羹飲為飲茶主要方式。唐代煎茶，宋代點茶，明清瀹茶，除了茶、水、器之間相互的配合，益發重視瀹泡時間、茶葉用量、水溫的掌握，以下分述之。

二、唐宋飲茶方法

（一）唐代飲茶方法

　　唐・陸羽《茶經・六之飲》有謂：「飲有觕茶、散茶、末茶、餅茶者，乃斫、乃熬、乃煬、乃舂，貯于瓶缶之中，以湯沃焉，謂之痷茶。或用蔥、薑、棗、橘皮、茱萸、薄荷之等，煮之百沸，或揚令滑，或煮去沫。斯溝渠間棄水耳，而習俗不已。」唐代除了末茶、餅茶，還有觕茶和散茶，葉茶在唐代並不是主要的飲用茶。陸羽將茶中混煮他物的茶水貶抑為「溝渠間棄水」，對一般人仍喜飲用此種茶水，「習俗不已」，極為感慨。儘管陸羽強調清飲，各式煎煮茶法仍然並存著。

1. 痷茶法

　　其實就是「淹茶法」，把末（抹）茶放入瓶中或瓦器中，加入沸水浸泡飲用。

2. 芼茶法

茶鮮葉或茶枝加入蔥、薑、棗、橘皮、茱萸、薄荷等佐料一起煮，稱為「芼茶」。三國時就已經在茶中加蔥薑調味，這種煮茶方式一直延續到唐代。

3. 煎（煮）茶法

把茶放在鍑裡煮沸，盛出飲用。依唐・陸羽《茶經》記載煮茶之前幾個處理茶的程序：首先炙茶：以竹莢子夾餅茶小火慢烤，茶因受熱而茶香更能發揮，然後將茶密封起來，使茶香不至外溢，並待茶冷卻。其次碾茶：將上述的茶以磨臼碾碎，使茶味更容易散發出來。最後羅茶：將磨好的茶末用羅合篩過，將處理好的茶末置於沸水中烹煮成茶，陸羽認為以這種方式，茶的香味比較能發揮。隨著飲茶的蔚然成風，唐代飲茶方式也發生了顯著變化，出現了細煎慢品式的飲茶方式，煮茶為唐代的主要煮飲方式，風行於文人、僧道之間，在詩文中通常以煎茶稱之。

無論哪一種煮茶法，都可見唐人注重用水。唐・張又新《烹茶水記》記載各地名泉評比：「故刑部侍郎劉公諱伯芻，於又新丈人行也。為學精博，頗有風鑒，稱較水之與茶宜者，凡七等：揚子江南零水第一；無錫惠山寺石水第二；蘇州虎丘寺石水第三；丹陽縣觀音寺水第四；揚州大明寺水第五；吳松江水第六；淮水最下，第七。」關於用水，唐・陸羽《茶經・五之煮》亦曰：「其水，用山水上，江水中，井水下。（《荈賦》所謂：「水則岷方之注，挹彼清流。」）其山水，揀乳泉、石池慢流者上；其瀑湧湍漱，勿食之，久食令人有頸疾。又多別流於山谷者，澄浸不泄，自火天至霜降以前，或潛龍蓄毒於其間，飲者可決之，以流其惡，使新泉涓涓然，酌之。其江水取去人遠者，井取汲多者。」

此外，陸羽《茶經・五之煮》記載唐代煮茶包括燒水和煮茶兩個程序，並提出「三沸說」。「其沸，如魚目，微有聲，為一沸。」當水煮到有魚目般細小水泡和發出輕微聲音時（一沸），加入適量的鹽。「邊緣如湧泉連珠，為二沸。」當水煮到有無數水泡附著釜的邊緣，有如湧泉連珠般（二沸），便要取出一瓢水備用。「騰波鼓浪，為三沸。已上水老不可食也。」然後，用竹筴在水中攪動，把茶末從水渦中心投下，再燒一會，至茶湯沸騰（三沸）即完成。如果茶湯出現沸騰溢出的情況，可將在二沸時取出的一瓢水倒進茶湯中，使沸水稍冷，停止沸騰，以孕育出沫餑（陸羽《茶經・五之煮》：「湯之花也。華之薄者曰沫，厚者曰餑，細輕者曰花。」）來。然後，就可舀入茶碗中飲用。

（二）宋代飲茶方法

　　把茶放在茶碗裡擊拂，流行於宋代。如何點茶？如何鬥茶？前文多有描述。除了點茶的技巧，宋・歐陽修〈嘗新茶呈聖俞〉詩記他得到別人惠贈的新茶而又用來待客時說：「泉甘器潔天色好，坐中揀擇客亦嘉。」宋代品茶有一條法則，叫做「三不點」，胡仔《苕溪漁隱叢話》提到，「點」是點茶，也指鬥茶。「三不」是什麼？胡仔沒有明確記下來。一般認為，新茶（茶）、甘泉（水）、潔器（茶具）為一；天氣好為一；風流儒雅、氣味相投的嘉客為一；是為「三」。反之，茶不新、泉不甘、器不潔，是為「一不」；天氣不好，為「一不」；品茶者缺乏教養、舉止粗魯又為「一不」，共為「三不」。所謂「三點」、「三不點」，一是指品茶環境天氣如何，一是指品飲的材料和器具如何，一是指品飲者的修養如何。

　　宋人對水的要求不遑多讓，宋・歐陽修《大明水記》、宋・趙佶《大觀茶論》、宋・葉清臣《述煮茶泉品》，對水亦多有討論。以宋徽宗趙佶所著《大觀茶論》為例，便提出「水以清輕甘潔為美」之說：「水以清輕甘潔為美。輕甘乃水之自然，獨為難得。古人第水雖曰中泠、惠山為上，然人相去之遠近，似不常得。但當取山泉之清潔者，其次，則井水之常汲者為可用。若江河之水，則魚鼈之腥，泥濘之汙，雖輕甘無取。凡用湯以魚目、蟹眼連繹迸躍為度。過老則以少新水投之，就火頃刻而後用。」

　　宋代鬥茶以水的清潔作為鬥茶用水的第一標準，茶湯以白而稍帶青色為好。常言道：「名茶需得名泉烹」，《大觀茶論》指出：古人第水「中泠、惠山為上」，中泠在長江鎮江一帶，《煎茶水記》亦云：「揚子江南零水第一；無錫惠山寺石水第二。」南零，即南泠，與北泠、中泠合稱「三泠」，唐以後人多稱道中泠。然而名泉不易得，只能用「山泉之清潔者」、「井水之常汲者」，宋徽宗是以山水、井水為用，反對用江河水。

三、明清之後飲茶方法

　　明・許次紓《茶疏》對品飲多有講究，比如「飲時」：「飲時心手閒適。披詠疲倦。意緒棼亂。聽歌聞曲。歌罷曲終。杜門避事。鼓琴看畫。夜深共語。明窗淨几。洞房阿閣。賓主款狎。佳客小姬。訪友初歸。風日晴和。輕陰微雨。小橋畫舫。茂林修竹。課花責鳥。荷亭避暑。小院焚香。酒闌人散。兒輩齋館。清幽寺觀。名泉怪石。」、「宜輟」：「作字。觀劇。發書柬。大雨雪。

長筵大席。繙閱卷帙。人事忙迫。及與上宜飲時相反事。」、「不宜用」：「惡水。敝器。銅匙。銅銚。木桶。柴薪。麩炭（木炭屑）。粗童。惡婢。不潔巾帨。各色果實香藥。」、「不宜近」：「陰室。廚房。市喧。小兒啼。野性人。童奴相鬨。酷熱齋舍。」除了茶水器基本條件，益發重視品飲時的茶境、心境、環境。

（一）泡茶用水

1. 水質

清，是對濁而言，要求水澄汪不混濁；輕，是對重而言，好水質地輕，即今日說的「軟水」；潔，乾淨衛生，無污染，這三者是講水質。擇水先擇源，水有泉水、溪水、江水、湖水、井水、雨水、雪水、自來水、電解水之分，但只符合「源、活、甘、清、輕」五個標準的水才算得上是好水。所謂的「源」是指水出自何處，「活」是指常流動的水，「甘」是指水略有甘味，「清」是指水質潔淨透澈，「輕」是指質地輕。水源中以泉水為佳，因為泉水大多出自岩石重疊的山巒，污染少，山上植被茂盛，從山岩斷層涓涓細流匯集而成的泉水富含各種對人體有益的微量元素，經過砂石過濾，清澈晶瑩，茶的色、香、味可以得到最大的發揮。

2. 水味

包括兩個方面，就是「甘（甜）」和「冽（清冷）」。「甘」是指水嘗於口中有甜美感，沒有鹹、苦味；「冽」是指水在口中能使人有清涼感、清冷感。古人認為，水不清涼其味道必苦澀。而關於水的冷冽，古人最推崇「冰水」和「雪水」。陸羽品水，也列舉出雪水，在唐·白居易〈晚起〉詩，則有「融雪煎香茗，調酥煮乳糜」的名句。

水火不相融，但在茶中卻像是牙齒與嘴唇的關係。唐·陸羽《茶經·五之煮》中提到：「其火用炭，次用勁薪。（謂桑、槐、桐、櫪之類也。）其炭，曾經燔炙，為膻膩所及，及膏木、敗器不用之。（膏木謂柏、桂、檜也。敗器，謂朽廢器也。）古人有勞薪之味，信哉。」燃料最好用木炭，其次是用硬柴。而沾染油汙、骯髒的炭，或是腐敗的木材，是不適合用來做燃料的。必須要有純粹的炭香且無煙，才能不毀壞好茶且提升茶的品味，宋人取火基本上同於唐人。

3. 水溫

發酵少的，焙火輕的，茶芽多的細碎茶葉，則沖泡水溫不能太高。茶葉外觀色澤越綠，水溫要越低，一般沖綠茶，水溫 80～85℃。凍頂烏龍茶、鐵觀音

等發酵稍重、外型較緊結的茶，則沖泡水溫可提高到 90～95℃，焙火重或陳年老茶，則要 95～100℃的水才泡得開。細嫩芽茶，茶葉細碎者、小袋茶包等溫度不宜太高，85℃左右即可。磚茶用 100℃的沸水沖泡還嫌不夠，還得煎煮方能飲用。

（二）浸泡時間

浸泡時間與茶葉用量、水溫、茶葉粗嫩有關，以 3 公克茶葉沖泡 150ml 水的比例浸泡五分鐘（鐵觀音與發酵稍重的茶時間稍多）為標準，此時茶湯中各種浸出物比例適中，湯色、滋味合宜。茶葉放得多，浸泡時間就要減少，條索彎曲緊結的茶葉最好不要放超過半壺，免得茶葉沖泡後膨脹而舒展不開，揉捻成珠球狀的茶葉更要控制浸泡時間，否則常濃度太高而不堪入口。細嫩的茶葉，茶汁容易浸出，沖泡時間可短些，粗老茶葉，茶汁不易浸出，浸泡時間應長些。

對於注重香氣的茶葉如烏龍茶、花茶，則沖泡時間不宜長；而白茶加工時未經揉捻，細胞未遭破壞，茶汁較難浸出，因此其沖泡的時間相對延長。茶葉中的營養成分，如維生素 C、氨基酸、茶多酚、咖啡鹼等，第一次沖泡 80%左右被浸出，第二次 95%被浸出，第三次就所剩無幾了。香氣滋味也是頭泡香味鮮醇，二泡茶濃而不鮮，三泡茶香盡味淡，四泡少滋味，五泡六泡則近似於白開水。所以說茶葉還是以沖泡二三次為好，烏龍茶則可五次，白茶只能泡二次。任何品種的茶葉都不宜浸泡過久或沖泡次數過多，最好是即泡即飲，否則有益成分被氧化，不但減低營養價值，還會泡出有害物質。茶也不可太濃，濃茶有損胃氣。

（三）泡茶用具的選擇

1. 陶器

最負盛名的紫砂壺是陶器的一種，成陶火溫在 1000～1200℃，質地緻密，既不滲漏，又有肉眼看不見的氣孔，能吸附茶汁，蘊蓄茶味，且傳熱緩慢不致燙手，即使冷熱驟變，也不致破裂；用紫砂壺泡茶，香味醇和保溫性好無熟湯味，能保茶真髓，一般認為用來泡臺灣的烏龍茶，鐵觀音等半發酵茶最能展現茶味特色。

2. 瓷器

無吸水性，音清而韻長，瓷器以白為貴，約 1300℃左右燒成，能反映出茶湯色澤，傳熱、保溫性適中，對茶不會發生化學反應，泡茶能獲得較好的色

香味,且造型美觀精巧,適合用來沖泡輕發酵、重香氣,如文山包種茶。

3. 玻璃器具

質地透明、傳熱快、不透氣,以玻璃杯泡茶,茶葉在整個沖泡過程中的上下穿動、葉片逐漸舒展的情形以及吐露的茶湯顏色,均可一覽無遺。玻璃茶具的缺點是容易破碎、較燙手,但價廉物美。用玻璃茶具沖泡龍井、碧螺春等綠茶,杯中輕霧飄渺,茶芽朵朵、亭亭玉立,或旗槍交錯、上下浮沈,賞心悅目別有風趣。

4. 其他質料茶具

塑膠茶具往往帶有異味,以熱水泡茶對茶味有影響,紙杯、塑膠杯亦然,除臨時急用外,實不宜用來泡好茶。用保溫杯泡高級綠茶,因長時間保溫,香氣低悶並有熟味,亦不適宜。

為便於欣賞茶湯顏色,及容易清洗,杯子內面最好上釉,而且是白色或淺色。茶海:或稱茶盅,茶壺內之茶湯浸泡至適當濃度後,以求茶湯倒至茶海,再分倒於各小茶杯內,以求茶湯濃度之均勻。亦可於茶海上覆一濾網,以濾去茶渣、茶末。蓋碗:分為茶碗、碗蓋、托碟三部份,置茶三公克於碗內,沖水約150ml,加蓋五～六分鐘後飲用。以此法泡茶,通常喝上一泡已足,至多再加沖一次。

四、臺灣茶的特性與品嚐

(一)綠茶

特質:綠茶貴在茶本質上的鮮活蔬草香味,且含有相當量未受損壞的維他命 C。此外,澄清翠綠的茶湯亦是賞心悅目的要件。茶具:最好選用內面純白的瓷質茶具,有茶漬的茶具不宜用來泡綠茶。茶用量與泡法:綠茶因未經發酵,茶中主要成份兒茶素含量減少不多,所以泡茶用量可以比標準泡法略減一點,或減少浸泡時間,以減輕苦澀味。炒菁綠茶可沖泡二至三次,如為蒸菁綠茶則沖泡二次即可。水溫:80～85℃,溫度太高,苦澀味越強。

(二)包種茶

特質:帶有幽雅的香氣與清純的滋味,高級品具有一種天然的蘭桂花香,飲後口齒芬芳,心曠神怡。惟滋味稍薄,沖泡次數較少。乾茶外型條索緊結,色澤墨綠並帶有點狀灰白,好像青蛙皮色者為上品,水色蜜黃鮮豔略帶金黃;臺灣以文山地區(坪林、南港、新店、石碇)包種茶最負盛名。茶具:瓷質、

陶質茶壺均可，配上白色瓷杯。以蓋碗沖泡亦可，只是勿浸泡過久。茶用量與泡法：以標準泡法沖泡。或以陶質茶壺置茶六七分滿，依個人喜好之濃度調整浸泡時間。茶量過多，滋味太濃會掩蓋香氣，所以香氣愈高的包種茶，其用量應比香味並重的包種茶減少 10～15%，以使香氣更顯明。水溫：90～95℃。品賞：先聞其幽雅的茶渣香氣，透過鼻腔傳達腦際，令人全身爽然舒暢，再淺嚐茶湯頓覺滿口芳香，甘醇潤滑。此種茶著重香氣，香氣愈清純濃郁品質愈高級。

（三）烏龍茶

特質：以「凍頂烏龍茶」名震遐邇，原產於南投縣鹿谷鄉凍頂高山，今鹿谷鄉一帶所產製者統稱「凍頂烏龍」。近年來名間、竹山、梅山及阿里山等地亦產製此種半球型包種茶，俗稱「烏龍茶」。雖名「烏龍茶」其實是接近包種茶的製法。外型條索緊結彎曲，色澤墨綠，水色金黃亮麗，茶湯有著強勁的花香與醇厚的滋味。茶具：陶質小茶壺配上陶瓷杯。茶用量與泡法：以標準泡法，浸泡五分鐘後倒出。一般泡法置茶入壺約三分之一～二分之一量，依茶量之不同或個人需要調整浸泡時間。水溫：90～95℃，視焙火之輕重，焙火重者，水溫可稍高。品賞：此茶係香氣與滋味並重，茶湯沈香明顯，其味甘醇，飲後口腔留存之韻味歷久不褪。水色橙黃，可經四、五次之沖泡，是香氣與滋味並重的臺灣特色茶。

（四）鐵觀音

特質：原產中國福建安溪，在臺灣以臺北市木柵指南里所產鐵觀音茶最有名。由純正鐵觀音茶樹品種的茶菁所製成的「正宗鐵觀音茶」，茶葉外形成球狀捲曲，顏色綠帶褐，有白霜，乾茶具沈濃香氣，無火焦味者佳。茶具：以紫砂陶壺沖泡最能表現此茶特色。茶用量與泡法：用茶量三至四分滿，依茶用量調整浸泡時間，新茶且緊結如球者可減少浸泡時間。亦可依標準泡法之比例沖泡。水溫：以 90～100℃ 水沖泡。品賞：茶湯呈清亮琥珀色，味濃醇厚，微澀中帶甘潤，並有種純和的弱果酸味（由純鐵觀音茶菁所製成者）俗稱「鐵觀音韻」，香氣顯明深沈，回甘力強，喉韻歷久不褪。

（五）東方美人茶

特質：俗稱「椪風茶」，全世界僅臺灣產製，最高級的具有明顯的蜂蜜味，香味屬熟果香，滋味圓柔醇厚，英國品茗家讚美此茶為「東方美人」或「香檳

烏龍」。茶葉幼嫩，以夏季製造、具有多量白毫芽尖者為上品。茶的形狀呈現花朵般帶有紅、黃、白、黑、綠五種顏色。以新竹北埔、峨嵋、苗栗頭屋鄉老田寮與文山茶區為主要產地。茶具：以小型白瓷質的茶壺配上小瓷杯為佳。茶用量與泡法：以標準泡法之比例沖泡，依個人口味加減一成亦無妨，但用量過多、茶湯過濃則難以發揮這種茶甘醇芬芳、飄逸典雅之特殊風味。水溫：約85℃。品賞：這種茶熱飲品嚐固為一大享受，冷飲因香味質地良好，另有一番風味。泡後不宜久浸，否則會顯出苦澀味，而將果香及蜂蜜味的特質掩蓋。冷飲時可俟茶湯降溫後放入冰箱存放，隨時取用，茶溫稍低時，加入一兩滴白蘭地風味益醇，故有「香檳烏龍」之稱。

（六）紅茶

特質：臺灣的紅茶，依茶樹品種不同可分為「小葉種紅茶」與「大葉種紅茶」，小葉種紅茶外形條索緊結尖細，含有白毫芽尖，色澤油黑，湯色朱紅艷麗、香氣清雅具甘醇蜜味。大葉種紅茶是用阿薩姆茶樹品種製造，香強味濃，茶湯強勁有刺激性。臺灣中部日月潭地區的阿薩姆品種所製成之紅茶，香味特殊，品質最佳。茶具：使用高級純白瓷器，茶杯有柄，並附茶杯托盤，能襯托出朱紅豔麗的茶湯，顯示出高貴紅茶的特色。茶用量與泡法：條型紅茶可採標準泡法，碎型紅茶湯味較濃烈，茶用量應相對少一點。如加料調味或放冰塊冷飲，其用量須比標準用量酌加10%，碎紅茶於加工時經充分揉捻切細，茶葉中之可溶物一沖幾盡，故只能沖泡一次，條型紅茶可沖2～3泡。水溫：約90～95℃。

五、結語

現代泡茶常以「溫潤泡」開端，以沸水倒入淹過茶葉的水量後，蓋上壺蓋等待數秒，即可將茶湯倒掉，目的是讓水份軟化茶葉，以利後續茶湯滋味的釋放。並非所有茶葉都需要溫潤泡，通常為球狀茶葉才需此步驟，因此根據茶葉種類的不同，也可以選擇跳過此步驟。有些人認為溫潤泡可以將茶葉殘留農藥沖洗掉，然而茶葉使用之農藥多為脂溶性，農藥無法溶解於水，因此無法除去農藥。溫潤泡除軟化茶葉，優點是對茶葉沖泡產生的浮沫與細屑，以沖泡的方式除去，使茶味更加純正。各種發酵程度不同、外型緊結程度不同的茶，其份量、時間、溫度控制皆不同，只要掌握好茶量、水溫及時間，泡茶就不會是難事，人人都可泡出一壺好喝的茶。